KB148254

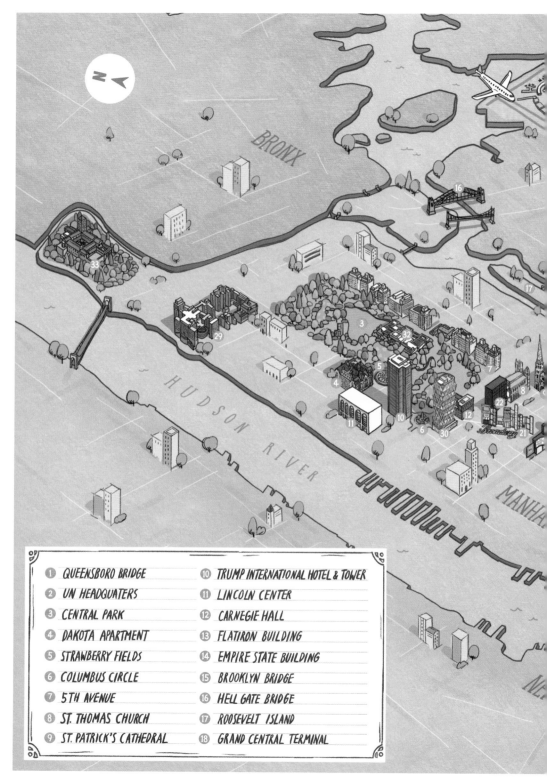

BRONX

HUDSON RIVER

MANHA

❶	QUEENSBORO BRIDGE	❿ TRUMP INTERNATIONAL HOTEL & TOWER
❷	UN HEADQUATERS	⓫ LINCOLN CENTER
❸	CENTRAL PARK	⓬ CARNEGIE HALL
❹	DAKOTA APARTMENT	⓭ FLATIRON BUILDING
❺	STRAWBERRY FIELDS	⓮ EMPIRE STATE BUILDING
❻	COLUMBUS CIRCLE	⓯ BROOKLYN BRIDGE
❼	5TH AVENUE	⓰ HELL GATE BRIDGE
❽	ST. THOMAS CHURCH	⓱ ROOSEVELT ISLAND
❾	ST. PATRICK'S CATHEDRAL	⓲ GRAND CENTRAL TERMINAL

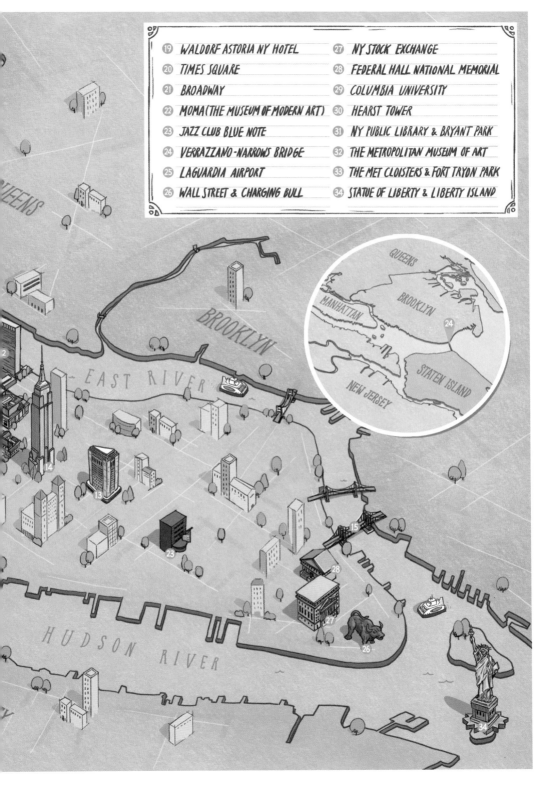

19 WALDORF ASTORIA NY HOTEL
20 TIMES SQUARE
21 BROADWAY
22 MOMA (THE MUSEUM OF MODERN ART)
23 JAZZ CLUB BLUE NOTE
24 VERRAZZANO-NARROWS BRIDGE
25 LAGUARDIA AIRPORT
26 WALL STREET & CHARGING BULL

27 NY STOCK EXCHANGE
28 FEDERAL HALL NATIONAL MEMORIAL
29 COLUMBIA UNIVERSITY
30 HEARST TOWER
31 NY PUBLIC LIBRARY & BRYANT PARK
32 THE METROPOLITAN MUSEUM OF ART
33 THE MET CLOISTERS & FORT TRYON PARK
34 STATUE OF LIBERTY & LIBERTY ISLAND

· 뉴욕 편 ·

김재열의

서방견문록

김재열의 **서방견문록** – 뉴욕 편 –

초판 1쇄 발행일 2022년 3월 31일

지은이 김재열
펴낸이 박희연
대표 박창흠

펴낸곳 트로이목마
출판신고 2015년 6월 29일 제315-2015-000044호
주소 서울시 강서구 양천로 344, B동 449호(마곡동, 대방디엠시티 1차)
전화번호 070-8724-0701
팩스번호 02-6005-9488
이메일 trojanhorsebook@gmail.com
페이스북 https://www.facebook.com/trojanhorsebook
네이버포스트 http://post.naver.com/spacy24
인쇄·제작 ㈜미래상상
지도 일러스트 하선경

ISBN 979-11-87440-88-8 (03900)

* 책값은 뒤표지에 있습니다.
* 잘못된 책은 구입하신 곳에서 바꾸어 드립니다.

김재열의 서방견문록

•뉴욕 편• 김재열 지음

서양 문명의 종착지 뉴욕에서 여정을 시작하다

트로이목마

"뉴욕에 싫증 난 자는
인생에 싫증 난 것이다!"

만일 누군가 일생 동안 오로지 단 하루 만의 여행 기회밖에 없다는 가정으로, 그 한 번의 여행을 어디로 가면 좋겠느냐고 물어온다면 아랑곳은 조금도 망설이지 않고 뉴욕을 권할 것이다.

세상을 역동시키는 현대 산업자본주의 문명의 살아 있는 전시장이자 수백여 개의 언어를 가진 거의 전 세계의 인종들이 한데 어우러져 살며, 그들의 다양한 문화가 마법처럼 공존하는, 세상 어느 곳에도 존재하지 않는 인류문화의 초고밀도 축소판이기 때문이다.

"The cynosure of all things civilized ~ The New York!
세상의 문명이 모두 결집된 곳~ 뉴욕!"

여행은 이국적 색다름을 찾아 떠나는 순례길이라는 데 기꺼이 동의한다면 뉴욕은 여행자의 천국이다. 뉴욕의 문화적, 인종적, 경제적, 심지어 윤리적 다양성은 지루할 틈 없는 반전의 흥미로움을 풍성하게 공급해주는 원천적 에너지이자 거대한 발전기이다.

미국을 대표하고 뉴욕 맨해튼에 본사를 둔 CBS 방송국의 저명한 앵커 월터 크롱카이트Walter Cronkite의 트레이드마크 "That's the way it is!(사람 사는 게 다 그런 거죠!)"가 이 도시의 천태만상을 모호하게 특정하고 적확하게 함축한다.

리틀이탈리아와 차이나타운이 길 하나를 두고 다정하게 마주하고 있으며

맘만 먹으면 세상 모든 문화권의 음식을 두루두루 맛볼 수 있는 미식가들의 천국이라 불리는 곳.

역사의 흔적을 고스란히 담은 고풍스러운 건물이 최신 경향의 현대적인 카페를 품고 있는 곳.

세상에서 가장 비싼 물가와 전 세계에서 가장 드넓게 조성된 공공 시민공원을 보유하고 있는 곳.

억만장자들의 초호화 콘도미니엄 출입구 회전문 앞에서 동냥의 손을 내미는 홈리스Homeless를 맞닥뜨릴 수 있는 곳.

최첨단의 시설을 갖춘 공연장에서 펼쳐지는 굴지의 오케스트라 공연과 버스커의 길거리 연주가.

세계에서 가장 비싼 미술작품과 건물 벽에 아무렇게나 칠해진 스프

레이 그래피티^{Graffiti}가 공존하는 곳.

예배를 알리는 고딕 양식 교회의 종소리와

담배 연기 자욱한 재즈카페에서 흘러나오는 브라스밴드 연주 소리를 동시에 들을 수 있는 곳.

세계에서 가장 규모가 큰 도서관 앞 공원 한 모퉁이에서 마약 밀거래를 하는 대학생을 목격할 수 있는 곳.

해외 호화생활의 자금출처를 의심받는 재벌 2세가 끌고 나온 고가의 슈퍼카와

버거운 학비 조달을 위해 페달을 구르는 뉴욕 바이크 메신저의 배달 자전거가 나란히 도로를 질주하는 곳.

구세군의 자선냄비 모금 종소리와 캐럴이 울려 퍼지는 연말 크리스마스 시즌이 한창인 중에도

범죄자를 추적하는 뉴욕 경찰^{NYPD} 순찰차의 귀를 찢는 사이렌 소리와 험악한 총격전 소리를 들을 수 있는 곳.

세상에서 가장 분주하고 복잡한 거리 한 블럭을 통째로 봉쇄한 채 할리우드의 액션영화를 촬영하는 진풍경을 심심찮게 구경할 수 있는 곳.

도시 한복판 초고층 빌딩 앞의 야외 스케이트링크에서

스스럼없이 영화의 한 장면 같은 낭만적인 프러포즈를 하며 낯선 사람들에게 진심 어린 축하의 박수를 받을 수 있는 곳.

가수 프랭크 시나트라의 노랫말처럼,

딱히 정해진 일정 없이 그저 발길 닿는 대로 도심 구석구석을 이리저리 돌아보는 것만으로도 시간의 흐름을 망각할 만큼 설명할 수 없는 뜻밖의 매력을 가진 곳.

"These vagabond shoes are longing to stray right through the very heart of it, New York, New York."

• 뉴욕 여행에 부침 •

차례

Artic Ocean

Indian Ocean

여정의
서막

그러한 서양이 아랑곳에게는 탐구의 대상이다. 그들의 문화와 문명이 조용한 아침의 나라를 송두리째 바꾸어 놓았기 때문이다. 그렇다고 결코 찬양의 대상은 아니다. 어제의 우리를 반추하고, 오늘의 우리를 자각하며, 내일의 우리를 고민하기 위해, 어디로 보나 예사롭지 않은 그들의 파란만장의 역정과 우여곡절의 서정을 요목조목 지피지기(知彼知己)하고자 함이다. 이것이 거리도 가까운 동남아시아의 열대 리조트 휴양여행을 마다하고 비행거리도 멀뿐더러 물가도 만만치 않고 유색인종들에게 그다지 우호적이지도 않은 서양으로 아랑곳이 다시 여행을 떠나는 이유이다.

아랑곳은 또다시
서양으로 여행을 떠난다

제우스는 페니키아 왕의 딸 에우로파^{Europa}를 미혹하여 그리스의 크레타 섬으로 유인한다. 둘 사이에서 태어난 아들 미노스가 유럽 문명의 기원이 된 크레타 문명을 낳는다. 유럽^{Europe}의 어원이 등장하는 그리스 신화의 통속적인 픽션 이야기에 실재實在 역사가 맞닿는 지점이다. 그리스인과 페니키아인이 양분하던 지중해의 패권은 라틴족이 건설한 고대 로마에게 넘어간다.

불가사의한 건축과 원조 태양력을 만들어낸 찬란한 고대문명의 절대 강자 이집트와 알렉산더 제국의 그리스마저 정복한 로마 제국은, 지중해 전체를 '우리의 바다$^{mare\ nostrum}$'로 지배하며 헬레니즘의 뿌리 위에 무성하게 자라날 서양 문명의 광범위한 토대를 구축했다. 다신교의 제국 로마는 잔혹하게 박해를 가하던 기독교를 전격 국교로 공인하며 유일신의 제국으로 거듭난 이후, 동과 서로 갈라선다.

제국을 끊임없이 괴롭히던 야만의 게르만은 마침내 수명을 다하여 쇠잔해진 로마를 멸망시켰고, 유럽은 게르만 주도의 프랑크왕국으로 재편되며 봉건주의의 중세로 접어든다.

상업과 금융으로 부를 축적한 피렌체의 상인들이 불을 지핀 이탈리아의 르네상스는, 기독교 로만가톨릭의 신본주의神本主義를 가장한 종교적 권위와 획일성에 조심스럽게 반기를 들며 그리스 문화예술의 인본주의 노스텔지어nostelgia, 鄕愁를 재점화한다.

십자군원정으로 불구대천의 원수가 된 이슬람이 동로마 비잔틴 제국을 정복한 이후 지중해를 통한 동방의 교역로가 막히자, 서구는 미지의 바다와 신대륙으로 시선을 돌려 바야흐로 대항해 시대를 열고 새로운 교역의 활로와 식민지를 개척한다.

서양은, 현란한 문예부흥과 야심 찬 대항해에서부터, 고려(유럽이 칭기즈칸Chingiz Khan의 대제국 덕분에 뜻밖의 접점을 가지게 된 유라시아대륙 끝의 창의創意의 나라)의 저작권을 명백하게 침해하며 드라마틱하게 주조해 낸 금속활자 인쇄 혁명까지, 비슷한 시기에 발발한 일련의 호재에 힘입어 길고 어두운 중세의 터널을 빠져나온다. 이어 인쇄 기술의 출현을 기다렸다는 듯이 촉발된 종교개혁의 거센 바람과 정면으로 마주치며, 구교의 성직자 우월주의를 극복하는 직업소명의식의 대전환을 통하여 상업, 그리고 학문과 과학 분야에서 유래없는 비약적 발전을 이루었다.

또한, 서구는 서로 간의 끊임없는 전쟁과 각축을 통하여 강력한 군사력을 축적했고, 자국의 이익에 따라 유연하게 합종연횡하며 위기 대처의 외교능력을 배양한다. 그들은 집착에 가까운 숭상주의와 무자비한 식민지 수탈로 축적한 탄탄한 자본으로 원류 금융산업의 초석을 놓았으며, 탈노동의 권리수익이 가져다준 주체할 수 없는 여가餘暇를 호사스럽게 채워주고, 충분히 윤택해진 생활양식의 취향과 갈수록 까다로워지는 심미안을 한껏 앙양昻揚해줄 융숭하면서 사치스럽고, 세련되지만 쾌락적이며, 경건하면서 과시적이고, 거창하면서도 정교한 자신들만의 예술문화를 부단히 창달해 나간다. 일찍이 영국은 13세기 초, 로마 제국의 원로원 제도를 성공적으로 계승한 의회의 주도하에 무소불위의 왕권을 견제하고 자유민의 기본권을 보장하는 대헌장(마그나 카르타)을 제정하더니, 프랑스는 급기야 분노한 민중이 일으킨 역사적 대혁명으로 부패한 왕권을 무너뜨리고 로마 제국 시절부터 꿈꿔오던 '레스 푸블리카Res publica'의 공화정Republic을 전 세계로 확산시킨다.

800년간의 이슬람 지배를 종식한 국토회복과 신대륙 발견의 국가적 겹경사를 맞은 스페인이 해외식민지 침탈에 앞장서자, 내실 있게 실력을 배양해오던 섬나라 영국이 스페인의 무적함대를 칼레해전에서 대파하고 세계사의 새로운 주역으로 부상하며 유럽과 지중해를 벗어난 식민지 쟁탈전에 합류한다. 넘치는 자신감으로 시야를 오대양 육대주로 확장한 영국은, 탐험가 제임스 쿡James Cook의 목숨을 건 지구 둘레 8바퀴 거리의 항해 끝에 호주와 뉴질랜드를 아우르는 태평양 지도를 완성하며 대양주를 출산하고, 북미의 캐나다와 미국을 잉태했다. 영국은 또한 혁신적 동력, 산업적 기계, 폭발적 생산력의 산업혁명을 주도하며 자본주의에 불을 댕겼고, 이로 인해 야기된 소득양극화의 부작용을 해소하기 위하여 사회복지라는 유명한 방책을 처방해낸다.

서양은 끝없는 탐욕과 호전성으로 세계 1, 2차대전을 일으킨 인류역사상 가장 처참한 살육 전쟁의 장본인이자, 대부분의 현대 국가들이 가장 이상적인 정치이념으로 표방하고 있는 자유민주주의를 창시하고 파급시킨 주인공이기도 한 역설의 당사자이다.

종갓집 영국에서 종교적 자유를 찾아 눈물 어린 가출을 감행한 장자^{長子} 격인 미국은, 광활한 신대륙의 풍부한 자원, 청교도정신과 자유정신, 민족적 다양성과 기회의 균등, 불굴의 개척정신 그리고 철저한 산업자본주의를 바탕으로 탄탄하게 성장하며 세계사의 주역으로 등장했다. 때마침 바다 건너 유럽대륙에서 발발한 제1차 세계대전의 당당한 승전국이 된 이후 미국은 전대미문의 대호황과 대공황의 극단적 부침을 겪다가 또다시 숙명적으로 참전하게 된 제2차 세계대전에서의 주도적 승전을 계기로 세계 최강대국으로 등극하며, 팍스 로마나^{Pax Romana}(고대 로마의 전성시대) 이후 강력한 하드파워와 매력적 대중문화에 최첨단 소프트파워를 아우르는 바야흐로 팍스 아메리카나^{Pax Americana} 시대를 활짝 열어젖혔다.

냉전 시대의 소련 이후 새롭게 부상한 또 다른 호적수 중국의 강력한 패권 쟁탈 도전과 노골적인 시장 장악 견제에 직면해 있기는 하지만, 미국이 명실상부 지구상에서 가장 영향력 있는 초강대국이자 산업자본주의로 대변되는 번영의 나라라는 사실에는 여전히 이견의 여지가 없다.

이렇게 지중해에서 태동하여 대서양 건너 북미까지로 확장되고, 전 세계의 법과 제도, 산업, 문화 등의 보편성과 통일성이라는 글로벌 스탠더드를 주도적으로 견인하며 지구촌 전반에 걸쳐 지대한 영향력을 미치고 있는 북대서양 문명을 우리는 '서양 문명'이라 일컫는다.

그러한 서양이 아랑곳에게는 탐구의 대상이다.

그들의 문화와 문명이 조용한 아침의 나라를 송두리째 바꾸어 놓았기 때문이다.

그렇다고 결코 찬양의 대상은 아니다.

어제의 우리를 반추하고, 오늘의 우리를 자각하며, 내일의 우리를 고민하기 위해,

어디로 보나 예사롭지 않은 그들의 파란만장의 역정과 우여곡절의 서정을 요목조목 지피지기知彼知己하고자 함이다.

이것이 거리도 가까운 동남아시아의 열대 리조트 휴양여행을 마다하고

비행거리도 멀뿐더러 물가도 만만치 않고

유색인종들에게 그다지 우호적이지도 않은 서양으로

아랑곳이 다시 여행을 떠나는 이유이다.

아랑곳은
나의 이름이다

아랑곳은 주로 '아랑곳하지 않는다'는 부정적인 의미로 사용되는 말이지만, 역설적으로, 세상 모든 일에 각별한 애정과 특별한 관심을 가지고 있는 나에게 작가가 붙여준 매우 소중하고 애정 어린 이름이다.

'아랑곳'은, 홍익인간弘益人間이라는 대한민국의 건국이념은 말할 것도 없으려니와 한국인의 의식 속에 한동안 아랑곳하지 않은 채 무심하게 잠재되어 있었을지도 모를 다음과 같은 성정과 본능을 함의한다.

사람과 사물에 대한 애정 어린 **관심**,

세상 모든 일에 대한 못 말리는 **호기심**,

연약함과 딱함에 대한 따뜻한 **동정심**,

불의를 간과치 않고 희생을 무릅쓰며 정의를 위하여 개입하는 **의협심**,

기쁜 일, 슬픈 일, 감동적인 일, 분노할 일에 함께 울고 웃고 감동하며 공분하는 **공감 능력**,

정반대편에 서 있는 사람과 입장에 대한 너그러운 **포용심과 이해심**,

자신의 실수와 오류에 대한 즉각적이고 솔직한 인정을 꺼리지 않는 **자기 성찰력**,

생소한 분야에 대한 끊임없는 **탐구심**,

미처 몰랐던 낯선 것에 대하여도 기꺼이 받아들이고자 하는 **개방성**,

족적이 없는 길을 의연히 걷고자 하는 **개척정신과 모험심**,

유리보다는 유익을, 대세보다는 대의를 붙좇는 **항反 기회주의적 가치 지향성**,

길을 잘못 들었음을 깨달았을 때 기꺼이 뒤돌아설 줄 아는 **정도正道 복원력**,

사건 혹은 인물 간의 미세하지만 의미 있는 인과관계와 연결고리를 포착하고자 하는 **통찰 본능**,

도서관 혹은 학문의 부류에서나 유용할 역사, 문화, 예술 사이의 견고한 장르의 벽을 허무는 **융합 본능**,

관념이 아닌 실재實在하는 현상과 경험을 통하여 세상사와 지식을 현장에서 몸소 체득하고자 하는 **실용적 세계관**,

넓은 세상을 두루두루, 그러나 의미를 찾아 꼼꼼히 돌아보기를 좋아하는 **탐구주유探究舟遊 본능**.

아울러

아랑곳은 시간의 한계를 넘나들며 여행하는 **시간 여행가**이다.

때로는 역사의 현장에 뛰어들어 사건을 바꾸려는 무모한 시도도 서슴지 않는 **역사개입 여행가**이다.

아랑곳은 공간의 한계를 넘나들며 여행하는 **상상 여행가**이자,

세상 모든 여행을 다정다감하게 아랑곳하는 **낭만 여행가**이다!

서양 문화의
융단폭격

유럽의 지리적 관점에서 본다면, 한국은 '극동極東, Far East'에 속한다.

　우리는 문자 그대로 지리적으로 그토록 멀리 떨어져 있는 서양으로부터 막대한 문화적 융단폭격을 받았다. 병인양요丙寅洋擾, 신미양요辛未洋擾 등 조선말 19세기 후반부터 본격화된 서구열강들의 시장개방 압박과 자원 약탈의 군사적, 물리적 침입의 흑역사와 충격파에 대하여는 차치且置하고, 이제부터 새삼 거론하고자 하는 주제는 대체로 일반적인 서양의 문명적, 문화적 영향에 대한 담론이다.

영어

우리의 지리적 관점에서 본다면 영국은 서쪽 끝, 즉 극서極西, Far West에 위치해 있고, 그들의 언어는 영어이다. 영국이 낳은 슈퍼파워 미국의 언어이기도 하다. 영국은 빅토리아 시대에 인류역사상 가장 거대한 제국을 형성하면서, 영어를 세계 공용어화 할 수 있는 확고한 교두보를 구축하였다.

　영어의 세계화는 보편의 언어로 굳건히 자리잡는 파란의 20세기를 지나, 시간이 흐를수록 무섭게 가속화되는 범세계적 문화현상으로 질주 중이다. 영미 문화권의 영향력 이야기는 영국의 식민 지배, 산업혁명, 미국의 탄생과 약진, 제1, 2차 세계대전의 승리, 냉전시대 때 팽팽한 균형을 이루던 소련의 붕괴 등의 역사적 연원과 영문학의 융성, 할리우드영화의 전 세계적 흥행, 미국 주도의 인터넷 문명 확산과 IT 패권 장악 등 문명 문화적 맥락을 가지고 있다.

영어를 모국어로 사용하는 인구는 약 4억 명이지만 영어를 공용어로 채택하여 일상에서 사용하는 인구까지 포함한다면, 영어 사용 인구는 무려 20억 명을 훌쩍 넘는다. 명실상부한 세계 공용어이다. 고대 그리스의 헬라어와 로마의 라틴어가 지중해 세계에서 공용어로 통용된 이후, 이슬람권의 아랍어와 중남미의 스페인어에 이어 완성된 인류역사상 최대의 언어정복이다.

영어의 영향력은 유엔UN을 포함한 국제기구 대부분의 공식 언어, 다국적 프로젝트나 다국적 기업 간의 공식 계약서, 방대한 인터넷 정보와 자료의 기본 언어, 수많은 전문서적의 기축 언어에 이르기까지, 전 세계의 정치, 경제, 사회, 문화, 예술, 과학, 기본 의사소통 수단 등의 소프트 & 하드웨어를 포괄하며 거의 모든 분야를 망라한다.

지구 반대편의 한반도 역시, 영어로부터 가해진 메가톤급 문화충격으로부터 결코 자유로울 수 없었다. 대한민국은 유치원생부터 중·고등 과정과 대학입시를 거쳐 취업에서 승진까지, 인생 전반에 걸쳐 영어의 학습과 습득에 막대한 에너지와 시간과 재정을 쏟아붓고 있는 중이다. 영어는 필수 국제공용어라는 권위와 유용의 대가로 엄청나게 비싼 사회적, 개인적 비용의 청구서를 내밀었다. 이 현상은 조금도 낯설지 않다.

중국의 언어와 학문과 사상이 조선시대까지의 한반도를 지배하고 압도했다면, 이제와서는 그 난공불락의 자리를 영어가 다시 대체, 점령, 군림하고 있는 모양새다. 언어의 영향력과 파급력이 청구하는 가장 호된 명세는, 기호, 묘사, 평가, 추구, 사상, 제도, 유행, 가치관, 세계관까지를 관장하는 총체적 방식, 즉 '사고방식 기제機制'의 결정적 변환이다.

우리말과 혼용되어 사용 중인 수많은 영어는 일상어가 되었다. 기존에 존재하지 않던 새로운 품목이 개념 자체와 함께 유입되어 우리말 대체어가 없거나 따로 특정 짓기 난감한 영어 귀화어나 차용어도 부지기수다. TV, 라디오, 컴퓨터, 인터넷, 와이파이, 버스, 택시, 에스컬레이터, 카페, 커피, 햄버거, 스테이크, 등등.

넘쳐나는 거리의 영어 간판에서부터 TV 뉴스와 대담에서 아나운서와 패널들이 즐겨 사용하는 생경한 영어 표현에 이르기까지, 우리는 실로 엄청난 영어의 해일 속에서 살고 있으며 지금의 추세로 보아서는 달리 피할 길도 없어 보인다.

플렉스Flex, 뉴트로Newtro, 빈티지Vintage, 코호트Cohort, 부스터샷Booster Shot, 테이퍼링Tapering, 티저Teaser, 바텀업Bottom-up, 톱다운Top-down, 컷오프Cutoff, 스모킹건Smoking Gun, 캐스팅 보트Casting Vote, 필리버스터Filibuster, 드라이브 스루Drive-thru, 거버넌스Governance, 등등etc.

"최근 국내에서 센세이션을 일으키고 있는 미국 시트콤 드라마는 할리우드 최고의 스타 배우들을 캐스팅하여 레디컬 페미니즘 등의 센서티브한 젠더 이슈를 메인 테마로, SNS 기반의 소통 커뮤니케이션의 컬처 쇼크에서부터 최근 들어 갑작스럽게 글로벌 붐을 이루고 있는 AI, 메타버스, 블록체인, NFT 등 새로운 인터넷 온라인 기반의 VR, AR, 가상현실 디지털 기술과 라이브 인터렉티브형 게임 콘텐츠의 등장까지 급속도로 변모해가는 현대 사회의 트렌드를 아젠다로 제시하며, 모바일 환경에 익숙한 MZ 세대(밀레니얼 세대 + Z 세대)는 물론 베이비부머 세대를 너머 시니어 계층까지 커버하는 폭넓은 층에서 폭발적인 인기를 끌고 있다.”_ 아랑곳!

영어의 일상화는 거의 무의식에 가까운 한국인의 전통적 놀람의 감탄사 ‘우와!’를 ‘와우!(WOW!)’로, 그 유명한 당황과 낭패의 본능적 감탄사 ‘아이고!’마저 ‘웁스!(OOPS!)’로의 대체를 허락했다.

예술

서양인들의 고전음악은 전형적인, 모범적인, 일류, 최고 수준이라는 사전적 의미의 ‘클래식 음악classical music’이라는 고상한 이름으로 통용된다.

이탈리아의 수도사 구이도 다레초Guido d'Arezzo가 AD 1000년경 계명을 만들고 악보를 완성하여 음악의 기초를 확립한 이후, 비발디Vivaldi와 바흐Bach의 바로크 시대부터 고전주의, 낭만주의를 거쳐 현대음악의 스트라빈스키Stravinsky에서 오페라까지 이어지는 클래식 음악의 계보는, 그 자체로 기준이자 권위이자 서양 순혈의 배타적 역사이다.

19세기 말 미국 선교사에 의하여 처음 클래식 음악을 접한 한국은, 불과 1세기가 조금 넘는 길지 않은 역사에도 불구하고 클래식 음악의 강국이 되어버렸다. 탄탄한 마니아층을 중심으로 날로 저변을 넓혀 가고 있으며, 특히 전공자 교육은 가히 세계적 수준이다. 자녀가 엘리트 음악가가 되기를 열망하는 한국 부모들의 열정적이고 헌신적인 클래식 음악 교육열 덕에, 전 세계 유수의 음악학교에는 한국 유학생이 넘쳐나고, 덕분에 세계적인 클래식 콩쿠르에서 재능 있는 한국의 젊은 음악가들이 상위에 대거 입상하는 일은 더 이상 놀라운 일도, 새로운 일도 아니다.

미켈란젤로^{Michelangelo}와 보티첼리^{Boticelli}의 르네상스 미술에서부터 살바도르 달리^{Salvador Dali}와 앤디 워홀^{Andy Warhol}의 현대 미술에 이르기까지, 세계 미술의 주류 역시 작품 전체의 다양성으로 보나 총량으로 보나 가장 중요한 흥행으로 보나 역시 서양이다.

거장 지휘자를 뜻하는 이탈리아어 '마에스트로^{Maestro}'는 유명 브랜드의 양복 이름으로 기억되고, 제시, 전개, 재현이라는 대표적 3악장의 음악 형식 '소나타^{Sonata}'와 '강하게 연주하라'는 뜻의 '포르테^{Forte}'는 자동차의 이름으로, '노래하듯이'라는 뜻의 '칸타빌레^{Cantabile}'와 마을 '빌리지'의 약칭인 '빌'의 합성어 '칸타빌'은 '적당히 느리게'의 '안단테^{Andante}'와 함께 대한민국 아파트의 이름이 되었다.

러시아 화가 샤갈^{Chagall}은 한때 '샤갈의 눈 내리는 마을' 카페에 영감을 제공했었고, 오스트리아 음악가 모차르트^{Mozart}는 대한민국에서 가장 많은 음악학원의 이름이, 이탈리아 음악가 비발디는 강원도 홍천에 소재한 유명한 놀이공원 리조트의 간판이 되었다.

명칭

이탈리아의 지역명 투스카니(토스카나의 영어 발음), 도시명 소렌토와 티볼리, 미국 뉴멕시코주의 스페인어 지역명 산타페, 애리조나주에 위치한 사막 관광명소 투싼, 라틴어로 '보석의 땅'을 의미하는 서양 전설 속의 지명 오피러스, 역시 라틴어로 개선장군의 말^馬을 의미하는 에쿠우스는 모두 한국산 자동차의 이름에 차용되었다. 아랑곳의 기억이 틀리지 않았다면, 서양산 상품에 대한민국을 비롯한 동양의 지명이나 문화콘텐츠를 붙인 경우를 거의 알지 못하며, 대한민국의 영토를 달리는 국산 자동차 중 아직도 한국어 이름으로 살아남은 자동차도 알지 못한다.

말만 들어도 가슴이 뜨거워지는 민족의 곡조 '아리랑'과 코리아의 유래가 된 대표예술 브랜드 '청자', 대한민국 성웅 이순신 장군의 승전지 '한산도'와 더불어 가공할 위력의 전함선 '거북선'이라는 명칭은 멀지 않은 과거에 담배이름에 붙여졌었다. 프랑스의 프로방스는 파주와 연합하였고, 뉴욕의 센트럴파크는 분당 신도시의 중앙공원으로 대한민국에 데뷔한 후 인천 송도에서는 자신의 본명 센트럴파크로 자리잡았다.

시상

세계적인 영화제, 노벨상, 올림픽, 월드컵 등 세상의 권위 있는 시상^{施賞} 제도 역시 서양인의 게임이다.

그들은 스스로 정해 놓은 자체적 평가 기준에 맞추어 다양한 분야의 상^{賞·Award}을 제정한 뒤, 그 위에 흔들기 어려운 특별한 권위와 난공불락의 진입장벽으로 축성된 자신들만의 운영위원회라는 막대한 권력을 부여했고, 우리를 포함한 세상은 서양의 주도로 벌이는 리그^{league}로의 진입과 입상과 수상을 목마르게 추구한다. 그리하여 노벨상이나 올림픽에서의 수상은 가문의 영광은 물론 국가의 영예로 여겨진다.

철학과 사상

서양의 철학 이야기는 전혀 다른 문명권에서 태동한 이질적 사고체계의 태생적 숙명 때문에 대체로 난해하지만, 수많은 서적과 강좌로 끊임없이 확대재생산된다.

　유교사상으로 대변되는 동양철학의 뿌리 깊은 연조를 뼛속까지 간직한 우리에게 서양철학이 종종 명쾌하게 다가오지 않는 것은 굳이 동서양의 문화 차이 때문만은 아니다.

　정반합(正反合)〔독일어로 These(테제) – Antithese(안티테제) – Synthese(진테제)〕의 개념으로 변증법을 정형화한 독일의 철학자 헤겔^{Hegel}은 자신의 임종 때, "나의 제자 중에서 나의 철학을 완전히 이해한 사람은 단 한 사람도 없다."라는 한탄으로, 자신을 사사^{師事}한 직계 문하생들에게조차도 난감하기는 매한가지임을 유언으로 인정했다. 경우의 수는 헤겔이 재능 없는 스승이거나, 아니면 그의 철학이 너무 어렵거나 둘 중 하나다.

　그럼에도 불구하고 고대 그리스의 저명한 서양 철학자는 2,400여 년의 시간과 12시간 비행거리의 간극을 뚫고, 대한민국의 대중가요 안에서 '테스 형'으로 생생하게 살아 숨 쉬고 있다. 동시대의 의학자 히포크라테스^{Hippocrates}는 대한민국의 모든 양학 의사들이 의사로 입문할 때, 그의 이름을 걸고 엄숙하게 선서하는 멘토이자 또 다른 '테스 형'이다.

　고대 그리스에서 태동한 서양철학은 로마를 거쳐 기독교 우위의 중세를 숨죽이며 관통한 끝에 근대 독일에서 그 꽃을 피웠고, 급기야 칼 마르크스Karl Marx의 공산주의 이데올로기를 잉태한 후, 러시아의 공산주의 혁명으로 폭주했다. 이후 양차 세계대전의 화약 연기가 미처 걷히기도 전에, 전운의 서슬이 시퍼런 냉전시대를 초래하더니, 독일을 동서로 도륙했고 대한민국을 남북으로 난도질해버렸다.

　프랑스 대혁명을 주도한 혁명의 주체세력은, 무산계급의 급진적인 자코뱅파Jacobin와 유산계급과 귀족층을 대변하는 보수성향의 지롱드파Gironde로 갈라져 상반된 입장 차이와 복잡한 이권 셈법을 가운데 두고 첨예하게 대척했다. 분열된 두 파는 프랑스 국민의회의 의장석을 기준으로 서로가 마주 보고 자리잡은 왼쪽과 오른쪽의 진영을 근거로, 그 유명한 좌파Left Wing와 우파Right Wing를 탄생시켰고, 이 양분법은 일제강점기인 1920년에 한반도에 첫발을 내디딘 후 6.25 전쟁을 숙주로 견고한 똬리를 틀더니 서글프게도 21세기의 대한민국을 좌우로 끔찍하게 분열시켜버렸다. 좌우를 너그럽게 동서로 동의해준다면, 서양에서 격발된 사상과 이념은 한반도를 남북으로, 서양에서 유래한 정치적 입장은 대한민국을 동서로 갈라놓은 꼴이 된다.

　홍익인간의 고귀한 건국이념과 뿌리 깊은 역사 속에서 면면히 신봉하던 동양 유교철학의 핵심적 사상인 중용사상中庸思想, 즉 균형과 포용과 공감의 온유한 스트라이크 존Zone이 실종된 울적한 시대의 책임을 서양에 돌리자는 것은 물론 아니다. 어쨌든 우리는 그렇게 또다시 조선시대

붕당의 망령을 닮은 동서남북으로 적대시하고, 대치하고, 반목하고, 찢어지고, 갈라섰다.

식문화

대한민국의 대중적인 빵집 간판에서 우리는 베이커리 혹은 프랑스를 만난다. 포르투갈어 빵pão에 붙여진 이름의 50퍼센트 이상(어림잡아)은 서양식이다. 밀 위주의 서구식 음식문화가 한국의 전통적인 쌀 주식문화를 현격히 잠식했고, 우리 사회의 한 시대를 풍미했던 양담배와 양주의 대약진은 이제 거의 수명을 다해 가는 듯하지만, 와인 소비의 시나브로 확산이 그 자리를 대체 중이다.

대한민국의 서양식 레스토랑은 상당 부분 이탈리아 음식이고, 도시의 웬만한 건물마다 여지없이 자리잡고 있는 커피전문점 카페 역시 서양이 확산시킨 문화이다. 시대는 바야흐로 커피의 전성시대이자 춘추전국시대이고, 카페의 음료, 케이크 역시 서양 태생에, 커피의 이름은 대부분 이탈리아어로 표기되어 있다. 미국식 커피 아메리카노, 속성으로 내려주는 커피 에스프레소, 우유를 탄 커피 카페라테!

대형 식음료 글로벌 프랜차이즈 역시 서양의 산물이고, 이 기업들은 바쁜 도시인들을 위해 패스트푸드라는 이름에 정크푸드라는 오명을 가진 간편식을 고안했고, 톡톡 쏘는 탄산음료와 함께 우리 문화에 낯설기 짝이 없었던 생소하고 희한한 셀프Self서비스를 부지불식간 대중화시켰다.

의복 문화

이미 오래전에 글로벌 스탠더드가 되어버린 일상에서의 정장은 다름 아닌 서양西洋의 양洋자를 붙인 양복洋服, 즉 슈트Suit이다. 서양은 예의를 갖춘 드레스코드의 대명사인 와이셔츠(드레스 셔츠)를 남성들의 양복 안에 입혔고, 목에는 우아한 멍에 넥타이를 채웠다. 덕분에 정작 우리의 전통 한복은 큰맘 먹고 명절과 잔치 때에나 해묵은 장롱 냄새를 털어 내가며 이따금씩 챙겨 입게 되었다. 재킷, 점퍼, 티셔츠, 팬츠, 원피스, 스카프 등의 의류는 우리말로의 대체가 난감하다.

1589년 영국의 윌리엄 리William Lee 목사가 고안한 인류역사상 가장 실용적인 발명품인 양말과 스타킹의 기본 의류에서부터 미국의 리바이 스트라우스Levi Strauss가 천막의 천으로 탄생시킨 청바지 블루진Blue Jeans의 실용 의류, 영미에서 공수부대원(점퍼)이 방한용으로 입는 옷이라는 의미의 점퍼슈트가 축약되어 점퍼Jumper라 불리게 된 방한용 재킷Jacket, 또한 방한복의 대명사 롱패딩을 포함한 겉옷의 총칭인 코트Coat, 그리고 영국 의류 브랜드의 베스트셀러 트렌치코트Trench Coat인 버버리 코트의 패션 의류까지, 우리는 서구가 고안해낸 의류의 창의적 실용성으로부터 적잖은 수혜를 입었음을 인정할 수밖에 없다.

명품

값비싼 소재로 공들여 제작해서 까다로운 취향의 소비자들에게 상품적 가치를 인정받은 고급제품에 우리는 명품名品. Luxury goods이라는 명예로운 이름을 붙여버렸다. 선호하는 표현은 아니지만 딱 '신의 한 수'다. 본래의 의미 그대로 '호화 사치품'이라고 번역했다면 혹여 소비가 다소 위축되었을까?

당장 떠오르는 쟁쟁한 명품회사 이름들은 대체로 서양 브랜드일 텐데, 이 기업들의 특별나게 비싼 상품들은 유별나게도 동양권을 강타했다. 마케팅이라는 경제학 전략으로 포장된 그들의 상술 본능은 수많은 명품 마니아들을 성공적으로 양산했다. 대한민국은 2020년 한 해 15조 원어치를 왕성하게 구매하며, 매출총액에서 윤택의 아이콘 독일을 제치고 세계 7위권에 랭크되었다. 인구 대비로는 세계 최강 수준이다.

경제심리 이론인 품질 가격 연상설과 맞물리는 '베블런 효과Veblen Effect', 소외의 두려움을 반영하는 '밴드왜건 효과Bandwagon Effect', 희귀상품 한정판에 대한 탐닉을 설명하는 '스놉 효과Snob Effect'는 명품산업의 부작용Side Effect이 아니라 주작용Main Effect의 대표적 소비심리로 작동한다. 명품의 대중화, 차별의 일반화라는 쓸쓸한 역설은 소비자에게는 마뜩잖은 아쉬움이지만, 공급자에게는 행복한 비명이다. 애초에 의도했든 안 했든 비싸게 많이 파는 폭리다매暴多賣利의 영업 전략에 경탄을 금치 못한다.

대를 이어 세월을 이겨내 온 긴 호흡의 장인정신이 깃든 탁월한 품질과 디자인에 더하여, 사람들의 허영심을 교묘하게 자극하는 특유의 상품 스토리셀링Story-Selling 감각이 명품의 기저에 정교하게 깔려 있다고 본다면, 이것은 고품질 선호와 과시욕, 고가품 소장에 대한 집착의 명제를 넘어선 문화의 동경과 매료에 대한 문제이다.

건축과 주거문화

"자전거 창고는 건물이다. 링컨 대성당*은 건축 작품이다.
건축이란 용어는 심미적 호소의 목적을 위하여 지어진 건물에만 해
당된다."

독일 출신의 영국 건축역사가 니콜라스 페브스너^{Nikolaus Pevsner}의 말이다.
서양은 그리스와 로마의 신전과 파라오의 무덤 건축에서 시작하여
기독교의 종교적 열망을 담은 대형 성당과 교회의 건축까지 이어지는,
대체로 실용보다는 숭배, 신앙, 심미안 등의 형이상학적이고 권위와 지
배의 목적을 위한 인상적인 건축을 통하여 인류에게 혁혁한 유산을 남
겼다. 물론 그들이 만들어낸 실용적인 주거 개념의 건축도 우리 입장에
서는 괄목할 만하다.
유럽의 고트족에서 유래한 고딕 양식^{Gothic Art}의 교회 건물이 우리 도시
의 인상적인 스카이라인을 간헐적으로 스케치하고 있기도 하지만, 대
한민국의 보편적인 주택의 이름에 고대 로마의 고급 교외별장이라는 의
미의 빌라^{Villa}와 라틴어 만시오^{Mansio}에서 유래한 맨션^{Mansion}이 다수 포함되
어 있다는 사실을 문화의 전이^{轉移}라는 맥락에 비추어 본다면 참으로 흥
미로운 일이다.

---

* 링컨 대성당(Lincoln Cathedral) : 영국 링컨시에 있는 대성당으로 12세기에서 14세기에 걸쳐 건축된 영국 고딕 건
   축의 대표작이다.

산업혁명은 인구의 도시 결집을 가속화시켰고, 제1, 2차 세계대전은 유럽 전역에 주거 건물의 대량 파괴라는 악재를 불러오며 도시의 절대적 주거 부족 문제를 야기했다. 이 난제에 직면했던 일단의 프랑스의 건축가들은 고대 로마의 주상복합 아파트 인술라Insula 이후, 모처럼 만에 화려한 형이상학적인 건축물 대신 지극히 현실적인 대중의 주거 문제를 진지하게 고민하기 시작했다.

이러한 시대적 요구 속에서 스위스 태생의 프랑스 건축가 르 코르뷔지에Le Corbusier는 1952년 프랑스 남부의 항구도시 마르세유에 집합건물이라는 이름을 붙인 12층 건물, 유니테 다비타시옹Unité d'Habitation을 건축한다.

'집은 인간이 살기 위한 기계'라는 건축 철학을 착실하게 반영한 이 실용적이면서도 생경한 건축물은, 건축과 동시에 도시의 주변부로 밀려난 서민들이 몰려 사는 집합주거공간이라는 사회적 폄하와 기존 건축과의 이질적 정체성에 대한 논란에 휩싸인다. 니콜라스 페브스너가 정의한 건물과 건축의 모호한 범주에 대한 갈등의 표출이었다. 수려한 장식보다는 선과 면의 기하학적 실용성을 중시한 디자인에 철근과 콘크리트라는 강력한 내구성을 지닌 주재료로 건축된 337채의 이 복합주택은, 현대 아파트 건축의 시초가 된다.

이렇게 탄생한 아파트 주거문화는 시간이 갈수록 산업화, 밀집화되어가던 현대 도시의 주거용적과 관리의 효율성 등의 현격한 장점에 힘입어 전 세계적으로 커다란 인기를 얻는다. 하지만 결국 획일화된 생활권, 각 세대의 다양한 개성을 반영하지 못한다는 태생적인 문제점을 극복하지 못한 채, 어느새 서구사회에서 점점 외면당하고 있던 중, 정부

▲ 1952년 프랑스 건축가 르 코르뷔지에가 고안해 프랑스 남부의 항구도시 마르세유에 건축된 현대 아파트의 효시, '유니테 다비타시옹' (ⓒ lantomferry) (출처 _ 위키피디아)

주도의 경제개발 5개년 계획을 강력하게 추진하고 있던 대한민국의 주택정책을 만나면서 놀라운 대반전의 기회를 맞게 된다.

1962년 6층 높이의 6개 주거동에 총 450가구의 마포아파트가, 앞서 건설된 종암아파트나 개명아파트와는 차별화된, 대한민국 역사상 최초의 생활 혁명 아파트의 개념으로 서울 마포구 도화동에 건축된다. 당시로는 혁신적이었던 엘리베이터 장치, 수세식 화장실, 중앙난방시스템 설치에, 온돌 대신 서구식 입식 구조를 구현하고자 했던 대한주택공사의 설계안은 대한민국의 현대식 아파트의 특징을 견실하게 적용하고 있다. 준공식에서 박정희 전 대통령이 "마포아파트가 혁명 한국의 상징이 되길 바란다."고 한 염원은 2022년 대한민국 주거문화의 현실을 보건대 실로 차고 넘치게 실현된 셈이다.

전후戰後 프랑스에서 실용주택으로 태동하여 알량한 전성기를 마치고 서양에서 서서히 수명을 다해 가던 아파트 주거문화가 대한민국에서 도시를 대표하는 주거의 수단으로 견고하게 자리잡은 후, 투자의 대상으로 거듭났다가 급기야 가장 인기 있는 투기의 효자종목으로 활짝 꽃을 피운다. 17세기 네덜란드의 튤립버블Tulip Bubble 이래 인류역사상 유래를 찾아보기 힘든 과열과 경쟁, 활황과 융성을 이룩한 대한민국의 아파트 투기 열전列傳의 험상궂은 무용담은 각별히 아랑곳할 만하다.

정치제도

대한민국은 민주공화국으로, 대통령 중심제를 채택하고 있다. 영국의

존 로크^{John Locke}가 국가권력의 분립을 최초로 거론한 이후, 프랑스의 몽
테스키외^{Montesquieu}가 주장한 입법·행정·사법의 3권분립론은 미국의 헌
법에서 구체화되었다. 대통령중심제의 정점에 있는 대통령의 막대한
권력과 영향력이 대한민국의 명운을 좌지우지하는 중차대한 변수가 된
지, 1919년 초대대통령 취임 이후 이제 100년을 갓 넘었다. 행정부와 입
법부 상호간에 견제牽制와 균형均衡을 통해서 권력의 집중을 방지하고 국민
의 자유와 권리를 최대한 보장하는 현대 민주국가의 정부형태라는 헌법
적 정의가 무색하리만큼 무소불위의 제왕적 권한을 행사하고 있는 대한
민국의 대통령 중심 정치제도는, 유럽에서 주창되었고 미국에서 실현
되었고 대한민국에서 극명화되었다.

교육제도

우리 사회의 교육문화와 관련된 흥미로운 풍자가 있다.

"대한민국을 대표하는 4대 종교는 기독교, 불교, 천주교 그리고 대학
교이다."

전 세계 어느 나라에서도 유래를 찾아보기 어려울 만큼 열광적인 대
한민국 교육열의 최종목표를 지칭하는 이 대학교는, 1894년의 갑오개
혁 이전까지 조선의 최고 교육기관이었던 옛날 대학 성균관成均館을 이르
는 말이 아니다. 1897년, 미국의 선교사가 설립한 숭실대학교 이후 이
땅에 유수의 대학들이 설립되었다. 1088년, 이탈리아에 현재의 대학 제
도의 원류인 교수, 학과, 학위의 개념과 문화를 정립한 세계 최초의 대
학인 볼로냐대학교^{Università di Bologna}가 세워졌고, 이 교육기관의 명칭으로 부

여된 라틴어 '우니베르시타스Universitas'가 오늘날 대학을 일컫는 영어 '유니버시티Univeristy'의 어원이 되었으니, 우리가 알고 있는 현대의 대학은 유럽에서 태동한 미국식 고등교육기관에 그 원초적 계보를 두고 있는 것이 확실하다.

초등학교부터 대학교까지의 대한민국 교육의 수업연한인 6-3-3-4제(미국식 수업연한)는 일제가 물러간 후 3년 동안 실시된 미 군정기(1945년 9월 ~ 1948년 8월)에 강권적으로 실시되어, 현대 한국교육의 기본틀이 되었다. 예비고사(1969년 ~ 1981년)와 대학입학학력고사(1982년 ~ 1993년)의 암기 위주 시험의 문제점을 보완하기 위하여 논리적 사고와 합리적 추론을 변별하고자 실시하고 있는 대한민국 대학입시 시험인 대학수학능력시험大學修學能力試驗, College Scholastic Ability Test 역시 미국의 대학 지원 표준화 시험인 SAT를 본뜬 것이다.

스포츠

2002년은 대한민국의 스포츠 역사상 잊을 수 없는 한해였다. 단일 종목의 스포츠 행사 중 세계 최대 규모의 국제대회인 FIFA 월드컵 축구의 유치국으로서 역사상 초유의 4강 진출이라는 겹경사의 쾌거를 이루며, 온 국민은 스포츠로 하나 된, 평생 잊지 못할 들끓는 감동과 짜릿한 전율을 경험했다.

개척정신과 호전성을 고스란히 반영하고 있는 축구는, 경기 성격을 쏙 빼닮은 영국이 종주국이다. 이 단순한 규칙의 진취적 스포츠가 유럽에서 태동하여 뿌리내리고 그들끼리의 흥행에 대성공하며, 도대체 거부할 수 없는 매력과 권력으로 마침내 전 세계를 유럽인들이 주도하는 초록색 경기장의 리그로 강력히 견인했다. 1904년 프랑스의 주도로 유럽 7개국이 파리에 모여 국제축구연맹FIFA을 탄생시켰고, 그 본부를 스위스 취리히에 두고 있다. 역대 FIFA 회장은, 브라질 출신의 제7대 회장을 제외하면 모두 유럽인이다.

스포츠는 격정의 드라마이자 진영의 자존심이며, 굴뚝 없는 기호산업이자 살상무기 없는 대리전쟁이며, 국가, 민족, 체제, 정권을 대변해주고 선전해주는 막강한 프로파간다이다.

올림픽은 단순한 스포츠의 범주를 넘어선 지 이미 오래다. 개최국은 물론 개최도시의 위상, 수익, 인지도 등에 막대한 영향을 미친다. 선수 개인은 말할 것도 없고 참가국의 자존심마저 걸려 있는 국력 경쟁의 각축장이자 스포츠라는 무기로 경합하는 치열한 전쟁터이다.

올림픽은 전통적으로 고대 올림픽의 발상지인 그리스의 남쪽 펠로폰네소스 반도 헤라 신전에서 채화해 온 성화 점화로 시작해서 그리스군의 대 페르시아 승전보를 알리기 위해 단숨에 달렸다는 42.195킬로미터 거리의 마라톤 경기로 대단원의 막을 내릴 때까지 펼쳐지는 인류 최대의 스포츠제전이다. 올림픽경기 역시 그렇게 유럽에서 기원했고 유럽이 주도한다. 하계올림픽 종목 40여 개, 동계올림픽 종목 15개 중에 거의 모든 종목은 유럽이 고안했다.

타고난 궁술ᵁ獻 유전자로 한국이 장기 집권하고 있는 난공불락의 올림픽 메달획득 효자종목의 이름은, 아쉽게도 서양의 궁술이라는 의미의 양궁洋弓, Archery이다. 1538년 영국의 헨리 8세Henry Ⅷ가 처음으로 대회를 개최한 이후 전 유럽으로 확산되었고, 국제양궁연맹이 조직되어 경기 규칙과 활의 개량을 이루어오다가, 1972년 뮌헨올림픽에서 처음 정식 종목으로 채택되면서 양궁은 세계적인 스포츠로 탄생하게 된다.

개최지 결정에서 경기 종목 선정과 경기 규칙 제정 모두 국제올림픽위원회ᴵᴼᶜ가 주관하고, 당연히 그 본부를 스위스 로잔에 두고 있으며, 역대 IOC 회장은 1894년의 초대회장부터 2022년 현재까지 예외 없이 서양인(유럽국 회장 8명 + 미국 회장 1명)이다.

축구와 함께 대한민국에서 가장 사랑받는 프로스포츠는, 미국인 선교사에 의하여 처음 전해진 서양식 공놀이 야구이고, 가장 대중적인 생활 스포츠는 조기축구, 사이클링, 배드민턴, 당구이며, 가장 인기 있는 겨울 스포츠는 스키와 스케이트이다. 그러나 대한민국에 가장 강력한 문화적 충격을 던진 스포츠 종목이라면, 바다를 건너와 사행경향射倖傾向으로 형편없이 기울어진 영국발 말 경주 레이스인 경마 경기와 결코 식지 않는 열기의 국민 사교스포츠로 굳건히 자리잡은 스코틀랜드산 골프 경기일 것이다. 놀랍게도 모두 서양의 산물이다.

태양력

쇠잔해진 이집트 제국에 점령군으로 입성한 로마 최고의 권력자 율리우스 카이사르^{Julius Caesar}와 팜므파탈의 이집트 여왕 클레오파트라^{Cleopatra}의 세기적 만남은, 후대에 고대 최고의 스캔들뿐만 아니라 인류에게 지극히 유용한 천문제도까지도 전승하는 역사적 계기가 되었다. 태양의 위치를 기반으로 인류역사상 가장 먼저 1년을 365일로 계산한 이집트의 선진적 역법체계가, 문무^{文武}를 겸비한 천재적 올라운드 플레이어 율리우스의 더욱 정교한 개선을 거쳐, 기원전 45년부터는 로마 제국 전역에 전격 적용되었고, 이 역법은 그의 공로를 인정하여 율리우스력^曆이라 불렸다. 제도를 도입, 개선, 시행한 율리우스 카이사르(줄리어스 시저)가 태어난 달에 기념비적으로 붙인 그의 이름은 7월의 줄라이^{July}로, 그의 양아들로 로마 제국의 초대황제가 된 아우구스투스의 이름은 8월의 어거스트^{August}로 정해졌고, 황제의 권력을 등에 업은 7, 8월은 모두 큰달인 31일이 되는 특혜를 입었다.

율리우스력은 기원후 1582년까지 무려 1,625년 동안 사용되어 오다가, 로마교황 그레고리 13세^{Gregorius PP. XIII} 때에 기독교의 부활절 계산 문제를 해결하기 위하여 기존 역법을 개정, 10일간의 오차를 바로잡은 그레고리 태양력^{solar calendar}으로 새롭게 유럽 세계에 공포되었다. 그레고리력은 이후 여러 차례의 개정을 거친 후, 조선 개국 504년이 되는 1895년, 대한제국 시기의 고종 황제가 음력 11월 17일을 개국 505년으로, 즉 1896년 양력 1월 1일로 개력함으로 해서 이 땅에 처음으로 공식 채택되었다. 이후 한국인의 전통적인 음력의 시간체계는 전면 양력으로 바뀌게 되었고(여전히 절기나 생일 등에 남아 있기는 하지만), 민족 최대의 명절

설날은 일제강점기에 양력의 신정新正과 대비되어 오래된 음력설이자 진부한 구습으로 폐지되어야 한다는 의미를 실어 구정舊正이라는 마뜩잖은 별명을 받아들게 되었다.

대한민국을 포함한 동양의 몇 나라에서 절기, 명절 등에 한정적으로 적용하는 음력의 전통이 유지되고 있기는 하지만, 1년의 평균을 365.2425일로 산정한 표준성과 보편성을 가진 그레고리력은 영국 그리니치천문대의 본초자오선을 기준으로 한 표준시간 GMT^{Greenwich Mean Time}와 결합하여 현대 세계 전체의 가장 절대적인 기준역법과 보편시간으로 사용되고 있다.

● 아랑곳의 일상

아랑곳은 친구로부터 퇴근 후 만나자는 SNS 문자를 받고 회사(주식회사)를 나선다.

이탈리아의 물리학자 알레산드로 볼타Alessandro Volta가 발명한 최초의 전기 배터리가 발전을 거듭하며, 마침내 미국의 통신장비 제조업체 모토로라가 최초로 개발한 휴대폰과의 역사적인 결합을 이룬 이후 숨가쁘게 진화된 스마트폰을 꼼꼼히 챙겨 들고, 서양인들의 발명품인 자동차(승용차, 버스)와 기차(전철, KTX)를 이용하여 친구를 만나기로 한 카페에 약속한 시간(GMT)에 맞추어 도착한다.

그리스 신화의 바다요정 세이렌Seiren이 머리를 풀어헤친 채 뇌쇄적인 미소를 머금고 있는 로고와 허먼 멜빌Herman Melville의 소설 《모비딕Moby-Dick; or, the Whale, 백경(白鯨)》에 등장하는 일등항해사 스타벅Starbuck의 이름을 차용하고 있는 글로벌 프랜차이즈 카페이다. 반인반조半人半鳥의 마녀는 아름다운 노랫소리로 지나가는 배의 선원들을 유혹하여 좌초시켰다는데, 매장 밖에는 드라이브 스루 주문을 위하여 줄을 선 승용차들의 행렬이 도대체 끝이 보이지 않는다.

신용카드로 결제 주문한 커피를 마시며 친구와의 가벼운 대화를 마치고, 바이올린학원 교습과 영어학원 수강을 막 마친 딸을 픽업해서 집(아파트)에 도착한다.

정장양복과 넥타이를 벗어버리고 편안한 일상복으로 갈아입자마자 노트북컴퓨터를 열어 투자한 주식종목의 현황을 확인해본 후, 빈센트 반 고흐Vincent van Gogh의 〈해바라기Sunflower〉 모조작품이 걸려 있는 거실에서 장중한 스케일의 구스타프 말러Gustav Mahler 교향곡을 블루레일 타이틀로 감상한다.

독일산 진공관 하이엔드 오디오가 들려주는 고음질의 아날로그 감동이 하루의 피로를 풀어주는 동안, 딸은 《해리포터Harry Potter》 소설 시리즈가 빼곡히 소장되어 있는 제방에서 드보르자크Antonín Leopold Dvořák의 〈유머레스크Humoresque〉를 반복적으로 연습하고 있다.

기특한 딸을 위하여 아내가 특별히 준비한 저녁 메뉴는 유튜브 영상의 도움으로 레시피를 즉석에서 터득한 봉골레 스파게티와 크림 리조또 요리이다. 부부는 온라인 쇼핑몰에서 구입한 프랑스산 레드와인을 식사에 곁들였다.

딸은 식사 후 슈퍼히어로들이 정신없이 날아다니는 마블 영화를 인터넷 스트리밍 서비스 OTTOver The Top로 감상하러 제방으로 서둘러 들어갔고, 아랑곳은 아내와 함께 편안한 소파에 나란히 앉아 TV로 올림픽 경기를 중계하는 텔레비전 방송(Broadcasting)을 관람하며 냉장고에서 갓 꺼낸 벨기에산 수입 맥주에 치즈를 곁들인 크래커를 즐긴다.

아랑곳이 주말마다 빠짐없이 즐기는 스포츠는 골프이고, 아내는 독일의 스포츠 연구가인 요제프 필라테스Joseph Pilates의 이름을 딴 필라테스 운동으로 체형을 유지한다.

온 가족은 이미 코로나19 예방을 위한 백신Vaccine 접종을 마쳤고, 주말 저녁 가족이 함께 관람할 공연은, 클래식 음악 공연, 뮤지컬, 오페라 중 인터넷 포털 사이트 검색을 통하여 비교적 감상 후기가 좋은 작품으로 고민 중이다.

비행의
혁명

인류 최고의 발명품 중의 하나인 비행기 역시 서양인들의 산물이다. 새처럼 하늘을 마음껏 날고자 했던 인류의 당찬 꿈은, 무모한 일련의 시행착오를 극복해가며 서서히 구체화되었고 마침내는 실현되었다.

인류 최초의 비행체 연구자는 레오나르도 다빈치^{Leonard da Vinci}보다 500여 년 앞선 9세기의 발명가 압바스 이븐 피르나스^{Abbas ibn Firnas}로 알려져 있다. 무어족의 지배하에 있던 스페인의 이슬람 '후우마이야 왕조' 시대에 압바스 이븐 피르나스는, 당시 지중해 세계의 메트로폴리탄이었던 코르도바(스페인 안달루시아 지방의 도시)에서 첫 비행 실험을 감행하여 영예롭게도 하늘을 난 최초의 인물이 되었다. 고작해야 새의 날개를 본뜬 행글라이더 수준이었으나 이 모험적 실험에서 그는 상당한 거리를 비행한 것으로 기록되어 있다.

당시의 기술로는 방향타와 수직운동을 조력하는 꼬리날개와 착륙장치를 설계도 장착도 할 수 없었으므로, 비행을 마치고 지상에 착륙할 때 수직으로 하강하며 양다리, 허리, 갈비뼈, 팔, 두개골까지 산산조각이 났을 만큼 중상을 입었지만, 이 모험은 이후 15세기에 다빈치의 비행기 초기모델 연구로 이어지는 의미 있는 시도였다.

비행 중의 추락 사건으로 친다면 그리스 신화 속의 이카로스가 원조 격이다. 시칠리아섬의 중남부에 위치한 도시 아그리젠토에는 고대 그리스 유적지로 유명한 신전의 계곡이 있다. BC 5세기경 그리스의 식민 도시로서 전성기를 이루었을 시기에 건설된 여러 그리스 신전 건축 중에서도 콩코르디아 신전Tempio della Concordia은 고대의 모습을 가장 잘 보존하고 있는 대표적 건축물이다. 이 신전 앞에는 폴란드 조각가 이고르 미토라이Igor Mitoraj의 청동 조각 작품 이카로스가 팔다리가 잘린 채 두 눈을 감고 애처롭게 누워 있다.

크레타섬의 미노스 왕은 포세이돈의 저주로 자신의 아내가 흰 소와의 사이에서 낳은 우두인신牛頭人身의 괴수 미노타우로스를 영원히 가두어둘 미궁迷宮을 만들라는 명을 내린다. 그리스 최고의 건축가이자 발명가인 다이달로스는 왕의 명에 따라 이 끔찍한 괴수를 가둘 미궁 라비린토스를 설계하고 만들었다. 미노타우로스를 미궁에 가둔 미노스는 아테네에서 잡아온 소년, 소녀를 괴수에게 제물로 바치고 있었는데, 아테네의 영웅 테세우스가 이 제물의 틈에 끼어 미궁 속으로 잠입한 후 미노타우로스를 쳐 죽이고 아리아드네의 실타래를 따라 극적으로 미궁을 탈출하는 사건이 발생한다.

미노스는 격노했다. 억울하게도 다이달로스는 테세우스를 연모한 미노스의 딸 아리아드네의 청을 뿌리치지 못해 미궁 탈출 기밀을 누설한 괘씸죄로, 스스로 설계한 미궁에 갇히는 신세가 되어버린다.

아들 이카로스와 함께 미궁에 갇힌 다이달로스는 그리스 최고의 발명가답게 뛰어난 솜씨로 새의 깃털과 밀랍으로 날개를 만들어 붙이고

아들 이카로스와 함께 하늘로 날아 탈출을 감행했다. 그러나 이카로스는 새처럼 하늘을 훨훨 나는 신바람에, 절대로 하늘 높이 올라가지 말라고 신신당부했던 아버지의 경고를 새까맣게 잊은 채 한껏 하늘 위로 태양 가까이 날아올랐고, 결국 밀랍 날개가 태양열에 녹아내리며 비행 능력을 상실한 이카로스는 안타깝게 에게해에 떨어져 죽었다.

신화 이야기 속의 최초의 비행 날개 설계자는 다이달로스이고, 최초의 비행 추락 사망자는 이카로스이다.

새들의 비행을 연구하여 비행체를 설계했던 다빈치로부터 약 400여 년이 지난 후, 미국의 비행기 발명가 윌버 라이트[Wilbur Wright]와 오빌 라

▶ 시칠리아 아그리젠토 콩코르디아 신전 앞 이카로스. 폴란드 조각가 이고르 미토라이의 청동 조각 작품 〈이카로스의 토르소(Torso di Ikaro)〉 (ⓒ Pivari) (출처 _ 위키피디아)

이트^{Orville Wright} 형제가 역사상 처음으로 유인동력 비행기의 발명자로 인정되었다. 1903년 최초의 1차 실험 비행에서 5명이 지켜보는 가운데 불과 12초 동안 37미터를 날았다.

초라하게 시작한 동력 비행은 기다렸다는 듯이 발발한 두 차례의 세계대전에서 가공할 살상무기로 출현해 악역의 면모를 거침없이 증명해 보였지만, 이내 폭발적으로 늘어난 여객 운송과 물류 이동을 담당하며 온 세계를 하나의 지구촌 개념으로 연결하는 의미심장한 문명의 이기가 되었다. 항공기는 기존 육상과 해상수단을 이용한 장거리 이동에 소비할 수밖에 없었던 재래적인 소요시간을 혁명적으로 압축시키며 세계의 경제와 문화생태계를 송두리째 바꾸어버렸다.

무엇보다 비행기가 바꾸어버린 가장 극적인 문화와 산업은, 여행과 관광이다. 장구한 인류의 역사에 비춘다면 지극히 짧은 시간에 불과한 120여 년 동안의 숨가쁜 발전 덕분에, 인류는 우주탐사의 기념비적인 성공에 이어 마침내 대중적인 우주여행까지도 꿈꾸고 실현하게 되었다.

여행은 인류에게 허락된
최고의 갈망이다!

영어로 시작해서 비행기 발명으로 마친 서양 문명의 영향력 이야기는,
이제부터 동서양의 문명 역전이 시작된 해묵은 역사적 연원을 찾아 떠
나는 여정기로 이어진다.

"세계는 한 권의 책이다.
여행하지 않는 자는 그 책의 단지 한 페이지만을 읽을 뿐이다."

성 아우구스티누스가 오래전에 남긴 말이다. 초대 그리스도교 교회
가 낳은 위대한 철학자이자 사상가인 아우렐리우스 아우구스티누스
Aurelius Augustinus는 당시 로마의 속주였던 북아프리카 누미디아(현재 알제리)
에서 태어나 카르타고(현재 튀니지)에서 유학하였고, 제국의 심장 로마
를 거쳐 밀라노에서 기독교로 개종했다. 그가 경험한, 당시 서양이 인지
하고 있던 세계라는 영역은, 오늘날 우리가 알고 있는 세계에 비한다면
국소적인 지중해 중심의 한정적 세계를 의미했음에도 불구하고, 다양
한 지역마다 제각기 다른 천양만색의 문화, 풍습, 사람, 자연, 풍경, 기
후, 식생, 음식, 언어 등에서 받은 인상과 문화적 충격을 이렇게 멋진 비

유로 우리에게 전해주고 있다.

　여행은 여흥과 유람, 일상탈출과 휴식, 문화체험에서 견문을 통한 세계관의 확장까지를 포함하는 대단히 복합적인 요소를 지니고 있다.

　동서양을 막론하고 각지의 유적이나 명승지, 절경 등을 돌아보고자 했던 여행 – 관광의 개념은 이미 고대부터 존재하고 있었다. 그중에서도 지중해권에서는 종교적 목적의 성지순례여행이 꾸준히 전통적인 여행문화를 형성해 왔으며, 거주 이전의 자유가 없던 중세에 유일하게 허용된 장거리 여행이었다. 일생에 한 번은 예루살렘이나 로마를 방문해야 한다는 종교적 신념이 중세시대의 선별적 여행을 견인해 왔다. 순례자의 숙소를 뜻하는 호스피탈Hospital이 호텔Hotel의 어원이라는 사실과 지금도 전 세계의 수많은 여행자들을 불러모으고 있는 스페인의 산티아고 순례길 등이 중세 순례여행의 대표적인 유산이다.

　이후 유럽에서 대항해와 제국주의 시대가 열리면서 재정적 여유가 있는 귀족과 신흥 부자들을 중심으로 교육적 목적의 관광이 대대적으로 유행했는데, 이것은 관광이 바야흐로 산업으로 발전하게 되는 중요한 계기가 되었다.

　유럽 세계에서 교육 여행을 가장 열정적으로 선도한 나라는 섬나라 영국이었다. 영국은 17세기 중반부터 상류층 귀족 자제들이 주축이 되어, 문화예술의 꽃을 피우기 시작한 프랑스나 고대 로마와 르네상스의 이탈리아, 합스부르크 왕국의 본가 오스트리아 등지의 유럽대륙을 여행하며 견문을 넓히는 '그랜드 투어Grand Tour'에 시동을 걸었다. 이 여행으로 영국의 지도층 2세들은 비록 좌충우돌하며 과소비와 일탈 등 철없는 나이에 흔히 있을 수 있는 여러 치기 어린 문제점을 드러내기도 했지만, 결국 환경, 문화, 전통, 언어가 전혀 다른 이질적 문화권에서의 생생한 경험을 통하여 보다 폭넓은 세계관을 든든하게 장착하고 돌아오는, 살아 있는 견문 체험교육의 수혜자가 될 수 있었다. 당시 영국에서는 옥스퍼드를 보내느니 차라리 그랜드 투어를 보내겠다는 말이 유행했을 정도로 그랜드 투어의 가치를 높이 평가했다.

특히 전통적으로 교육과 경험을 중시하는 영국이 각별한 관심으로 부지런을 떨고 열심을 낸 그랜드 투어는, 이후 실현된 영국의 어마어마한 혁신과 확장과 융성으로 보건대 매우 탁월한 선택이었다. 여행은 지중해 세계에서 순례로 뿌리를 내린 후 교육과 결합하여 산업의 토대를 이루었고, 모험이라는 접두사를 장착한 채 대항해를 견인했으며, 일련의 탁월한 천재 예술가들에게는 창의적 영감으로 승화되었다.

바이런George Gordon Byron은 대학 졸업 후 스페인, 포르투갈, 그리스 등 유럽대륙으로 약 2년간의 여행을 떠난다. 그때의 경험을 바탕으로 완성한 장편 시 〈차일드 해럴드의 순례Childe Harold's Pilgrimage〉가 런던에서 간행되자 영국의 사교계가 술렁거렸다. 발행인으로부터 이 소식을 이른 아침 전해 들은 바이런은 유명한 말을 남겼다.

"어느 날 아침 일어나 보니 유명해져 있었다.

I awoke one morning to find myself famous."

유대인 은행가의 유복한 아들로 태어난 멘델스존Felix Mendelssohn은 유난히 여행을 좋아했다. 스코틀랜드 여행에서 얻은 영감으로 자신의 대표 교향곡 3번 〈스코틀랜드Scottish〉와 〈헤브리디스 제도의 핑갈의 동굴Die Fingal-Höhle〉을 마치 풍경화처럼 생생하게 작곡했다. 또한 이탈리아 여행 후 그 유명한 교향곡 4번 〈이탈리아Italian〉를 작곡했다.

소설 《젊은 베르테르의 슬픔Die Leiden des jungen Werthers》으로 유명세를 타던 괴테Johann Wolfgang von Goethe는 칼 아우구스트karl august 공의 초대로 바이마르에서 고위관직 행정가로서 10년간 뛰어난 역량을 발휘한다. 그러나 괴테는 문학가, 즉 예술가였다. 문학가의 예술적 영감이 날이 갈수록 조금씩 무뎌져 가고 있다는 위기감이 가중되자, 괴테는 자신의 37세 생일파티가 한창이던 1786년 9월 3일 새벽 3시에 오소리 가방 하나만을 단촐하게 챙겨 들고 평소 갈망하던 이탈리아 기행을 떠난다. 전격적인 행보였다. 예상되는 간곡한 만류를 원천 봉쇄하기 위하여 아무도 모르게 홀연히 길을 떠난 21개월간의 이탈리아 여정은, 괴테의 인생과 문학에 중대한 전환점이 되었다.

괴테가 남긴 《이탈리아 기행Italienische Reise》에는 유럽 문명의 토대가 된 고대 로마의 유적과 르네상스의 찬란한 문화예술에 대한 그의 탐구와 경도뿐만이 아니라 이탈리아의 풍경과 풍습, 질박한 일상 등에 대한 그의 유쾌한 호기심, 세밀한 관심과 체험본능이 잘 그려져 있다. 관념과 사변思辨, 이론을 경계했던 실천적 문학가 괴테에게 상상력의 든든한 밑천은 여행을 통해서 얻어낸 체득, 즉 생생하게 살아 있는 경험이었다.

괴테가 이탈리아로 여행을 떠난 해인 1786년, 지구 반대편의 조선은 강력한 개혁군주 정조의 치세 10년을 맞고 있었다. 당시 조선은 고질적인 사변적 담론에 대한 반발로 실학사상과 청나라의 선진문물을 수용하고자 하는 북학사상, 그리고 서양 문명을 받아들이고자 하는 서학 등이 기지개를 켜며 세계관의 대변혁이 소용돌이치던 시기였다.

그로부터 6년 전인 1780년, 정조 4년, 새로운 문물에 열렬한 애착을 가진 천재 실학자가 불세출의 여행견문록을 출간하여 세간에 선풍을 일으킨다. 연암 박지원朴趾源은 청나라 고종 황제의 70세 생일을 축하하기 위한 조선의 외교사절단에 프리랜서 자격으로 흔쾌히 합류하여, 중국 북경에서 동북쪽으로 약 230킬로미터 떨어진 만리장성 너머 열하熱河까지 4개월간 여행하며 그 경험을 기록하여 집필했다.

《열하일기熱河日記》는 당시 최전성기에 있던 청나라의 정치, 경제, 사회, 문화, 인물 등에 대한 자신의 견문과 실학자로서의 견해, 해학과 풍자, 중국인들과의 필담을 유쾌, 경쾌, 통쾌하게 담아낸 장르 융합형 기행문으로, 240여 년이 지난 지금까지도 그 문학적, 학문적, 세계관적 가치가 끊임없이 회자되고 있는 기행문학의 걸작이다.

《열하일기》는 시대를 초월한 고전으로 우리에게 남았지만, 선진문물의 과감한 수용으로 조선의 새로운 미래를 열어보고자 주창했던 박지원의 목소리는 실물경제보다 이념 도덕을 숭상하는 유교사상의 완고한 벽에 부딪힌 데다, 이미 망해버린 명明에 대한 충성과 의리라는 앙상한 명분을 들어 시퍼렇게 살아 있는 현실인 청淸나라를 경시하고 배격하는 풍조가 팽배했던 조선 제도권의 호된 비판을 받으며, 아쉽게도 당대에는 전혀 실현되지 못한 채 통탄스럽게도 책 속에 박제되어 갇혀버리고 말았다.

악화惡貨가 양화良貨를, 아니, 사변思辨이 진취進取를 구축驅逐한 것이다.

동양에 박지원의 《열하일기》가 있다면, 서양에는 마르코 폴로Marco Polo의 《동방견문록The Travels of Marco Polo》이 있다. 1324년 마르코 폴로는 죽음을 앞두고 자신의 임종을 지키던 유족과 친구들로부터 당혹스러운 양심고백을 강요받는다. 그동안 호들갑스럽게 풀어낸 여행 견문 이야기보따리가 대부분 거짓으로 왜곡되었고 과장으로 부풀려졌다는 것을 솔직하게 참회하고 죽으라는 권유이자 종용이었다. 그러나 죽기 직전 마르코 폴로는 의구심으로 가득 찬 주변의 기대에 찬물을 끼얹는 단호한 대답을 남겼다.

"난 내가 본 것의 절반도 말하지 않았다."

1271년부터 1295년까지, 17세의 마르코 폴로가 상인인 아버지와 삼촌을 따라 베네치아를 출발하여 장장 24년을 모험한 동방 탐험의 여정은, 서구에서 가장 인기 있는 여행견문록으로 기록되어 미지의 동양에 대한 서양인들의 인식에 커다란 영향을 미쳤다.

길 위에서 7년, 원나라에서 보낸 17년 동안, 바그다드와 페르시아를 거쳐 중앙아시아와 중국 본토, 동남아시아, 인도 등을 두루 섭렵한 마르코 폴로 일행의 동방 여정 이야기는 블록버스터급 베스트셀러가 되어 타고난 호기심과 탐욕의 서양을 열광시켰다. 동양의 이국적 문화, 신기한 풍물 등도 관심을 끌기에 충분했지만, 무엇보다 마르코 폴로의 현란한 무용담에 담긴 가장 큰 유혹은 곳곳에 넘쳐난다는 진기한 황금이었다.

결국, 이 책은 200여 년 후에 인류역사상 가장 걸출한 불세출의 모험가이자 벤처사업가인 크리스토퍼 콜럼버스Christoper Columbus의 야심 찬 신대륙 발견 의지에 불을 붙인 강력한 원천적 동기가 된다.

지금의 우리가 딱히 검증할 방도도 없는 이 책의 본색이 작가의 도를 넘은 윤색과 필사자筆寫者들의 자의적 첨삭이 무차별로 가해진 가상적인 픽션의 판타지 소설이었든 아니면 직접 체험하고 조사한 사실을 토대로 견실하게 구성한 논픽션의 탐방보도 르포르타주reportage이었든 간에, 우리가 주목해야 할 뼈저린 사실은 이 문제의 기행문이 향후 동서양의 역사에 끼친 결정적 영향일 것이다.

동양에 비해 상대적으로 후진적이었던 서양이 언젠가부터 동양의 선진문물과 풍요를 막연히 갈망하고, 개척이라는 미명의 침략과 교역이라는 빌미의 착취로 점철된 서세동점西勢東占 시대를 견인한 대항해를 점화시켰으며, 마침내 기울어 있던 동서양의 불균형을 가차 없이 역전시킨 파란의 진앙지에 이 한 권의 견문록이 천연덕스럽게 꽂혀 있기 때문이다.

마르코 폴로가
중국을 지배하던 몽골 제국의 원나라 군주 쿠빌라이칸Kublai Khan을 만나기 위해 전 세계 물산이 결집하는 호화로운 몽골 제국의 여름 별궁 상도上都를 향하여

베네치아를 출발한 지 750년이 흐른 지금,

은둔의 나라 조선이

최초로 서방세계에 파견한 9명의 외교사절단(외국인 통역사 2명 제외)

보빙사報聘使가

1883년, 세계의 초강대국으로 가파르게 부상 중이던 미국을 향하여

인천의 제물포항을 출발한 지 139년이 흐른 지금,

아랑곳이

지피지기의 전략적 사고를 단단히 장착하고

전통의 근본 위에 새로운 것을 창조하고자 하는 법고창신法古創新의 정신으로

유희와 통찰 사이에서 균형을 잃지 않은 채,

서양 문명의 종착점인 미국의 뉴욕으로 첫 여정을 떠난다.

무지개 너머를 갈망하다가

어느 날 갑자기 회오리바람에 날려,

사자가 원했던 '용기'와

양철맨에게 간절했던 '지혜'와

허수아비에게 절실했던 '사랑'을 찾아줄

꿈과 환상으로 가득 찬 마법의 나라로 떠나버렸지만

머지않아 반드시 그리운 고향 집으로 돌아가고 싶은 꿈 많은 소녀

도로시처럼……

Somewhere over the rainbow way up high 저 높이 무지개 너머 어딘가에

There's a land that I heard of once in a lullaby 언젠가 꿈속 자장가에서 들어본 곳이 있어요.

Somewhere over the rainbow skies are blue 무지개 너머 어딘가에, 하늘은 푸르고

And the dreams that you dare to dream really do come true 불가능할 것 같던 꿈들이 실제로 이뤄지는 곳이 있어요.

(중략)

Somewhere over the rainbow bluebirds fly 무지개 너머 어딘가에, 파랑새가 날아다니죠.

Birds fly over the rainbow, why, then …… oh, why can't I? 새들도 무지개를 넘어 마음껏 날아다니는데 나는 왜, 나는 왜 날아가지 못하는 걸까요?

– 영화 '오즈의 마법사The Wizard of Oz'(1939) 주제곡, 'Over the Rainbow(무지개 너머)' 중에서 –

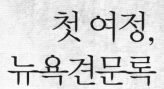

첫 여정,
뉴욕견문록

인천발 뉴욕행 비행기는 약 10킬로미터의 고도
에서 안정적으로 순항 중이다. 세상에서 가장
높은 레스토랑에서 이제 막 기내식이 제공된
다. 아랑곳의 선택은 기름지고 열량 높기로 소
문난 미국 음식의 향연에 대비하여, 참기름 냄
새 물씬 풍기는, 대한민국 국적기 독점이자 전
세계 최고의 기내식 메뉴 비빔밥이다.
광활한 태평양과 북미대륙을 횡단하는, 자칫
지루할 수밖에 없을 장장 14시간의 장거리 비
행 여정은 다행히도 미국의 역사 그 자체이자
미국보다 더 미국다운 코즈모폴리턴 시티 뉴욕
에 대한 이런저런 생각과 기대감 덕분에 수월
하게 훌쩍 지나가버렸다.

험한 세상에
다리가 되어

JFK 공항에서 잡아탄 뉴욕의 옐로캡^{Yellow Cap} 택시는 퀸즈 지역과 맨해튼의 미드타운을 연결하는 퀸즈보로 브리지^{Queensboro Bridge} 위를 달리고 있다.

다리 아래로, 뉴욕 출신의 슈퍼 듀오 사이먼 앤 가펑클^{Simon & Garfunkel}의 그 유명한 노래, 'Bridge Over Troubled Water(험한 세상에 다리가 되어)'에 등장하는 이스트 리버^{East River}가 흐르고 있다. 이스트 리버는 노랫말만큼이나 험하고 거칠게 흐르는 듯하다. 하지만 노래 가사는 조금도 거칠지 않다.

당신이 지치고 초라해 보일 때
눈가에 눈물이 고일 때 내가 그 눈물을 닦아드리리다.
나는 진정한 당신 편이니까!
험난한 시간들이 당신을 짓누르고 함께할 친구마저 곁에 없을 때
마치 험하게 흐르는 물 위에 놓인 다리처럼
나를 마치 다리처럼 눕힐 테니 기꺼이 나를 밟고 지나가세요!

당신이 낙심하고 궁핍할 때

당신이 몸 붙일 곳 하나 없이 거리에서 헤매고 돌아다닐 때
이제 또 견디기 힘든 저녁이 여지없이 땅거미를 드리울 때
내가 기꺼이 당신을 위로해주고 고난을 함께 감당해드리리다.
오, 마침내 캄캄한 어둠이 밀려오고 말할 수 없는 고통이 엄습해 올 때
마치 험하게 흐르는 물 위에 놓인 다리처럼
나를 마치 다리처럼 눕힐 테니 기꺼이 나를 밟고 지나가세요!

곤고함에 지친 친구를 위로하고 격려하고 편들어주는 따뜻함이 감동적이다. 위로의 노랫말은 꿈의 이야기로 이어진다.

항해하세요! 은빛 소녀여, 계속해서 항해를 하세요.
당신의 날들이 밝아오고 있어요.
당신의 꿈들이 모두 이루어지고 있어요.
그 빛나는 꿈들을 보세요.
친구가 필요하다면, 내가 바로 당신 뒤에서 노 저어 가리다.
마치 험하게 흐르는 물 위에 놓인 다리처럼 내가 당신을 평안하게 해드리리다.

다리 위의 차들은 마치 컨베이어벨트 위의 자동차부품처럼 연속적으로, 헨리 포드Henry Ford의 규모의 경제학처럼 생산적으로, 1909년 3월생인 이 복층의 다리 위를, 흐르는 물결처럼 미끄러지고 있다.
제1차 세계대전이 끝난 1922년, 이 다리는 미국의 또 다른 건국이념

인 실용주의Pragmatism를 상징하는 문학적 묘사의 대상이 된다. 미국인에게 각별히 사랑받는 F. 스콧 피츠제럴드F. Scott Fitzgerald의 소설《위대한 개츠비The Great Gatsby》의 시대 배경은 재즈 시대Jazz Age라 불리는 미국의 1920년대를 관통한다. 전후의 미국은 1920년대를 맞으며 대공황 이전까지 사상 유래없는 경제 호황을 누린다. 이 시기 동안 산업의 초고속 성장으로 넘쳐나는 재화와 풍요로운 소득은 대량소비를 미덕으로 승화시켰다.

건축공학자 엘리샤 오티스Elisha Graves Otis가 발명한 혁신적인 엘리베이터가 1857년 최초로 뉴욕의 5층 건물에 설치된 것을 시발로, 뉴욕은 마천루摩天樓·Skyscraper라고 일컬어질 초고층 빌딩들을 속속 건설해 나갔다. 이 놀라운 변혁의 시기와 맞물린 1883년에 토머스 에디슨Thomas Edison의 110볼트 전기를 인류역사상 최초로 500여 가구에 보급한 도시 역시 뉴욕이었다.

프랭크 시나트라Frank Sinatra가 부른 유명한 노래 '뉴욕, 뉴욕New York, New York'은, "절대 잠들지 않는 이 도시에서 깨어나고 싶다. I want to wake up, in a city that doesn't sleep."는 가사로 전기에너지를 공급받은 수많은 전구들이 밤새 불을 밝히는 불야성의 도시 뉴욕을 노래하고 있다. 라이트 형제Wright brothers가 발명한 비행기는 1차대전 종전 후 전투기 조종사 대신 일반여객을 태우고 하늘을 날았다. 1924년, 조지 거슈윈George Gershwin은 이 역동적인 변혁의 풍경 그리고 도시민의 부산한 라이프스타일을 〈랩소디 인 블루Rhapsody in Blue〉라는 이름의 피아노협주곡에 실험적으로 녹여내며 심포닉재즈의 효시를 열었다. 뉴올리언스에서 한풀이와 거리의 음

악으로 태동한 재즈음악은 이 시기에 이미 클래식과의 성공적 결합을
이루어내며 최고의 전성기를 구가하고 있었다.

　제1차 세계대전 종전의 해방감과 시대의 번영과 풍요, 정치에 대한
철저한 무관심, 자유분방함이라는 옷을 입은 쾌락과 환락이 동조하여
만들어낸 '광란의 20년대Roaring Twenties'가 주창한 캐치프레이즈는, "파티는
더 크게, 공연은 더 거창하게, 건물은 더 높게, 도덕규범은 더 느슨하게,
술은 더 싸게"였다.

　주인공 닉은 개츠비의 노란색 컨버터블 롤스로이스 자동차에 동승
한 채, 퀸즈에서 맨해튼 미드타운으로 이어주는 이 다리를 건너면서, 하
룻밤 자고 깨기만 하면 마치 잭의 콩나무처럼 하늘을 향해 맹렬하게 솟
구쳐 오르는 마천루 도시 맨해튼을 바라보는 경이로움을 이렇게 묘사
했다.

"The city seen from the Queensboro Bridge is always the city seen for
the first time, ……(중략) Anything can happen now that we've slid over
this bridge, I thought, 'anything at all'.
퀸즈보로 브리지에서 바라다본 이 도시는 언제나 처음 보는 도시처럼
새로웠다. (중략) 우리가 이 다리 위를 달리고 있을 때, 나는 앞으로 이
도시에서는 세상 무슨 일이든 가능할 것 같다는 생각이 들었다."

　　　　- 영화 '위대한 개츠비'(2013년) 중에서 (영화 상영시간 00:39:13~00:39:58) -

미국 서부에서 대도시 뉴욕으로 증권업을 배우러 온 닉 캐러웨이가 1차대전 이후 미국의 풍요와 방탕을 상징하는 친구 개츠비와 뉴욕의 퀸즈보로 브리지 위를 최고급 자동차를 타고 건너며 던지는 이 독백은, 미국의 기독교 정신 퓨리타니즘Puritanism의 건국이념이 녹아든 사이먼 앤 가펑클의 '험한 세상의 다리가 되어'와는 또 다른, 미국의 실용주의 건국이념을 상징적으로 묘사하고 있다.

유엔본부
38층

택시는 다리를 건너 맨해튼 동쪽의 이스트 강변, 터틀 베이[Turtle Bay]에 우뚝 솟아 있는 유엔세계본부[UN] 앞에 아랑곳을 내려놓았다. 전쟁 방지와 평화 유지를 위해 설립된 국제기구 유엔의 세계본부가 양차 세계대전을 승리로 이끈 미국의 경제수도 뉴욕에 자리잡고 있다는 것은 이치에 부합해 보인다.

유엔본부의 북쪽 정원에 위치한, 우크라이나 조각가 예브게니 부체티치[Yevgeny Vuchetich]의 〈칼을 쳐서 보습(쟁기 날)으로[Let Us Beat Our Swords Into Plowshares]〉라는 이름의 생동감 있는 조각 작품이 한눈에 들어온다. 역동적인 모습을 한 근육질의 남성상이 오른손에 한껏 치켜든 망치로 왼손에 쥐고 있는 휘어진 긴 칼을 무기가 아닌 쟁기로 다듬어내고자 이제 막 내리치려는 순간이 진정 생명이 깃든 것처럼 실감나게 조각되어 있는 걸작이다.

프랑스 파리의 방돔 광장[Place Vendôme] 한가운데에는 나폴레옹[Napoléon]이 아우스터리츠 전투에서의 승리를 기념하기 위하여 세운 44미터 높이의 원기둥 기념탑이 우뚝 솟아 있다. 러시아와 오스트리아 동맹군으로부터

▲ 우크라이나 조각가 예브게니 부체티치의 〈칼을 쳐서 보습으로〉 (©Rodsan18) (출처 _ 위키피디아)

전리품으로 획득한 1,000여 개의 청동 대포를 녹여서 주조해 올린 탑이다. 고대 로마 제국 시대 최대판도를 이룩했던 트라야누스 황제가 건설한 트라야누스 기념탑Trajan's Column의 계보를 이어받은 아우스터리츠 전승기념탑을 통하여 나폴레옹의 전쟁광적 패권주의와 제국주의와 영웅주의가 세상을 향해 던진 프로파간다의 웅변은 이렇게 들려온다.

'대포를 쳐서 승전기념비로! (Let Us Beat There Cannons Into Victory Column)'_아랑곳!

일제가 조선에서 민족 말살 통치를 폈던 1931년에서 1945년까지의 암울했던 시기에 만주사변과 중일전쟁에 이어 태평양전쟁을 수행하기 위하여 조선을 병참 기지화했다. 필사적이었던 일제가 부족한 무기를 제작하기 위해 집집마다 남김없이 수탈해 간 쇠붙이란 쇠붙이에는, 전통적인 농업국가였던 조선에게 생명 유지의 근본이 되는 농사를 위한 숱한 쟁기가 포함되어 있었다. 조각 작품의 평화 메시지와 정면으로 역행하는 일제의 도착적 호전성과 반인륜적 잔학성은 다음과 같이 씁쓸하게 함축된다.

'보습(쟁기 날)을 쳐서 살상 무기로!(Let Us Beat There Plowshares Into Murder Weapon)'_아랑곳!

1959년 냉전시대의 한복판에 있던 구소련이 유엔에 기증한 이 조각 작품은 비폭력을 상징하는 대표작으로 유명하다. 정권을 잡자마자 탈^脫스탈린주의를 표방, 미국을 비롯한 서방 국가와 공존을 모색했던 니키타 흐루쇼프^{Nikita Khrushchev}는 소련 지도자로는 최초로 1959년 미국을 2주간 방문했다. 그는 훗날 1962년 미국과 그 유명한 쿠바미사일위기를 일으킨 장본인이기도 했으나, 당시의 역사적인 미국 방문에 평화와 화해의 메시지를 전달하기 위하여 이보다 더 어울리는 선물은 없었다.

동상의 받침대에는 작품의 예술적 영감의 원천인《구약성경》'이사야서' 2장 4절의, "우리가 칼을 쳐서 보습으로 만들리라.(We shall beat our swords into plowshares.)"라는 성경 구절이 선명하게 새겨져 있다. 냉전시대 양극단의 두 강대국의 손에는 똑같은 성경이 들려 있었다.

유엔군의 전격적인 지원을 받았던 한국전쟁의 뼈아픈 상처가 현재는 위도 38도선에서 휴전이라는 불안정하고 위태로운 상태로 임시 봉합되어 있다. 유엔군에 참전한 전 세계 16개국의 젊은이들 중 무려 154,881명이 나라 이름조차 들어보지 못했던 대한민국 땅에서 전사하거나 부상당하고 실종되는 가슴 아픈 희생을 겪었다.

총 39층의 유엔본부 빌딩 38층에는 유엔사무총장의 사무실이 있다. 1층에는 2007년부터 2016년까지 제8대 유엔사무총장을 역임한 반기문 총장의 밝게 웃는 사진이 역대 사무총장들의 사진과 함께 나란히 걸려 있다. 유엔만큼 대한민국 현대사에 유의미한 영향을 끼친 국제기구는 다시 없을 것이다.

▲ 스웨덴 조각가 칼 프레드릭 로이터스워드의 조각 작품 〈매듭지어진 총〉 (출처 _ UN.org)

또 다른 비폭력Non Violence의 상징물이 눈에 들어온다. 자신을 추종하던 광팬의 총에 맞아 비극적 죽음을 맞은 존 레넌John Lennon을 추모하기 위하여 권총의 총구를 엿가락처럼 꼬아 붙잡아 맨 스웨덴 조각가 칼 프레드릭 로이터스워드Carl Fredrik Reutersward의 조각 작품 〈매듭지어진 총The knotted gun〉이 전 세계 최악의 총기사고의 나라 미국을 보기 좋게 비꼬고 있는 듯하다.

아랑곳은 비폭력을 상징하는 유엔의 두 조각 작품을 뒤로하고 센트럴파크로 향했다. 스웨덴 조각가 칼Carl은 총구를 묶었지만, 아랑곳은 베스트셀러 책의 내용을 바꾸어야 한다.

만일 당신이 달과 뉴욕 사이에
붙잡혀서 방황한다면

존 레넌이 충격을 받을 시각, 밤 11시까지는 아직 시간적 여유가 있다. 마크 채프먼Mark Chapman은 맨해튼 어퍼웨스트사이드Upper West Side에 위치한 다코다 아파트Dakoda Apartment의 정문이 빤히 보이는 카페의 한쪽 구석에 자리를 잡은 채, 복잡한 심경으로 비틀스Beatles의 리드싱어 존 레넌이 귀가하기를 기다리고 있다. 채프먼이 그동안 획책했던 존 레넌의 암살을 실행하기 위하여 최종으로 선택한 장소는, 존 레넌과 그의 아내 오노 요코Ono Yoko가 거주하고 있는 로마네스크 양식의 고풍스러운 고급 주택 다코다 아파트 입구이다.

채프먼은 손때가 묻어서 표지가 바랜 소설책《호밀밭의 파수꾼The Catcher in the Rye》을 두 손 위에 올려서 펼친 채 창밖을 끊임없이 주시하며 별생각 없이 이리저리 뒤적거리고 있지만, 정작 그러한 행위는 딱히 독서 의도보다는 언제 자신의 집으로 돌아올지 모를 존 레넌의 출현을 하릴없이 기다려야 하는 지리한 시간을 메우기 위함이었다.

채프먼은 여전히 주인공 홀든 콜필드가 센트럴파크에 도착하기 이전 페이지를 뒤적거리고 있었다. 납득하기 어려운 사실이지만, 채프먼은 문제의 소설《호밀밭의 파수꾼》을 단 한 번도 끝까지 읽어보지 못했다.

"고전은 누구나 알지만 아무도 끝까지 읽지 않는 책이다!"라는 금과옥조가 딱 떨어지게 적용되었는지 아니면 책을 끝까지 다 읽는다는 것이 그에게는 애초부터 전혀 관심 밖의 일이었는지는 모르겠으나, 일반적으로 책꽂이에 진열된 책의 상당량이 대개 끝까지 독파되지 못한 상태라는 흥미로운 사실을 인정한다면, 채프먼은 적어도 이 지점에서만큼은 그다지 이상한 사람이 아니다.

펜실베이니아에 있는 명문 사립학교에서 낙제로 퇴학 당해 기숙사에서 짐을 챙겨 나온 문제아 홀든이 뉴욕의 싸구려 호텔에 투숙한 후 뉴욕 시내를 돌아다니면서 좌충우돌 정신 사나운 경험을 한 '밤의 오디세이'를 마치는 페이지에서 맴돌다 그는 늘 책을 덮어버리곤 했다. 다음 장면에 펼쳐질, 홀든 콜필드가 누구보다 사랑하는 여동생 피비와의 따뜻한 남매애를 나누는 회전목마 장면은 아직 읽어보지 못했으나 적어도 오늘만큼은 언제 맞닥뜨리게 될지 모를 존 레넌을 기다리는 지루한 공백을 메울 겸 허락되는 데까지 맘먹고 읽어 나가기로 결심했다.

채프먼은 신경안정제 같은 커피를 긴장된 기도로 한 모금씩 넘기며 재킷 안주머니에 품고 있는 권총을 다시 한 번 조심스럽게 더듬으며 자신의 결단이 흔들리지 않도록 마음을 다잡았다.

아랑곳은 미국 문학 속의 주인공 중 독보적 유명세를 타는 체제반항
아 캐릭터 홀든이 등장하는 소설에 경도된 채프먼의 암살 시도를 어
떻게든 무산시키기 위하여, 그가 소설을 끝까지 읽기 전에 책 내용의
일부를 극적으로 바꾸려 한다.

이 소설이 지금으로부터 17년 전인 1963년 11월 22일, 존 F. 케네디
John F. Kennedy 대통령을 암살했던 리 하비 오스왈드Lee Harvey Oswald의 집에서
도 발견되었고, 3개월 후 로널드 레이건Ronald Reagan 대통령에게 중상을
입힐 저격범 존 힝클리 주니어John Hinkley Jr.가 탐독한 것으로 유명한 책
이자, 9년 뒤 1989년 할리우드 여배우 레베카 셰퍼Rebecca Lucile Schaeffer를
살해할 미치광이 스토커 로버트 바르도Robert John Bardo 역시도 범행 당시
소지할 책이라는 비극적 연쇄고리를 끊어야 하기 때문에도 더욱 절
실한 일이다.

지금은 홀든이 여동생과 센트럴파크 여기저기를 돌아다닐 시간이다.
센트럴파크의 오리들은 겨울이 되면 어디로 가는지, 트럭에 실려 다
른 곳으로 가는지, 아니면 따뜻한 곳을 찾아 떠나는지 무척이나 궁금
해하던 홀든을 마침 스트로베리 필즈Strawberry Fields에서 가까운 호수 근
처에서 어렵지 않게 발견할 수 있었다. 아랑곳은 16세의 홀든에게 다

가가 영국 리버풀에서 살고 있는 범상찮은 11세 소년, 존 레넌의 이야기를 들려주었다.

타고난 기성체제의 반항아이긴 하지만, 자신의 어린 시절 순수함을 소중하게 추억하며 수녀들에게 선뜻 10달러를 기부하기도 하는 등, 내면에는 의외의 따뜻한 성정을 간직한 홀든은 대서양 너머에 살고 있다는 다섯 살 아래 영국 소년 존 레넌 이야기에 사뭇 관심을 보였다. 몇몇 비틀스의 히트곡에 솔깃한 흥미를 보이는 홀든에게 아랑곳은 특히 존 레넌이 작곡한 '스트로베리 필즈 포에버Strawberry Fields Forever'를 귀 기울여 들어보라고 강조해주었다. 이 노래 제목은 지금 존 레넌이 살고 있는 영국 리버풀의 구세군 아동 보육원의 정원 이름에서 가져온 것인데, 훗날 이 천재 소년이 그곳에서 뛰어놀던 기억에서 영감을 받아 이 곡을 작곡하게 되고, 지금 바로 자신이 그 곡을 듣고 있는 중이라고 설명해주었다.

하지만 그다음 아랑곳이 들려준 충격적인 이야기에는 믿을 수 없다는 듯 매우 슬픈 표정을 지어 보였다.

그러니까 작가 제롬 데이비드 샐린저Jerome David Salinger가 설정해준 홀든 자신의 현실 1951년으로부터 29년 후인 1980년 12월 8일 밤 11시경, 이 천재적인 재능을 가진 40세의 존 레넌은 우리가 함께 서 있는 공원 바로 옆 자신의 아파트 앞에서 자신의 광팬 마크 채프먼에게 비극적으로 총을 맞아 죽게 될 거라는 이야기.

그리고 그의 아내 오노 요코가 그를 추모하기 위하여 우리가 서 있는 바로 이 장소를 뉴욕시로부터 매입한 후, 1985년 10월 9일 존 레넌의 생일에 맞추어 '스트로베리 필즈 메모리얼Strawberry Fields memorial'이라는 이름을 붙이게 될 것이라는 이야기에 홀든의 표정은 심하게 일그러졌다. 자신을 추종하던 팬에게 살해당하는 비극적 사건을 결코 믿을 수 없다는 듯 놀라움과 두려움이 교차된 기묘한 표정을 지었다. 그는 존의 광팬인 마크 채프먼이 도대체 왜 그를 죽이려 하는지에 대하여 도저히 이해할 수 없어 했고, 아울러 이런 비극적 이야기를 왜 자신에게 들려주는지를 알고 싶어 했다.

의아해하는 홀든에게 아랑곳은, 인기가 절정이던 비틀스의 존 레넌이 영국 〈이브닝 스탠더드Evening Standard〉의 모린 클리브Maureen Cleave 기자와 1966년 3월 4일에 진행하게 될 인터뷰의 내용을 생생하게 들려주었다.

"기독교는 없어질 것이다. 그건 논증할 필요도 없다. 내가 옳은 것으로 판명 날 것이다. 심지어 이제 우리가 예수보다 더 유명하다. 로큰롤과 기독교 중에 무엇이 먼저 사라질지는 모르겠다. 예수는 괜찮았지만, 그의 제자들은 미련하고 평범했다. 내가 보기엔 제자들이 기독교를 왜곡하고 망친 것 같다."

"이제 우리는 예수보다 더 유명하다."라는 존 레넌의 신성모독 발언에 분노를 느껴 암살을 결심했다는 범행동기에 대한 마크 채프먼의 최초 진술이 대서특필된 신문기사도 채프먼에게 펼쳐 보여주었다.

홀든은 지금까지 보여왔던 존에 대한 다소의 관심과 약간의 호감을 일시에 거두어들이는 싸늘한 발언을 마치 아랑곳의 따귀를 때리듯 느닷없이 쏘아댔다.

"그렇다면 내가 무엇 때문에 그의 죽음을 막아야 하지?"

왜냐하면 지금으로부터 61년 후, 2012년에 열리게 되는 런던올림픽의 폐막식 축하공연에 바로 이 존 레넌 자신이 직접 출연하여 자작곡의 유명한 노래를 라이브로 불러야 하거든!

Imagine there's no violence 폭력이 존재하지 않는 것을 상상해보아요.
Nothing to kill or die for 살인도 죽음도 없는 곳을요.
Imagine all the people living life in peace 모든 사람들이 평화 속에서 살아가는 것을 상상해봐요.

– 존 레넌, 'Imagine' 중에서 –

그러니 채프먼이 존 레넌을 암살하는 비극을 막기 위하여 자네가 다음의 노래를 불러주길 바라네! 이 노래가 《호밀밭의 파수꾼》 소설책에 기록되도록 말이야!

When you get caught between the Moon and New York City 달과 뉴욕 사이에 붙잡혀서 우왕좌왕 방황한다면
I know it's crazy, but it's true 말도 안 되는 소리 같지만, 진정으로 말야!

If you get caught between the Moon and New York City 달과 뉴욕 사
이에 갇혀서 고뇌하고 방황한다면
The best that you can do 네가 할 수 있는 최선의 일은
The best that you can do is fall in love 네가 할 수 있는 최선의 것은 사
랑에 빠지는 거야.

– 아서스 테마(Author's Theme), 'Best That You Can Do' 중에서 –

하지만 홀든은 대꾸는커녕 간단한 작별 인사도 없이
자신이 그토록 사랑하는 여동생 피비의 손을 꼭 잡고서
시야가 겨우 닿을 듯 말 듯한 공원길 끝자락으로 홀연히 사라지고 있
었다.
노래 제안에 조금도 아랑곳하지 않는 냉랭한 뒷모습만 남긴 채.
뉴욕에서 1달러를 주고 산 조악한 빨간 사냥 모자를 뒤로 돌려쓴 채
로 결연히!
기이하고 아름다운 뉴욕의 달빛을 가르며…….

마크 채프먼은, 값싸고 어디서나 구하기 쉬워 새터데이 나이트 스페셜Saturday night special이라는 별명이 붙여진 탄환 지름 크기 0.38인치의 38구경 리볼버 권총을 만지작거리고 있었다.

스트로베리 필즈의 지척에서 베데스다 분수Bethesda Fountain의 물소리가 새삼 생생하게 귓전을 울린다. 예수께서 38년된 중풍병자를 고쳐 치유의 기적을 일으키신 예루살렘 동북쪽 양문Sheep Gate 곁에 있던 연못의 이름을 빌려온 이 분수 옆 테라스에 잠시 앉아 마음을 추스르다가, 아랑곳은 다코타 아파트 앞에서 어쩔 수 없이 울려 퍼질 비극적 네 발의 총성을 희미하게라도 듣고 싶지 않아서, 마치 고대 로마의 간선도로 비아 아피아 안티카Via Appia Antica 양옆의 소나무처럼 가로등이 늘어서 있는 센트럴 파크 웨스트 대로를 따라서 마천루 도시의 중심 미드타운으로 향했다.

콜럼버스 서클

센트럴파크 남서부 끝자락에는 거대한 원형광장 콜럼버스 서클Columbus Circle이 시원하게 열려 있다. 교차로 정중앙에 인류역사상 가장 탁월한 모험가 크리스토퍼 콜럼버스의 대리석 조각이, 총 23미터 높이의 원주식 기둥 꼭대기 위에 당당히 올라서 있다. 그가 대서양을 건넜던 유명한 세 척의 배 역시 콜럼버스 기념비Columbus Monument를 떠받치고 있는 원주 기둥 양옆에 청동 부조로 돋을새김되어 있다.

콜럼버스가 승선한 산타마리아호, 최고의 스페인 항해사 핀손Pinzón 형제가 승선한 핀타호, 그리고 니냐호, 이 세 척의 배로 1492년 8월 3일 스페인의 팔로스항을 출항한 콜럼버스는 1492년 10월 12일, 오늘날 미국 플로리다주 동남쪽의 바하마제도에 역사적인 첫발을 내디뎠다.

미지의 검은 바다 대서양의 한복판에서 죽음의 공포로 인하여 극도로 험악해진 선원들이 스페인으로 귀선할 것을 종용했을 때, "육지가 보이지 않으면 내 머리를 잘라도 좋다."는 불굴의 확신으로 사태를 진압해내며, 콜럼버스 스스로도 예측 불가한 극도로 희박한 확률에 목숨을 내걸었던 모험의 대단원이었다.

포르투갈의 엔리케Enrique 왕자로부터 시작된 서방세계의 대항해는 이

▲ 센트럴파크 남서부 끝자락에 조성된 원형광장 콜럼버스 서클 (©TarHeel4793)
(출처 _ 위키피디아)
◀ 콜럼버스 기념비 (©Groovio) (출처 _ 위키피디아)

콜럼버스의 신대륙 발견 사건으로 대폭발을 일으켰고,
결국 영국인들의 미국 개척으로 이어진다. 서양인들
은 대담한 모험심과 식지 않는 야망으로 미지의 바다
와 족적이 없는 (원주민이 아닌 외지인의) 땅을 거침없
이 탐험한다.

　　대서양을 건너겠다는 콜럼버스의 엉뚱하고 위험천

만한 사업계획은 고향 제노바와 대항해의 원조 항구 포르투갈 리스본에서조차도 인정받지 못했다. 결국 콜럼버스 후원의 행운은 1492년, 무어족의 이슬람을 800년 만에 몰아낸 에스파냐의 이사벨 여왕Isabella I과 페르난도 2세Fernando II 부부왕의 몫이 되었다. 국토회복에 이어 신대륙 발견의 국가적 겹경사를 맞은 스페인은 신대륙으로부터 쏟아져 들어오는 엄청난 양의 재화로 역사상 유래가 없는 호황을 누리며 두 사건의 원년인 1492년을 영원히 잊을 수 없는 해로 만든다.

사업계획서 하나로 인류역사의 변곡점이 된 중대한 사건을 실현해낸 콜럼버스는 신대륙의 오만한 약탈자라는 오명으로부터 결코 자유로울 수 없었지만, 인류역사상 가장 대범한 모험가이자 벤처사업가로 평가받는 것이 지배적이다.

모험가와 벤처사업가의 공통점은 낙관적 모험성과 진취성이다. 실제로는 70일간의 지난한 천신만고의 항해 끝에 얻어낸 성취였지만, 적당한 바람만 있다면 어림잡아 2주 남짓이면 신대륙에 당도하리라 믿었던 그의 낙관적 오판이, 오히려 무모한 감행의 역설적 동력으로 작용했다.

역사는 비관적 직시보다는 낙관적 오판으로 역동한다. _ 아랑곳!

로마는 성을 쌓지 않고 길을 닦았다!

기원전 8세기 중엽 로마의 일곱 언덕에 자리잡은 라틴족은 이탈리아반도를 통일하고, 지중해의 슈퍼파워 카르타고와 벌인 포에니전쟁에서 기념비적 압승을 거둔다. 변변한 해군조차 보유하지 못했던 로마가 거의 승산이 없어 보였던 이 무모한 전쟁에서 승리한 것을 분기점으로 지중해의 패권을 장악한 후, 최초로 이탈리아반도를 넘어 해외식민지를 보유하고 통치하게 된다.

이 과정에서 가장 절실했던 제국의 인프라 스트룩투라^{Infra Structura, 인프라 스트럭처}는 제국경영과 식민 통치의 기본이 되는 군대 파견을 위한 도로의 건설이었다. 도로의 여왕이라고 불리는 아피아 가도를 시작으로 로마는 20만 킬로미터가 넘는 크고 작은 도로들을 제국에 건설했고, 멸망할 때까지 끊임없는 전쟁의 서정을 이어갔다.

리들리 스콧^{Ridley Scott} 감독의 영화 '글래이디에이터^{Gladiator}'(2000)의 첫 장면은, 오현제의 마지막 황제 마르쿠스 아우렐리우스^{Markus Aurelius} 휘하의 막시무스^{Maximus} 장군의 로마 군대와 야만적인 게르만 군대와의 전투 장면을 스펙터클하게 그려내고 있다. 역사적 고증과 영화적 상상력이 만들어낸 명장면이다. 이 맹렬한 전쟁은 천신만고 끝에 로마군의 승리로 끝난다.

이후, 권력에 눈이 멀어 황제인 부친 마르쿠스 아우렐리우스를 직접 살해한(역사적 고증과 무관한 영화의 각색) 패악한 아들 콤모두스^{Commodus}는 이 전쟁 승리의 공을 막시무스 장군으로부터 영악하게 가로채고 뻔뻔하게 로마로 개선한다. 마치 개선식의 진정한 주인공인 양 화려한 개선 마차에 올라서 시민들에게 의기양양 손을 흔드는 용렬한 황제를 곱지 않은 시선으로 맞이하던 원로원의원 그라쿠스^{Gracchus}가, 자신의 동료이자 콤모두스의 최측근이며 권력의 중심에 서 있는 팔코^{Falco}에게, 막시무스의 공적을 가로챈 황제를 비아냥거리는 뼈있는 말을 던진다.

He enters Rome like a conquering hero. But what has he conquered?

그라쿠스 : 그가 마치 정복자 영웅처럼 개선하지만 대체 뭘 정복했지?

Give him time, Gracchus. He's young. I think he could do very well.

팔코 : 시간을 좀 주게, 그라쿠스. 그는 아직 젊지 않은가? 잘할지 누가 알겠나?

For Rome, or for you?

그라쿠스 : 로마에 말인가? 아니면 자네한테 말인가?

- 영화 '글래디에이터' 중에서 (영화 상영시간 01:02:22 ~ 01:03:45) -

개선은 목숨을 건 군영지의 캠프 생활을 승리로 마친 황제와 장군의 영광스러운 본토 귀환이다. 서양의 군주는 어떤 형태로든 조정의 궁궐에서 좌시하지 않고 전쟁캠프에서 진두지휘하는 전통을 가지고 있었다. 서양은 특유의 캠프 본능으로 영토 확장의 야망을 불태우며 경쟁적으로 지속적인 모험과 정복을 서슴지 않았고, 결국 신대륙 발견을 통한 아메리카대륙의 점령에 이어 서세동점의 식민지경영으로 동양을 압제하고 압도했다.

결국 아메리카대륙 원주민의 입장에서 본다면 콜럼버스의 신대륙 발견 사건은 이후 300년 동안 식민 지배의 뼈를 깎는 아픔을 경험하게 될 기구한 운명의 서막이었다. 제국의 수성守城과 안주安住보다는 제국의 경영과 확장을 꿈꿨던 로마의 전장 군영지 캠프는 유럽 역사의 토대와 근간이 되었다.

1492년 10월 12일. 아메리카대륙 대부분의 국가들은 콜럼버스가 서인도제도 산살바도르섬에 첫발을 내디딘 바로 이날, 10월 12일을 기념일로서 지킨다. 미국은 일요일과 공휴일이 겹치는 것을 피하기 위하여 매년 10월 두 번째 월요일을 '콜럼버스 데이^{Columbus Day}'라는 국경일로 기념하고 있다. 이날의 가장 성대한 기념 퍼레이드는 뉴욕에서 열린다.

크리스토퍼 콜럼버스를 의미하는 컬럼비아^{Columbia}는 본래 아메리카대륙 전체 혹은 미국을 지칭하였다. 시간이 흐르며 아메리카^{America}가 컬럼비아라는 이름을 대체하였지만, 그의 이름은 대륙의 곳곳에 살아 있다. 컬럼비아산, 컬럼비아강, 컬럼비아곶, 컬럼비아고원, 캐나다 서부의 브리티시컬럼비아주, 나사^{NASA}의 컬럼비아 우주왕복선, 미 해군의 함선 USS 컬럼비아, 할리우드 영화사 컬럼비아 픽처스, 뉴욕 맨해튼에 위치한 명문 컬럼비아대학교^{Columbia University in the City of New York}, 스스로가 잉카 제국의 후예이면서도 식민 침략의 뼈아픈 포문을 연 논란의 탐험가 콜럼버스의 이름을 기꺼이 국명으로 채택한 남미의 컬럼비아공화국 등.

지구를 들고 있는 천사의 받침대 위에 멋들어지게 서 있는 기념비는 콜럼버스의 미대륙 발견 400주년을 기념하여 1892년에 제작되었다. 공로에 비하여 꽤나 뒤늦은 오마주이기는 하지만 뉴욕 시내의 블록별 거리는 이 콜럼버스 서클을 기점으로 측정한다는 사실과 콜럼버스와 같은 국적의 이탈리아의 조각가인 가에타노 루소^{Gaetano Russo}의 솜씨로 만들어진 작품이라는 점에서 고개가 끄떡여진다.

온 세상 음식의
용광로

　도스 토로스는 2009년에 문을 연 이래로 맨해튼에만 14~15개의 체인점을 오픈한 인기 있는 프랜차이즈 멕시코 식당이다. 히스패닉 계열의 멕시칸들이 미국에서는 더 이상 소수민족이 아니라는 사실에 더하여 에스닉푸드Ethnic Food의 이국적 맛과 합리적인 가격으로 뉴요커들을 매료시킨 것이 성업의 배경이다. 뉴욕은 수백 개의 언어가 공존하는 메트로폴리탄이다. 전 세계인이 이민, 비즈니스, 유학, 출장 등의 목적으로 어울려 산다. 그런 연유로 세상 모든 문화권의 음식을 맛볼 수 있는 곳이기도 하다. 인종의 용광로뿐만이 아니라 세상 모든 음식의 용광로이다.

　세계 여러 나라의 음식이 미국에 들어오면 종종 블록버스터급으로 대중화된다. 이탈리아의 피자, 폴란드 유대인의 빵 베이글, 독일인의 미국판 소시지 간식인 핫도그, 몽골의 타타르 스테이크에서 기원하여 독일 함부르크에서 성행하던 빵과 다진 고기의 환상적 조합의 햄버거, 프랑스인의 감자튀김 프렌치프라이, 영국인들이 주일 아침 감사성찬례(성공회)를 드리고 조금 빠르게 점심을 먹는 데서 유래한 브런치 등이 바로 대서양을 건너 뉴욕에 상륙한 후 미국 문화의 막강한 영향력에 힘입어 전 세계인의 입맛을 사로잡은 대표음식들이다.

영화 '해리가 샐리를 만났을 때^{When Harry Met Sally}'(1989)의 두 주인공이 데이트하는 여러 식당들은 뉴요커들이 얼마나 다양한 세계음식을 접할 수 있는지를 잘 보여준다. 샐리는 뉴욕 베이징덕 전문 차이니스 식당에서 까다롭기 짝이 없는 요리를 주문해 중국인 주인장을 난감하게 만들고, 1888년부터 문을 연 유서 깊은 카츠델리 식당에서는 샐리가 유대인의 파스트라미 샌드위치를 먹으며 능청스러운 오르가즘 퍼포먼스를 연기한다.

물론 해리와 샐리가 각자의 절친들과 당황스러운 교차 데이트를 할 때는 예의 대중식당이 아닌 뉴욕의 격식 있는 고급 레스토랑에서 만찬을 즐긴다. 네 사람은 식사 중에 극중 작가인 제스가 뉴욕 매거진에 기고한 글 중 한 대목을 화제로 떠올린다. '1980년대 식당의 위상은 1960년대 극장의 그것과 동일하다.'라는 제스의 칼럼에 마리가 공감의 맞장구를 치는 장면은 미국 대도시의 대중식당들이 바로 이 시대에 급속도로 고급화되었음을 잘 드러내주고 있다.

이 영화의 시대적 배경이 된 1980~1990년대 뉴욕의 다양한 음식 천국 이야기는 마법처럼 2020년대 우리의 문명권으로 고스란히 이식되었다. 온 세상의 별의별 산해진미 진수성찬을 차려내는 월드푸드 식당들이 지구 반대편의 물리적 거리와 이질적 문명의 간극을 넘어, 국제 요리의 박람회장 같은 이태원 거리가 굳이 아니더라도 이미 대한민국 요소요소에서 예사롭지 않은 흥행몰이를 해 나가고 있다. 대한민국의 음식문화는 오래전에 생존을 위한 식량을 극복하고 생계를 위한 끼니를 지나 생활을 위한 음식을 넘어 미식을 위한 식도락의, 그것도 온 세계의 다양한 음식에의 탐닉을 만끽하는 미각향연의 호사에까지 성큼 다다라 있다.

　대한민국의 방송은 온통 요리 중이다. TV에서는 불철주야 여러 나라의 별미 요리법 소개, 맛 칼럼니스트의 맛집 순례 방송 등을 끊임없이 쏟아낸다. 30~40여 년 전 주한미군을 위한 AFKN 방송을 통해 요리 프로그램을 접했을 때의 생경함(요리도 방송이 될 수 있다는 놀라움)이 격세지감을 실감케 한다. 2020년대의 대한민국은 바야흐로 요리의 전성시대이다. 방송과 SNS와 미식^{美食} 기호가 서로를 강력하게 견인하는 형국이다.

　중세의 생존과 근대의 생계를 벗어난 인류가 현대의 윤택한 경제성장과 맞물린 식량의 대량생산과 풍성한 재배 덕분에 그 무엇보다도 열정적으로 추구하고 탐닉하게 된 것은 다름 아닌, 맛있고 이색적인 다양한 요리에 대한 관심과 집착이었다. 가계 소득이 높아질수록 식료품 지출 비용이 감소한다는 19세기 독일 통계학자의 엥겔지수^{Engel指數}가, 오히려 이 시대에는 미국의 저명한 경제지 〈포천^{Fortune}〉이 발표한 스테이크하우스 지수로 대체되는 것이 더욱 걸맞을 것 같다.

　뉴요커들이 즐겨 먹는 뉴욕의 3대 스테이크하우스에서 소비되는 스테이크 양을 경기의 지표로 보는 스테이크하우스 지수의 출현은, 외식문화가 현대사회의 실물경제에 얼마나 커다란 영향을 미치고 있는지를 흥미롭게 보여줌과 동시에, 뉴욕이라는 도시가 만들어내는 외식통계조차도 미국 전체에 대한 유의미한 경제적 기준과 무게를 지니고 있음을 바로미터처럼 시사해주고 있다.

패스트푸드의 천국
미국

미국은 패스트푸드의 종주국이다. 호사가들의 말을 빌면, 미국을 대표하는 3대 수출품은 재즈^{Jazz}, 윈도즈^{Microsoft Windows}, 그리고 패스트푸드^{Fast Food}이다. 패스트푸드는 바쁜 도시인들에게 시간과 가격의 효율을 제공하며 급속도로 글로벌화되었다.

하지만 진정한 패스트푸드 약진의 비밀병기는 역시 중독성이다. 미국인의 사망원인 1위가 흡연이고, 그다음이 미국의 고질적인 문제인 비만이다. 미국인 10명 중 4명이 패스트푸드를 즐긴다는 통계가 미국의 심각한 비만 문제와 패스트푸드와의 깊은 연관성을 보여준다. 패스트푸드는 덕분에 정크푸드^{Junk Food}라는 불명예를 얻었지만, 특유의 기묘한 마력으로 전 세계인들의 입맛을 포획해버렸다. 패스트푸드는 다국적 브랜드의 자극적인 입맛 길들이기라는 심상찮은 사업전략에 힘입어 전 세계에 폭발적인 수요를 창출하며 빠른 속도로 확산되었다. 대한민국도 예외는 아니다.

하지만 패스트푸드가 전 세계에서 가장 어렵게 둥지를 튼 나라가 있다. 1986년, 이탈리아에서는 로마 시내의 관광명소 스페인광장^{Piazza di}

^{Spagna}에 이탈리아 최초의 맥도날드 1호점 개점의 여부를 놓고 전 국가적으로 격렬한 논쟁이 일었다. 파스타와 피자 등을 세계적인 음식으로 정착시킨 이탈리아인들은 패스트푸드 프랜차이즈의 이탈리아 상륙이, 공들인 조리과정을 중시하는 자신들의 전통 음식 문화에 대한 모독이라는 비난을 쏟아내며 강한 거부감을 감추지 않았다. 1992년, 중국 북경의 맥도날드 1호점 개점일에는 수천 명이 줄을 섰고, 1994년 쿠웨이트에서는 맥도날드 1호점에서 주문을 하려는 드라이브 스루 차량 행렬이 무려 11킬로미터까지 이어졌던 것에 비하면 퍽이나 대조적인 일이다.

이탈리아는 이 사건이 이슈가 된 그해 1986년에, 패스트푸드 음식의 확산에 대한 반발로 슬로푸드^{Slow Food} 운동을 시작했고, 전세는 이탈리아에 다소 유리하게 전개되는 듯했다. 그러나 자존심 강한 이탈리아조차도 30년이 흐른 2018년에는, 전국적으로 578개, 로마시에만도 40개 이상의 맥도날드 매장이 문을 열게 된다. 관광대국으로 1년 내내 끊임없이 밀어닥치는 외국인 관광객들의 왕성한 소비를 감안한다 하더라도 이탈리아의 대 미국의 패스트푸드 쇄국대전은 완패로 끝났다.

슬로푸드는 시골에서 평화로운 운동을 하고 있지만, 패스트푸드는 도시에서 다국적 패스트푸드 프랜차이즈의 마케팅 전략을 동력으로 분주한 도시인의 입맛을 전방위적으로 포획해 나가고 있다.

신용카드의 고향
뉴욕

뉴욕의 상당 부분의 매장은 현금 결제를 받지 않는다. 신용카드 외에는 상품구매가 원천적으로 불가능하다. 이 도시에서 최초의 신용카드가 탄생했다는 사실을 떠올린다면, 일면 수긍이 갈 만한 흥미로운 일이다.

1949년, 중년의 사업가 프랭크 맥나마라Frank McNamara는 뉴욕의 어느 음식점에서 계산을 하려다 지갑을 깜빡 두고 나온 일로 낭패를 경험한다. 이 사건을 계기로 그는 물건 구매 시에 현금을 지불하지 않아도 될 대단히 창의적이고 간편한 결제 수단인 신용카드를 고안해낸다. 그는 친구이자 변호사인 랄프 슈나이더Ralph Schneider와 함께 역사상 최초의 신용카드인 다이너스 클럽 카드를 만들어 서비스를 시작했는데, 뉴욕 태생 대체 결제 수단인 신용카드가 애초에 고작 200명의 회원에서 시작하여 전 세계로 확산되는 데에는 그리 오랜 시간이 걸리지 않았다. 한 뉴욕 사업가의 기발한 아이디어 덕분에 현대는 다행스럽게도 '걸어 다니는 작은 은행'이라 불리는 플라스틱머니Plastic Money의 전성시대를 맞을 수 있었다.

대한민국 역시 식당, 상점, 버스, 지하철, 택시, 주차장, 주유 등 소비 생활의 거의 모든 분야에서 직접 돈을 주고받는 현금 결제 시스템이 이미 회귀현상을 넘어서 거의 멸종단계로 들어서고 있는 중이다.

신용카드의 발명은 경제활동의 지도를 완전히 바꾸어 놓았다. 현금을 지갑에 넣고 다닐 필요가 없는 기본적인 변화가 이루어졌고, 판매자와 구매자 간 서로의 신뢰를 바탕으로 문자 그대로 신용외상거래를 해왔던 재래적인 문화를 종식시켰다. 현재 소비에 대한 지출이 단순 미래로 유보되는 카드 결제의 방식은 소비의 편익성에 엄청난 기여를 했지만, 반면에 할부와 리볼빙이라는 지출 부담의 창의적 지연을 가능케 해준 결제 방식이 장착되며, 사용자의 무분별한 과소비를 가속화시켰고 손쉽게 변제불능의 파산을 양산했으며 의도적 채무불이행의 도적적 해이의 출구를 열어주는 심각한 사회문제를 일으켰다. 신용카드 소비자는 소비성향과 신용 상태가 투명하게 기록되고 노출되면서 개인의 신용등급이 10개 구간으로 세분화된, 어느 누구도 피해 갈 수 없는 채점대의 도마 위에 오르게 되었다.

신용카드 경제의 확산은 신용카드사에 막대한 권력과 수익을 부여했고 덕분에 세수稅收 확대에 결정적인 영향을 끼치며 국가재정의 안정에 크게 기여했다. 또한 수없이 많은 제휴카드를 만들어냈으며 너무나 익숙해진 포인트 적립 경제의 전성시대를 창출했다. 물물교환으로 시작한 인류의 교역 수단은 동전과 화폐를 거쳐 그렇게 뉴욕에서 태동한 신용카드로 진화했다.

뉴욕 5번가

길 떠난 여행자에게 시간과 비용을 줄여주는 가성비 최적의 음식은 누가 뭐래도 단연 패스트푸드이다. 아랑곳은 뉴욕 5번가^{5th Avenue}의 한 햄버거 가게에 들어섰다. 가장 미국적인 음식 햄버거에 곁들여, 콜럼버스가 신대륙으로부터 유럽에 최초로 실어 온 감자를 프랑스인들이 채 썰어 튀겨 소금을 뿌린 프렌치프라이와, 거부할 수 없는 전 세계인의 고혹적 탄산음료가 되어버린 미국산 콜라의 환상적 조합으로 구성된 정통 패스트푸드 세트, 일명 '클래식 정크푸드'(아랑곳 왈) 취식의 성스러운 의식을 치르기에 제대로 어울리는 햄버거 식당이었다.

미국 정통 햄버거의 다소 더부룩한 포만감으로 시장기가 물러나고 나서야, 뉴욕에서 가장 번화한 5번가의 스카이라인을 조각하고 있는 초고층 빌딩들 가운데에서도 발군의 고색창연한 위용을 드러내고 있는 엠파이어스테이트 빌딩^{Empire State Building}이 시야에 들어온다. 비록 높이에 있어서의 물리적인 위상은 다른 빌딩들에게 그 자리를 내어준 지 이미 오래지만, 인류역사상 바벨탑 이후 가장 유명세를 탄 초고층 마천루 빌딩이라는 상징적 의미에서는 이 뉴욕의 도도한 랜드마크에 감히 대적할 건축물이 없다. 무려 800여 개의 언어가 공존하며 세상 거의 모든 문명을 포괄하고 망라하는 메트로폴리탄 뉴욕주의 별명 엠파이어 스테이트, 즉 '제국의 주州'라고 붙여진 그 이름부터가 으리으리하다.

영화 출연 경력도 화려하다. 해발 381미터 높이의 첨탑은 해골섬의 전설적인 야수 킹콩이 탐욕스러운 뉴요커들을 피해 탈출하고 쫓기다 필사적으로 기어올랐던 아찔한 장면으로 생생하고, 지상 102층 높이의 전망대는 로맨스 영화 '러브 어페어An Affair to Remember'(1957) 주인공들이 만나기로 맹약했던 인생 약속이 실현되지 못한 장소이자 '시애틀의 잠 못 이루는 밤Sleepless in Seatle'(1993)의 랑데부 배경으로도 유명하다. 이 초고층 건물을 향하던 여주인공 테리가 도로에서 불의의 교통사고를 당하면서, 7월 1일 저녁 5시에 102층 전망대에서 만나기로 한 '러브 어페어' 속 두 주인공 니키와 테리의 약속은 비극적으로 무산되지만, 홀아비 샘과 순정파 애니의 사랑 이야기는 두 사람이 전망대에서 드라마틱하게 상봉하며 훈훈한 해피엔딩으로 끝을 맺는다.

뉴욕 5번가는 고급 브랜드 매장과 대형 쇼핑몰들이 즐비하게 모여 있는 뉴욕 최고의 쇼핑가이다. 이곳에 자리잡은 굴지의 보석 브랜드 매장들 중 단연 눈에 띄는 것은 미국을 대표하는 보석업체 '티파니 앤 컴퍼니Tiffany & Co.'의 전시장이다. 스스로 '멋과 스타일의 결정자'라고 칭한 티파니의 근거 있는 자신만만함이 화려한 보석의 디자인뿐만 아니라 뉴욕 양키스 구단의 그 눈에 익은, 세상에서 가장 인기 있는 야구모자 로고에도 맵시 있게 반영되어 있다.

전시장은 또한, 영화 '티파니에서 아침을Breakfast at Tiffany'(1961)의 첫 장면에서 여주인공 홀리 고라이틀리 역의 오드리 헵번^{Audrey Hepburn}이 프랑스 패션 디자이너 위베르 드 지방시^{Hubert De Givenchy}의 리틀 블랙 드레스 차림으로 커피와 크루아상을 양손에 든 채 쇼윈도에 진열된 값비싼 보석을 한참 동안 탐닉하는 유명한 장면으로 인상 깊게 각인된 장소이다. 오드리 헵번의 빼어난 미모와 잘 어우러지는 헨리 맨시니^{Henry Mancini}의 테마음악 '문리버^{Moon River}'의 서정적인 곡조가, 명료하게 한 가지 유형에 가두기 어려운 복잡미묘한 여주인공의 다중적 매력을 원작소설보다 더욱 선명하게 변주해준다.

1951년 조연으로 영화에 출연하기 위하여 모나코의 몬테카를로에 머물던 무명의 오드리는, 때마침 뉴욕 브로드웨이에서 공연할 작품의 여주인공을 물색하던 프랑스 작가에게 전격 발탁되어 미국 뉴욕에 깜짝 입성하면서 영화 '티파니에서 아침을'의 여주인공 홀리와 매우 흡사한

▲ 영화 '티파니에서 아침을'에서 주인공 홀리가 티파니 전시장의 쇼윈도를 바라보는 장면 (출처 _ 위키피디아)

인생 궤적을 그린다.

이후 할리우드영화 역사상 가장 위대하고 아름다운 배우라는 평가를 받는 이 여배우는 세상의 호사스러움을 상징하는 티파니에서 아침을 먹으며 영화라는 화려한 엔터테인먼트 산업을 통해 아카데미상, 그래미상, 에미상, 토니상을 모두 수상한 불세출의 슈퍼스타가 되었지만, 정작 저녁에는 만찬과는 너무도 거리가 먼 변방의 난민촌에 차려진 누추한 식탁을 겸허하게 마주한다.

제2차 세계대전 중 나치 점령하의 네덜란드에서 굶주림으로 인한 영양실조와 사투를 벌이던 소녀 시절의 절대빈곤을 뼛속 깊이 경험했던 오드리가 세상을 떠나기 전 자신의 마지막 크리스마스이브에 두 아들에게 유서처럼 읽어준 애송시가 있다. 뉴욕 브루클린 출신의 방송인이자 평론가이며 교사이자 작가였던 샘 레벤슨Sam Levenson이 자신의 손자들을 위하여 지어서 편지에 적어 보낸 아름다운 시이다.

• 세월이 깨우쳐준 아름다워지는 비결(Time Tested Beauty Tips) •
- 샘 레벤슨 -

매혹적인 입술을 가지고 싶다면 친절하게 말하라.
사랑스러운 눈을 가지려면 사람들에게서 좋은 점을 보아라.
날씬한 몸매를 가지려면 그대의 음식을 배고픈 사람과 나누어라.
아름다운 머릿결을 가지고 싶다면 하루에 한 번, 아이가 그대의 머리카락을 어루만지게 하라.

아름다운 자태를 가지고 싶다면 그대가 결코 혼자 걷는 것이 아님을 명심하며 걸으라.

사람들은 그 무엇보다 고귀하며 상처로부터 회복되어져야 하고, 낡은 것으로부터 새로워져야 하며, 병으로부터 치유되어져야 하고, 죄악으로부터 교화되어져야 하며, 또 구원받아야 한다.

결코 그 누구도 버려져서는 안 된다.

기억하라, 그대가 만일 도움의 손길을 필요로 한다면, 그대의 팔 끝에서 찾을 수 있다는 것을.

그대가 조금씩 나이가 들어감에 따라 그대에게는 두 개의 손이 있다는 것을 깨닫게 될 것이다.

하나는 자신을 돕는 손이고, 다른 한 손은 타인을 돕는 손이다.

그렇게 오드리는 대도시의 화려함과 스포트라이트, 문명의 안락함으로부터 스스로를 기꺼이 괴리시켜, 세상으로부터 소외된 채 결핍으로 신음하는 난민촌의 어린이들을 돌보며 은퇴 후 인생의 마지막을 고귀하게 헌신한다. 오드리는 구제모금에 열정을 쏟았고, 극빈으로 시달리던 에티오피아, 수단, 중앙아메리카, 방글라데시, 베트남 등의 오지를 찾아다녔다.

그녀는 영화의 끝 장면에서
자신이 버렸던 이름 없는 고양이 '캣'(Nameless Cat)'을

소나기가 쏟아지는 뉴욕의 뒷골목에서 되찾았지만,

실존하는 현실 속의 이름 없는 고양이들은

인생의 끝자락 즈음에서,

유니세프 친선대사의 따뜻한 손으로 다가선 척박한 이국의 난민촌에서 찾아냈다.

눈부신 아름다움에 더하여 고귀한 영혼을 지닌 여배우 오드리 헵번의 영롱한 반영反映이 탐닉과 욕망의 전시장 티파니 앤 컴퍼니 매장 쇼윈도에 잠시 어른거리나 싶더니, 느닷없이 뉴욕 5번가를 뒤흔드는 이탈리아산 슈퍼카 람보르기니 특유의 사나운 배기 굉음에 화들짝 놀라는 통에 현실의 시간을 되짚어왔다.

왠지 당장이라도 날아가버릴 것 같은 불안정한 예감에도 불구하고 쉽사리 거부할 수 없는 팜므파탈적 매력의 홀리 고라이틀리는, 평온한 변방에의 절제된 욕망을 들쑤시고 부추겨, 기어코 화려한 요지경의 도심으로 유인하고야 마는 고혹적인 대도시 뉴욕의 모습과도 사뭇 닮아 있다. 궁색했던 서부 텍사스에서의 단조로운 삶을 박차고 나와 동부 대도시 뉴욕의 사교계로 흘러든 여주인공 홀리에게 고급 보석상점 티파니는 상류사회를 열망하는 홀리 자신의 세속적 애착을 대변해주는 상징적인 보고寶庫이다.

사교계의 홀리 고라이틀리, 무명작가 폴 바작, 출신과 분야가 다른 두 주인공에게 출세라는 욕망의 불을 지피고, 두 인물이 교차하는 시공간의 좌표를 정밀하게 요격하여 연인의 인연을 완성시켜준 거대한 플랫폼은 뉴욕이라는 대도시였다.

대도시는 인간 욕망의 블랙홀이다. 신은 우리에게 시골을 주셨으나 인간은 도시를 건설했다. 《성경》의 인류 첫 살인자 가인이 동생 아벨을 죽인 후, 에덴의 동쪽 놋 땅으로 쫓겨나 그곳에서 첫 성城을 쌓았고, 아들의 이름을 붙여 에녹성이라고 불렀다. 그 후손인 사악한 라멕은 자신의 두 아내 아다와 씰라로부터, 수금(하프)과 퉁소(플룻)를 연주하는 최초의 음악가 유발과 구리와 쇠로 여러 가지 기구를 만드는 최초의 대장장이 두발가인을 낳았다. 죄로 추방당한 인류는 수성守城과 번성蕃盛을 위한 아성牙城의 도시를 건설했고, 번영을 위한 교역과 치장을 위한 금은세공, 쾌락의 악기와 폭력의 무기를 고안해냈다.

We built this city 우리가 도시를 지었어!

We built this city on rock and roll 로큰롤로 이 도시를 지었다구!

Say you don't know me or recognize my face 당신은 이 익명성의 도시에서 날 모르거나 내 얼굴을 기억하지 못하겠지.

Too many runaways eating up the night 수많은 도망자들이 밤을 잠식하지.

Someone always playing Corporation games 누군가는 항상 기업 놀이를 하지.

Who cares they're always changing Corporation names 회사 이름을 바꾼다고 누가 상관이나 하겠어.

I'm looking out over that Golden Gate bridge on another gorgeous sunny Saturday 햇빛 찬란한 토요일에 금문교를 바라보고 있다네.

And I'm seeing that bumper to bumper traffic 그리고 다리는 온통 차로 가득 메워져 교통지옥으로 몸살을 앓고 있지.

We built this city 우리가 도시를 지었어!

We built this city on rock and roll 쾌락의 로큰롤로 이 도시를 지었다구!

– Jefferson Starship(제퍼슨 스타쉽)의 'We built this city(우리가 도시를 지었어)' 중에서 –

이 번화한 5번가에는 아름다운 고딕 양식의 세인트 토머스 교회St. Thomas Church와 세인트 패트릭 대성당St. Patrick Cathedral이 빌딩들 틈바구니에 엄숙하고도 웅장하게 자리잡고 있다. 높이 29미터, 폭 30미터, 길이 65미터 크기의 세인트 토머스 교회 정도의 규모라면, 신앙심이 실용을 압도했던 뉴욕 건설 초기 시절에는 의심할 여지 없이 맨해튼의 스카이라인을 넉넉하게 주도하고도 남았겠지만, 세월의 흐름을 따라 초고층 마천루의 도시로 무섭게 솟아난 지금의 맨해튼에서는 어림도 없는 일이다.

안 그래도 예수님의 부활을 믿지 못했던 의심 많은 제자 토머스의 조각상이 산업자본주의 문명을 상징적으로 웅변하고 있는 대로大路, Ave. 뉴욕 5번가의 '사치스러움과 부산스러움(Hustle and Bustle)'을 도저히 믿을 수 없다는 듯 고개를 아래로 떨구고 있다. 이 길에는 성聖과 속俗이 공존한다.

시차와 여독으로 만만찮은 피로가 몰려온다. 오늘 밤은 트럼프 인터

내셔널 호텔 앤 타워Trump International Hotel & Tower New York 38층에 묵는다. 센트럴파크와 콜럼버스 서클 너머의 뉴욕 미드타운 마천루가 한눈에 들어오는 전망 좋은 특급호텔이다. 여행의 백미는 편안한 잠자리다. 더불어 다소 거드름을 피우며 여유롭게 즐기는 호텔의 윤택한 아침 식사다. 물론 3 스타 미쉐린 레스토랑 장 조지Jean George의 객실 내 룸서비스 식사를 결코 빼놓을 수 없다. 이미 다 소화되어버린 햄버거로는 오늘 밤을 견디기에 역부족이다. 여행하면 이상하게도 배가 쉬 고프다.

웨스트사이드 스토리

호텔에서 링컨센터Lincoln Center는 지척이다. 센트럴파크 동쪽으로부터 비추어오는 햇살이 눈부시다. 링컨센터가 위치한 어퍼웨스트사이드는 과거 맨해튼의 골치 아픈 슬럼가였던 곳이자 레너드 번스타인Leonard Bernstein의 뮤지컬 〈웨스트사이드 스토리West Side Story〉의 지리적 배경이 된 장소이다.

작품을 직접 창안하고 연출한 스타 안무가 제롬 로빈스Jerome Robbins가 처음으로 구상한 뮤지컬 스토리의 초안은, 뉴욕 남동부를 배경으로 아일랜드계 가톨릭 가정과 유대인 가정 사이의 갈등을 그리고자 했던 '이스트사이드 스토리East Side Story'였다. 하지만 작곡가 레너드 번스타인의 새로운 착안으로 스토리라인과 작품명은 '웨스트사이드 스토리'로 바뀌었다. 당시 뉴욕의 사회문제로 대두되었던 이주민 갱단들 간의 반목의 소동과 그 속에서 싹트는 사랑 이야기를 담아내고자 했던 예술적 시도, 즉 시대적 이슈와 고전의 러브스토리가 결합된 뮤지컬은 그렇게 센트럴파크의 서쪽 편으로 넘어갔다.

웨스트사이드는 센트럴파크의 서쪽이라는 의미이다. 폴란드계 이민청년 토니와 푸에르토리코의 이민 소녀 마리아의 사랑과 아메리칸드림 이야기가 1957년을 배경으로 이곳에서 펼쳐진다. 현대판 '로미오와 줄리엣'의 이야기는 뉴욕에서 화려한 뮤지컬로 부활하여 대성공을 거둔다. 이곳에 1962년 총공사비 1억 4,200만 달러를 투입하여 음악·무용·연극·오페라·발레의 복합문화공간 링컨센터를 건립한 이후로, 백인 갱단 '제트파'와 라틴아메리카계 갱단 '샤크파'의 세력다툼은 더 이상 잔존하지 않는다. 도시의 슬럼은 문화로 덮었지만, 도시의 갈등은 노래로 남았다.

I like to be in America 나는 미국에 사는 것을 좋아합니다.

Life can be bright in America 미국에서의 삶은 밝을 수도 있습니다.

If you can fight in America 만일 당신이 미국에서 싸울 수 있다면 말이지요.

Life is all right in America 미국에서의 삶은 괜찮을 수 있습니다.

If you're all - white in America 만약 당신이 미국에서 완전한 백인이라면 말이지요.

Better get rid of your accent 그렇지 않다면 당신의 촌스러운 이민자억양을 없애버리는 것이 좋을 겁니다.

La, la, la America! 라, 라, 라 아메리카

– 뮤지컬 〈웨스트사이드 스토리〉 1막, 'America(아메리카)' 중에서 –

메트로폴리탄 오페라하우스, 뉴욕 주립극장 등과 함께 링컨센터의 중심인 뉴욕 필하모닉의 전용 홀은, 1962년 9월 23일 레너드 번스타인이 지휘하는 뉴욕 필하모닉의 공연으로 화려한 막을 올렸다. 이후 구스

타프 말러Gustav Mahler, 아르투로 토스카니니Arturo Toscanini, 아르투르 로진스키Artur Rodzinski, 브루노 발터Bruno Walter, 레오폴드 스토코프스키Leopold Stokowski 등의 거장들이 이 악단을 거쳐갔고, 번스타인이 상임지휘자를 맡았던 1958년부터 1969년의 11년 동안은 헤르베르트 폰 카라얀Herbert von Karajan의 베를린 필하모닉과 어깨를 나란히 하는 세계 최고의 관현악단으로 부상하며 뉴욕 필의 황금시대를 열었다. 이후 지휘자 주빈 메타Zubin Mehta, 쿠르트 마주어Kurt Masur를 거쳐, 로린 마젤Lorin Maazel이 지휘봉을 잡았던 2008년 2월에는 북한 평양에서 뉴욕 필의 역사적인 공연을 성사시키며 한반도와 각별한 인연을 맺는다.

클래식 음악의 본고장이 아닌 신대륙 미국의 뉴욕이 배출한 최초의 세계적인 스타 마에스트로 번스타인은 베를린 필의 카라얀과 당대의 라이벌 구도를 형성하면서 20세기 후반의 클래식 음악계를 풍미했다. 뉴욕 필과 번스타인의 환상적인 드림팀이 이 시대에 전성기를 구가할 수 있었던 데에는, 순수한 미국 태생 스타 음악가의 출현과 본고장 유럽의 음악적 교양을 따라잡고자 하는 미국인의 클래식 음악에의 열광, 그리고 왕성한 예술 소비에 더하여 뉴욕시의 막대한 재정적 뒷받침이 있었다. 예술은 동서고금을 막론하고 예외 없이 열광과 소비와 후원을 먹고 자란다.

뉴욕 필에서 물러난 이후 번스타인은 주로 유럽 무대의 빈 필, 바이에른 방송교향악단, 런던 심포니, 프랑스 국립관현악단 등을 객원 지휘하면서 경력과 명성을 이어갔다. 한편, 유대인 혈통이었던 번스타인은 타계할 때까지 이스라엘 필과 꾸준히 정기연주를 함께하며 자신의 태생적 뿌리의 나라 이스라엘과의 특별한 유대를 유지했다.

번스타인의 화려한 지휘 경력 중 가장 기념비적 공연은 1989년 11월 9일, 당시 서독 측의 콘체르트하우스 베를린 대강당에서 열린 독일통일 축하 연주였다. 베를린장벽 붕괴 후 16일이 되는 12월 25일 성탄절, 전 세계인의 이목이 집중된 가운데 동서의 화합을 상징하는 베토벤^{Beethoven} 〈9번 교향곡〉이 번스타인의 지휘로 연주되었다. 이날 연주에서 번스타인은 〈9번 교향곡〉 4악장의 가사로 쓰인 프리드리히 실러^{Friedrich Schiller}의 '환희의 송가' 중 '신들의 불꽃보다 더 빛나는 환희여'라는 가사의 '환희'를 '자유'로 바꿔 부르게 했다. 베토벤과 실러의 '환희의 송가'는 이날 밤만은 번스타인의 '자유의 송가'로 울려 퍼지며, 전 세계의 자유와 평화를 소망하는 희망찬 메시지로 승화되었다.

그 다음해 1990년 10월 14일, 미국이 배출한 가장 위대한 음악가 번스타인은 향년 72세의 나이에 폐암으로 자신의 뉴욕 저택에서 타계했고, 뉴욕 브루클린의 그린우드 묘지에 안장되었다.

번스타인의 부친인 우크라이나 유대인 샘^{Samuel, 새뮤얼}은, 16세 때 제정 러시아군의 징집을 피해 자유를 찾아 서쪽으로 서쪽으로 대서양을 건너 북아메리카 미국 동부에 입성한다. 러시아 혁명기, 러시아 정부의 강제 퇴거명령으로 수레에 각자의 짐들을 싣고 우크라이나의 정든 고향마을 아나테프카를 떠나 미국에서의 재회를 기약했던, 뮤지컬 〈지붕 위의 바이올린^{Fiddler on the Roof}〉 속 우유 배달부 테비야의 가족들처럼, 번스타인 부부는 우여곡절 끝에 미국에 정착한 후 보스턴 인근의 로렌스라는 작은 마을에서 번스타인을 낳았다.

타고난 음악적 재능으로 음악가의 이력을 쌓아가던 번스타인은 마침내 1957년 자신의 세 번째 뮤지컬 〈웨스트사이드 스토리〉로 커다란 성공을 거두며, 미국 이민 2세대의 아메리칸드림을 성취한다. 이후 흥미롭게도, 1962년 같은 웨스트사이드에 새롭게 자리잡은 뉴욕 필의 슈퍼스타 지휘자가 되었다. 그리고 타계하기 전 마지막 성탄절, 역사적인 동·서독 통일 축하공연을 서독 측에서 지휘하며, 번스타인은 웨스트사이드 즉, 서쪽 지향의 범상찮은 인생 서정을 그려냈다.

카네기 홀

링컨센터 건립이 록펠러 가문의 후원으로 이루어졌다면, 카네기 홀은 동시대 최대의 라이벌 기업가 앤드루 카네기Andrew Carnegie의 전격적인 기부로 1891년 5월 5일에 탄생했다. 음악인들이라면 누구라도 한 번은 무대에 서고 싶어 하는 꿈의 콘서트홀이다.

어떤 행인이 바이올린 케이스를 들고 있는 음악가에게 길을 물었다.
"카네기 홀로 가려면 어떻게 해야 하나요?"
그 음악가는 이렇게 답했다.
"연습하고, 연습하고, 또 연습하십시오. (Practice, practice, practice.)"

차이콥스키Tchaikovsky가 〈피아노협주곡 1번〉 등 자신의 작품을 직접 연주했던 개관 연주회로 시작해서 비엔나 필하모닉, 베를린 필하모닉 오케스트라, 지휘자 토스카니니와 레너드 번스타인에서 비틀스, 롤링스톤스의 팝스타까지, 세계 최고의 연주자들이 이 무대를 거쳐갔다.
그렇다고 반드시 최고의 연주자만 카네기 홀에서 공연할 수 있는 것은 아니다. 연간 180여 회 정도 공연하는 카네기 홀의 자체 기획 공연

Carnegie hall presents이 아니라면 누구나 카네기 홀을 유료로 대관할 수 있다. 카네기 홀은 메인 홀 외에도 599석의 잰켈 홀Zankel Hall과 268석의 와일 리사이틀 홀Weill Recital Hall을 보유하고 있다.

카네기 홀 역시도 운영을 위한 수익사업에 열심이다. 심지어 익살맞게 공포영화로도 분류되는, 실화를 바탕으로 한 영화 '플로렌스Florence Foster Jenkins'(2016)의 주인공 음치 소프라노 가수 플로렌스 젠킨스Florence Zenkins가 우여곡절 끝에 카네기 홀에서 공연할 수 있었던 것도, 공연자의 실력과는 무관하게 카네기 홀에서 유료 대관이 가능했기 때문이다.

영화 엔딩 스크롤에서 공연 당시에 실제로 녹음된 플로렌스의 노래가 흘러나오는데, 명배우 메릴 스트립Meryl Streep이 연기한 희대의 음치 퍼포먼스를 무색하게 하는, 실존인물이 쏟아내는 노래의 무질서는 가히 경악할 수준이다. 카네기 홀 대관 공연 중 최악의 기록이 이렇게 77세의 플로렌스에 의해 이미 1944년에 수립되었기에 향후 이 기록이 깨질 가능성은 희박해 보인다.

아랑곳은 유난히 설레는 마음으로 공연장에 들어섰다. 영화 '나 홀로 집에 2Home Alone 2'(1992)에 등장하는, 뉴욕에서 길을 잃고 헤매던 주인공 케빈을 기겁시킨 센트럴파크의 비둘기 아줌마가 카네기 홀의 천장 공간에 몰래 얹혀살며 수많은 음악가들의 공연을 원 없이 지켜봤다는 천장에 뚫린 그 조명구멍은, 고개를 쳐들고 아무리 둘러봐도 찾아볼 수가 없다. 할리우드영화의 유쾌한 농담에 잠시 입꼬리를 치켜 올려본 순간, 20대 초반의 젊은 연주자의 등장을 뜨겁게 환영하는 우레 같은 박수 소리가 카네기 홀 전체를 가득 채웠다.

산업혁명의 여파로 직업을 잃은 수직공手織工 부친을 따라 1848년 스코틀랜드에서 대서양을 건너 미국으로 이민 온 13세 소년 앤드루 카네기는, 타고난 근면함과 총명함으로 촉망받는 사업가로 성장한다. 이후 역사에서 유래를 찾아볼 수 없는 미국의 건축 붐을 타고 철강산업을 통해 막대한 부를 쌓으며 '철강왕'이라 불리게 된다. 그러나 마치 명예로운 산업훈장 같이 빛나는 금자탑의 뒷면에는 격무로 고통받던 노동자들의 눈물과 피가 묻어 있었다.

번창일로繁昌一路의 사업으로 승승장구하던 카네기는 1892년 새로운 철강공장 홈스테드 제강소Homestead Steel의 기업이익을 확대하기 위하여 노동자에게 가혹하기로 악명 높은 냉혈한 석탄 기업가 헨리 클레이 프릭Henry Clay Frick을 공장 경영자로, 즉 자기 대신 냉혹한 일을 맡아줄 악역으로 고용한다.

당시 노동자들은 살인적 노동환경에 시달리던 상황이었음에도 불구하고, 공명심에 사로잡힌 프릭은 기업이익을 극대화하고자 임금을 삭감하고 노조 파괴를 목적으로 임금 삭감에 저항하는 노동자 전원을 해고했다. 프릭의 무자비한 노동착취와 탄압에 벼랑 끝에 몰린 노동자들은 격분했고, 노사는 미국 역사상 가장 격렬했던 분쟁으로 치닫게 된다. 한편 카네기는 일선에서 한발 물러나 한 해의 절반가량은 고향 스코틀랜드에서 지내고 있었다. 문제해결의 최종 결정권은 카네기에게 있었지만, 실질적 사태수습의 전권은 자신의 동업자이자 '조금만 더(A little more)' 수익 창출을 짜내기 위하여 공장경영을 일임받은 비정한 악역의 2인자 헨리 프릭에게 주어져 있었다.

프릭이 노조 측과의 대화를 통한 합리적인 협상 대신 공장 폐쇄라는 극단적인 조치를 감행하자 급기야 3,000명의 철강 노동자들은 공장 강제 점거 파업을 강행한다. 프릭은 이 일촉즉발의 대치 국면을 폭력으로 진압하고자 악명 높은 탐정 앨런 핑커턴Allan Pinkerton을 사주하여 사설 용역 수백 명을 투입시킨다. 중무장한 탐정단은 7월 5일 비무장의 농성 노동자를 무차별로 총격해서 7명의 노동자를 무참하게 살해하고 수백 명의 부상자를 낸다. 격분한 노동자들의 격렬한 저항이 계속되자 펜실베이니아 주지사는 질서 회복을 위하여 주州 민병대를 투입시켰고, 파업 노동자 160명이 투옥됐다.

4개월 동안의 파업에도 불구하고 결국 노동자들은 임금 삭감과 노동 시간 연장을 받아들였다. 피비린내 나는 혹독한 대가를 치르고 나서야 공장경영은 마침내 경영진에게로 돌아갔으나 대중의 여론이 극도로 악화되며 언론은 사측을 맹렬히 비난했고, 억울한 노동자들의 주검에 대한 정당한 책임을 요구했다. 이 홈스테드 파업Homestead Steel Strike 사건은 록펠러 소유의 러들로 광산 학살사건Ludlow Massacre과 함께 미국 역사상 최악의 노동 탄압 사건으로 기록된다.

카네기는 당시 고향 스코틀랜드에 체류하며 바다 건너 불구경하듯 하고 있었지만, 이 사태의 책임으로부터 결코 자유로울 수 없었다. 열정적 기업가의 이미지에서 탐욕스러운 악덕 기업주로 낙인찍힐 수밖에 없는 불미스러운 사건의 최종 책임자가 된 것이다.

뉴욕주 태리타운의 슬리피 할로 묘지의 카네기 묘비에는 다음과 같은 글이 새겨져 있다.

"Here lies a man who knew how to enlist in his service better men than himself.

자기 자신보다 더 우수한 사람을 어떻게 다루어야 하는지 알았던 사람이 여기 누워 있다."

그로부터 9년 뒤 1901년, 카네기는 JP모건에 자신의 회사를 4억 8,000만 달러에 매각하는 그 유명한 '빅딜Big Deal'을 성사시킨다. 100년 후의 가치로 100억 달러가 넘는 거액이었다. 그리고 이 돈의 약 4분의 3에 해당하는 3억 5,000만 달러를 사회에 환원한다. 이 자선사업 자금으로 미국과 영국에서 2,500개 이상의 도서관이 세워졌고, 그 유명한 카네기 홀이 개관했다.

카네기는 인류애는 넘쳐났지만, 인간미는 별로였을 수도 있다. 미국 부자들은 돈을 악착같이 벌기도 잘 벌지만, 의미 있는 곳에 쓰기도 잘 쓴다. 그 점에 있어서는 경쟁기업의 적대적인수와 독과점으로 악명 높았던 록펠러의 통 큰 자선사업도 같은 맥락이다. 이 시기 두 재벌은 당대 미국 최고의 재벌, 최고의 악덕 기업주, 최고의 자선사업가라는, 결이 서로 너무도 다른 3종목의 그랜드슬램을 공동으로 달성한다.

▲ 삽화는 카네기가 자신의 막대한 자선금을 최소한의 생존을 위하여 악전고투하고 있는 자신의 철강회사 노동자들의 처우 개선에 사용하는 것보다 이미 세상에서 어느 정도 특권을 누리고 있는 계층을 위하여 대학과 도서관 그리고 콘서트 홀 건립에 쓰는 것이 더 유용한지를 따져 묻고 있다. (ⓒ Pughe, J. S.) (출처 _ Library of Congress Prints and Photographs Division)

아프리카의 가난한 마을에 종종 축구장을 지어주곤 해서 언론에 심심찮게 이름을 올리는 박애주의자 사장에게 시기를 저울질해 가며 어렵사리 꺼낸 자신의 임금 인상 제안을 매몰차게 거절당했다고 속앓이를 한다면, 앤드루 카네기의 축재蓄財와 기부와 명예의 복잡 미묘한 함수관계 문제를 친절하게 설명해주는 다음의 금과옥조로 위로하고 싶다.

"돈 버는 것은 기술이고, 돈 쓰는 것은 예술이다."

피아니스트 조성진은 어린 시절부터 꿈꾸어 왔던 카네기 홀에서의 데뷔 연주를 성공리에 마쳤다. 2017년 02월 22일 저녁, 연주 시간 2시간 20분, 연주자는 감격했고 관객은 감동했다.

베르크Alban Berg 〈피아노 소나타 Op.1〉, 슈베르트Schubert 〈피아노 소나타 19번〉을 연주했고, 특히 쇼팽Chopin 전주곡Prelude 24곡의 격정과 절제를 넘나드는 원숙한 해석은, 그가 왜 5년마다 단 한 명씩만 탄생하는 쇼팽 콩쿠르의 영예롭고도 희귀한 우승자인지를 여지없이 각인시켜주었다.

3층 발코니석까지 전체 2,804석, 메인 홀인 아이작 스턴 오디토리엄Stern Auditorium을 빈틈없이 가득 채운 모든 청중은 일제히 일어나 새롭게 떠오른 동양의 젊은 신예 피아니스트에게 아낌없는 기립 박수를 보내주었고, 태평양을 건너온 자랑스러운 특급 연주자 조성진은 따뜻한 화답의 앙코르곡을 선사했다.

앤드루 카네기의
유산

앤드루 카네기 가족이 그랬듯이 바르홀라 가족은 슬로바키아(당시는 체코) 북동부의 산악지대에서 살다가 신세계의 새로운 삶을 찾아 아메리칸드림을 꿈꾸며 미국으로 이주해 온다. 펜실베이니아주 피츠버그의 허름한 빈민가에서 넉넉지 못한 이민자의 삶을 살아가며 두 아들을 얻었고, 1928년에 막내아들 앤디를 낳았다.

앤디는 여덟 살 때 병 때문에 거의 1년 동안 학교도 가지 못할 정도로 매우 병약한 아이였는데, 학교 공부로부터 소외될 수밖에 없었던 이 시기에 막내아들을 끔찍이 사랑했던 모친이 챙겨준 만화책, 그림책, 영화 잡지 등을 마음껏 접할 수 있었다. 이 시기의 경험은 훗날 그의 인생에 커다란 영향을 미친다.

1950년대 이후 이 청년은 뉴욕을 중심으로 활동하며 팝아트^{Pop Art}라는 포스트모더니즘의 새로운 장르를 탄생시킨다. 앤디 워홀의 성^姓 워홀 ^{Warhol}은 출신국 슬로바키아의 가문 명 바르홀라^{Varchola}의 영어식 발음이다.

앤디는 앤드루 카네기가 설립한 카네기멜론대학에 진학해 광고예술을 전공하고 1949년에 졸업한다. 카네기멜론대학은, 유럽에서 건너온 같은 이름(앤디는 앤드루의 약칭이다.)의 범상찮은 두 가난한 이민자가 시간의 간극을 넘어 운명적으로 연결되는 지점이다. 초창기의 카네기 기술학교는 카네기가 세운 피츠버그의 철강 노동자 계층 자녀들을 위한 직업훈련학교였고, 오늘날 카네기멜론대학교의 전신이었다.

앤디 워홀은 1964년 뉴욕 맨해튼 이스트 47번가에 임대한 창고형 작업실 이름을 스튜디오 대신 '더 팩토리The Factory'라 붙이고, 자신을 그림공장 공장장이라고 명명한다. 아랑곳은, 독창성과 주관성을 대표하는 예술작업을 대량생산과 산업을 상징하는 공장과 연결시킨 앤디 워홀의 기발한 착상은, 어쩌면 공과대학College of Engineering이 태생적 기원인 카네기멜론대학과 어떻게든 관련 있을 수도 있을 것이라는 흥미로운 유추를 해본다. 그가 의도했든 아니면 무의식이었든 간에, 트루먼 카포티Truman Capote가 평소 좋아했던 고양이를 자신의 소설《티파니에서 아침을》속의 여주인공 홀리 고라이틀리가 키우는 이름 없는 고양이로 등장시킨 것처럼.

앤디는 예술을 산업으로 치환하는 유명한 말을 남겼다.

"나는 원래 상업미술가로 시작했는데 이제 사업미술가로 마무리하고 싶다. 사업과 연관된 것은 가장 매력적인 예술이다."

미국의 건국이념 중 하나인 실용주의를 대표하는 정신이다. 카네기가 개발한 강철이 뉴욕에서 촉발된 마천루의 초고층 시대를 열었다면, 카네기가 설립한 기술대학교는 미국의 걸출한 현대미술가를 부화시켰다.

플랫아이언
빌딩

1902년에 완공된 이 건축물은 미국의 영화와 방송 및 광고에 단골로 등장하는 뉴욕의 상징적인 건물이다. 스파이더맨Spider Man의 실제 정체인물 피터 파커가 용돈벌이로 사진을 찍어 팔던 데일리 버글 신문사의 사무실이 위치해 있는 곳이다. 좀비 영화 '나는 전설이다 I Am Legend'(2007)에서 윌 스미스Will Smith가 머스탱을 타고 폐허가 된 뉴욕을 질주할 때도 이 인상적인 빌딩은 여지없이 등장한다.

맨해튼의 매디슨 스퀘어 파크Madison Square Park 지역의 비좁은 삼각형 부지에 자리잡고 있는 플랫아이언 빌딩Flatiron Building은 부피와 하중이 엄청났던 기존 건축물의 석재 골격 대신 강철 골격이 사용된 세계 최초의 건물로 유명하다.

총 87미터, 22층 높이를 가졌지만 흥미롭게도 가장 좁은 부분의 폭이 불과 2미터에 불과하여 그 생긴 모양새가 마치 다리미 같다고 해서 설계 당시 이름이었던 풀러 빌딩Fuller Building 대신 '플랫아이언'이라는 애칭으로 불리게 된, 뉴요커들의 특별한 사랑을 받는 랜드마크이다. 건물의 폭이 워낙 좁은 탓에 기존의 석재 골격으로는 도저히 건물의 가용공간이 나오지 않자 부피는 현격히 줄고 내구성이 뛰어난 철재 골격으로 시공하여 현재의 뱃머리를 닮은 보기 드문 외관을 가지게 되었다.

앤드루 카네기가 대량 생산한 값싸고 품질 좋은 철강이 이 독특한 외형의 빌딩 골조에 최초로 적용되며 석재에서 강철로의 건축 소재의 혁신이 시작되었고, 인류역사상 전례가 없는 미국의 건설 붐을 타고 바야흐로 뉴욕발 초고층 빌딩의 시대가 열릴 수 있었다.

엘리베이터

걸어서는 오를 수 없을 만큼 높아진 플랫아이언 빌딩 내부에는, 1853년 뉴욕 건축박람회에서 처음 선보였던, 발명가 엘리샤 오티스의 엘리베이터가, 에디슨에 의해 뉴욕에서 최초로 실용화된 전기에너지를 안정적인 수직상승의 위치에너지로 바꾸어주고 있었다.

또한 같은 시기에 오티스 엘리베이터 회사의 유리 승강기가 파리의 에펠탑la Tour Eiffel에 장착되며, 고대 바벨탑 이후로부터 1930년 뉴욕의 크라이슬러 빌딩이 완공되기 전까지, 인류가 쌓아 올린 세계 최고의 건축물 자리를 꿰찬 명물名物 철골 구조물을 세계적인 관광명소로 부각시켰다. 물론 바로 다음해에 엠파이어스테이트 빌딩이 그 왕좌를 가차 없이 찬탈하며 이후 오랫동안 상징적인 세계 최고最高 건물의 유명세를 독차지한다.

역사상 초유의 건축물 높이 경쟁 경연은 바로 이 마천루의 원조도시 뉴욕에서 점화되었다. 스파이더맨이 거미줄을 타고 뉴욕의 빌딩 사이를 자유롭게 날아다니는 비현실적 판타지 장면은, 야심 찬 기업가 카네기의 철강, 천재 발명가 에디슨과 실용적인 사업가 테슬라의 전기 시스템, 창의적인 건축공학자 오티스의 엘리베이터, 그리고 마블 코믹스Marvel Comics의 만화가 스탠 리Stan Lee의 도발적 상상력이 결합되어 창출해낸 멋들어진 합작품이다. 엘리베이터의 등장은 이렇게 뉴욕의 초고층 건설 붐을 가속화시키며 인류의 거주 문화 형태를 혁명적으로 바꾸어버렸다.

우리나라에서는 엘리베이터가 조선은행에 화폐 운반용으로 1910년 최초로 시설된 데 이어, 1914년에는 조선호텔에 승객용으로 처음 설치되었다. 이후 엘리베이터는 대한민국의 대표적인 공동주택 주거 양식인 아파트에 적용되며 대한민국의 주거 문화에 막대한 영향을 끼쳤다. 통계청 자료에 의하면 2018년 대한민국의 아파트 거주 비율은 총 1,998만 가구 중 무려 1,001만 가구에 육박하는 50.1퍼센트에 달한다. 엘리베이터라는 뉴욕발 문명의 이기利器는 이 땅의 전통적인 주거 문명을 불과 반세기 만에 수평에서 수직으로 바꾸어버렸다.

"종업원을 따라 엘리베이터라는 방으로 따라 들어갔더니 문이 사르르 닫히며 붕~ 하고 위로 떠올랐다. 모두들 지진이라도 난 줄 알고 소리를 질러댔다."

– 호러스 뉴턴 알렌Horace Newton Allen* 의 《조선견문기Things Korean》 중에서 –

엘리베이터와 우리와의 특별한 인연은, 1883년 미국 샌프란시스코의 팰리스 호텔Palace Hotel 엘리베이터를 난생 처음 탑승한 조선 보빙사 견미사절단遣美使節團이 느낀 문화적 충격으로부터 시작되었다.

---

* 1884년부터 1905년까지 22년 동안 조선에서 활동한 미국의 의사이자 목사이며 주한 공사였다.

은둔의 나라에서 온
견미사절단 뉴욕 방문기

일단의 무리가 머리 위에 갓을 질끈 묶어 쓰고 희거나 혹은 검은 도포 자락을 강바람에 도도히 휘날리며 뉴욕 브루클린 브리지^{Brooklyn Bridge} 다리 위를 느릿한 팔자걸음으로 활보하고 있다. 태평양 건너 은둔의 나라 조선에서 찾아온 미국 견학 공식사절단 보빙사의 행차 행렬이다.

1882년 서양 국가 중 최초로 미국과 조미수호통상조약^{朝美修好通商條約}으로 외교관계를 맺은 조선 정부는, 이에 대한 답방의 형태로 1883년에 조선 보빙사 견미사절단을 미국에 파견한다. 정사 민영익^{閔泳翊}, 부사 홍영식^{洪英植}, 유길준^{俞吉濬}, 서기관 서광범^{徐光範}, 무관 현흥택^{玄興澤}과 최경석^{崔景錫}, 일본인 통역관 미야오카 츠네지로^{宮岡恒次郎}와 중국인 통역관 우리탕^{吾禮堂} 등 11명으로 꾸려진 역사상 최초의 서방 외교사절단이다.

인천 제물포를 출발, 일본을 경유하여 도쿄에서 약 1개월간 머물렀다가 8월 15일 일본을 떠나 9월 2일에 샌프란시스코에 도착하여, 낯선 나라 조선과의 교역을 열렬히 희망하는 미국 정부와 기업가들로부터 성대한 환영을 받았다. 일행은 다시 대륙횡단철도를 타고 시카고를 거쳐 9월 13일에 미국의 수도 워싱턴 D.C.에 도착한다. 그러나 당시 수도를 떠나 뉴욕에 머물고 있던 체스터 아서^{C. A. Arthur} 대통령과의 공식 만남을

◀ 보빙사. 뒷줄 왼쪽부터 무관 현흥택, 일본인 통역관 미야오카 츠네지로, 수행원 유길준, 무관 최경석, 수행원 고영철, 수행원 변수. 앞줄 왼쪽부터 퍼시벌 로웰(미국인 안내자 – 사업가, 작가, 수학자이자 천문학자), 부사 홍영식(반청 급진개화파), 정사 민영익(민비의 조카로 제도권의 친청 온건개화파), 서기관 서광범, 중국인통역관 우리탕. (ⓒ Nichetas) (출처 _ 위키피디아)

위하여 일행은 다시 뉴욕으로 향했고, 마침내 9월 17일 대통령이 묵고 있던 뉴욕의 피프스 애비뉴 호텔Fifth Avenue Hotel에 도착했다. 양국의 국서 제정식은 다음날인 1883년 9월 18일 오전 11시에 호텔 대접견실에서 성사되었다.

흉배와 각대를 두른 조선 전통의상의 현란한 청홍색 사모관대 차림의 사절단은 아서 대통령을 접견하는 순간 전통적인 동방예의지국의 예

▲ 1883년 미국을 방문한 최초의 한국 사절단인 조선의 보빙사 일행이 체스터 아서 미국 대통령에게 절을 하는 모습을 묘사한 삽화 (출처 _ 국사편찬위원회 한국사데이터베이스)

의와 법도에 따라 일제히 바닥에 엎드려 넙죽 큰절을 올렸다. 왕을 섬기는 조선의 법도에서 다른 나라의 왕에 해당하는 대통령과 손을 마주 잡는 악수는 상상도 할 수 없는 일이었다. 당황한 아서 대통령은 선 채로 어정쩡하게 허리를 굽혀 사절단에게 답례하며 정중하게 악수를 청했다. 조선 최초로 성사된 서방세계 대통령과의 외교적 접견은 이토록 현격한 문화 차이의 해프닝을 일으키며 〈뉴욕 헤럴드The New York Herald〉의 정치·사회면에 대서특필 되었다.

보빙사절단은 뉴욕을 떠나 보스턴 순방의 공식 일정을 마친 후 다시 뉴욕으로 귀환하여 웨스트포인트 육군사관학교, 신문사, 병원 등의 공식 방문 일정을 촘촘하게 소화하였다. 보빙사에게는 이 일련의 순방 경험이 두말할 나위 없는 놀라움의 연속이었는데, 훗날 유럽까지 돌아보고 귀국한 민영익이 서방세계를 돌아본 문화 충격을 이렇게 피력하였다.

"이때의 경험은 암흑 세계에서 태어나 광명 세계를 갔다가 다시 암흑 세계로 돌아온 것 같았다."

뉴욕을 방문한 1883년 9월의 시점은 사절단에게 잊지 못할 뜻밖의 행운을 선사해주었다. 때마침 1883년 5월, 보빙사의 뉴욕 순방 바로 4개월 전, 맨해튼섬에 역사상 최초로 건설된 브루클린 브리지의 압도적인 위용을 직접 볼 수 있는 호사를 누렸기 때문이다. 당시로는 엄청난 토목공학 기술이 집약된 우여곡절의 15년 공사 끝에 드디어 완공된 세계 최고의 현수교懸垂橋 브루클린 브리지가 그들의 눈에 마치 여러 마리의 거대한 청룡들이 이스트 리버 위로 비상하며 맨해튼과 브루클린 사이를 장대하게 이어 놓고 있는 듯한 비현실적 형상으로 비추어졌을 것이다.

유길준은 자신의 책《서유견문西遊見聞》에서 브루클린 브리지를 이렇게 묘사했다.

"대철교는 뉴욕과 브루클린 사이에 있는 동강東工을 가로질러 가설한 다리다. 그 길이가 6리나 되고, 높이는 140척이나 된다. 큰 돌을 쌓아

200여 척의 기둥을 세우고, 그 허리에 강철로 된 줄을 달아서 이 다리를 만들었다. 그 굉장한 모습이 천하제일이라고 한다. 인도, 차도, 철로로 나뉘어 기둥의 무지개^Arch 허리 아래로 지나가게 되어 있다. 또 그 다리 아래로는 아주 커다란 군함이나 상선들도 드나들기에 지장이 없다. 평지에서 다리 위에 오가는 사람들을 바라보면 구름이나 안개를 뚫고 가는 듯하고, 다리 위에서 아래를 내려다보면 만경창파가 발아래 출렁거리며, 길을 메운 마차와 땅에 가득한 집들로 이루어진 도시 전체가 한눈에 들어온다."

– 유길준,《서유견문》(서해문집) 중에서 –

다리 위를 활보하는 조선 사절단의 이국적이고 진귀한 행렬은 뉴욕인들의 호기심을 끌기에 충분했다. 너무도 낯선 모습에 심지어는 이국에서 찾아온 귀부인으로까지 착각을 불러일으킨 현란한 전통 복장의 사절단에게 몇몇 경박한 뉴요커들은 키득대고 손가락질해대며 마치 골프 코스의 갤러리들처럼 행렬의 움직임에 발맞추어 무리 지어 따라가고 있다.

불경하게까지 여겨지는 이들의 무례함에 대하여 우락부락 한 성질하는 경호원 무관 최경석은 그 부리부리한 눈을 위아래로 부라리며 불쾌하고 언짢은 심경을 숨김없이 드러내고 있었다.

전권대신 민영익은 물론이거니와 부사 홍영식의 옆에서도 잠시도 눈을 떼거나 떨어지지 않으며 VIP 특별경호라는 자신의 본분을 너무도 충실히 수행하고 있는 최경석은, 부사 홍영식에게 직접 비밀문서를 전해주기 위해 필히 넘어야 할 인물이다. 그렇다고 이 중요한 비밀문서를 보빙사 단원 중 가장 접근하기 쉽다는 이유로 서광범 서기관을 통해 전해줄 수도 없는 노릇이다.

유한 성격의 서광범 서기관은 싱글싱글 웃기도 잘하고 서글서글 말도 잘해서 미국인들에게까지도 상당한 인기를 얻을 정도의 남다른 친화력을 가진 최적의 인물이긴 하나, 향후 홍영식 자신에게 닥칠 처참한 운명은 말할 것도 없거니와 조선의 미래를 좌지우지할 너무도 막중한 내용을 담은 비밀문서를 사절단의 다른 인사를 통해 대신 전해주는 방식의 플랜B는 재고의 가치조차도 없는 위험한 작전이다.

영민한 수행원 유길준은 여러모로 보아 플랜B의 최적의 인물이기는 하나, 보빙사절단원의 40여 일간의 미국 순방이 끝난 후 민영익의 도움으로 대한민국 역사상 최초의 국비 해외 유학생 자격으로 미국에서 서양인들의 언어와 풍속을 익히며 《서유견문》을 집필할 자료를 수집해야만 하는 운명에 처해 있었다. 애국심 투철한 유길준에게 핵폭탄과 같은 비밀문서의 노출로 인하여 필연적으로 예견되는 조기 귀국이라는 역사의 혼선을 야기할 수는 없는 노릇이다.

《서유견문》은 2년 후에 귀국할 유길준에 의해 집필되어 1890년 고종에게 초고로 올려진 후, 1894년 갑오개혁甲午改革 이후 정식으로 출판되어 마침내 온 세상에 그 소중한 가치를 발해야만 하는 운명을 지닌 책이기 때문이다.

유길준은 고국에서 갑신정변甲申政變이 실패했다는 소식을 접하자마자 미국 더머(대학 예비) 고등학교Governor Dummer Academy 유학을 중도에 그만두고 유럽으로 건너가 영국, 독일, 프랑스, 포르투갈, 스페인, 수에즈 운하, 홍해를 두루 돌아보는 서방세계의 견문 여행에 이어 싱가포르, 홍콩, 일본을 거쳐 1885년에야 귀국한다. 귀국하자마자 갑신정변 주모자 김옥균金玉均, 박영효朴泳孝 등과의 친분관계로 체포된 후 감금되었다가 한규설韓圭卨의 도움으로 다행히 극형을 면하고, 가택연금 상태에 놓인다. 이 4년의 연금軟禁 기간 중 그는 미국, 유럽 등지에서 수집한 자료와 산 경험을 바탕으로 역저《서유견문》을 집필하게 된다.

1298년 동방 무역로의 지배권을 둘러싸고 벌어진 베네치아와 제노바의 전쟁통에 마르코 폴로는 포로 신세가 되어 이탈리아 제노바의 감옥에 갇힌다. 마침 운명적으로 함께 감금되었던 피사 출신 작가 루스티첼로Rustichello에게 자신의 파란만장했던 동방 여행 경험을 상세히 구술口述한다. 그렇게 루스티첼로가 마르코 폴로로부터 받아 적은 후 책으로 엮여 세상에 나온 기행문《세계의 기술記述, Divisament dou monde》, 즉《동방견문록》은 서방세계의 초특급 베스트셀러가 된다.

무지개 너머 동양세계의 풍요를 부단히 갈망하도록 부채질한 이 문제작은, 출간 200년 후 인류역사상 최고의 탐험가 크리스토퍼 콜럼버스를 강력하게 경도시키며 아메리카대륙 개척을 견인하고, 급기야 동서양의 역사를 결정적으로 바꾸어버린다.

서방세계 최고의 기행문은 감옥에서 탄생했고, 이에 필적하는 지구 반대편 조선의《서유견문》은 가택연금 상태에서 집필된다.

지금 유길준은 엄청난 호기심과 타고난 견실성으로 서양 문명의 종착점 뉴욕의 모든 것을 공기처럼 들이마시고 딥 러닝하며 산채로 생생하게 4D 스캔 중이다. 18세기 후반 박지원의《열하일기》로 점화된 선진문물에 대한 비상한 관심과 유쾌한 담론이 이제 100년이 훌쩍 지난 19세기 후반에 와서야 서구 문명의 한복판에 선 유길준에 의하여 조선에 유의미한 시대적 과제로 던져질 참이다. 그러므로 이 문서는 다음해인 1884년 12월 4일에 격발될 갑신정변의 주도자 홍영식에게 반드시 직접 전해져야만 한다. _ 아랑곳!

일단 다리를 건너게 되면 보빙사절단 전원이 다시 마차를 탑승하기로 되어 있기 때문에, 반드시 일행이 다리를 도보로 이동하는 사이에 어떻게든 비밀문서 전달이 이루어져야만 한다.

기회는 생각보다 순조롭게 다가왔다. 홍영식이 다리 아래 풍경을 내려다보기 위해서였는지 혹은 다른 의도가 있었는지 딱히 알 수는 없었으나, 돌연 일행으로부터 이탈하여 다리 난간 쪽으로 걸어갔다. 아랑곳은 허리춤의 문서첩을 신속히 꺼내든 채 재빨리 홍영식에게로 다가섰다. 다시 오지 않을 절호의 기회였다. 하지만 그와 눈을 마주치는 동시에 비단으로 감싸놓은 비밀문서첩을 기민하게 내밀며 연유緣由를 전하려는 짧은 순간과, 영문을 모르는 홍영식이 도대체 이것이 무엇인고를 묻는 듯한 어리둥절한 표정을 지으며 엉거주춤하는 경각이 겹쳐진 바로 그 찰나, 구름 떼 같은 행인 속 어디선가 갑자기 불쑥 튀어나온 커다란 손이 느닷없이 문서첩을 거칠게 낚아채버렸다. 볕에 그슬려 마치 녹슨 금속 표면 같이 거친 팔등 위에 'Romans 8:28' (로마서 8장 28절)이라고 새겨진 시퍼런 문신이 선명한 잔상을 남겼다. 돈이나 보석류로 착각한 소매치기였다.

순간 기필코 빼앗기지 않으려는 아랑곳과의 필사적인 손아귀 다툼 통에 문제의 종이 문서는 비단첩에서 맥없이 삐어져나와 세 사람 사이를 벗어나 제멋대로 튕겨져 나가버렸다. 그리고 다리 위의 매몰찬 바람에 다시금 낚아채여 이스트 리버 위로 속절없이 날아가버리고 있었다. 마치 향후 처절하게 단절될 조선의 근대화처럼…….

순식간에 벌어진 참사였다. 방금 벌어진 사건이 웬 연유인지 도통 영문을 알 길이 없는 홍영식은 강바람에 도포 자락을 휘날리며 앞서간 사절단을 따라 다리 끝에서 기다리고 있던 마차에 황급히 오르고 있었다. 제법 값나가 보이는 이국적인 비단첩만을 민첩하게 바지춤에 찔러 넣고 줄행랑을 놓는 괘씸무쌍한 소매치기가 시야에서 완전히 사라지고도 한참을 지나고 나서야 아랑곳은 격분한 가슴을 쓸어내렸다.

이스트 리버는
훗날에야 지어질 북단의 헬게이트 브리지^{Hell Gate Bridge} 아래를 거쳐,
위안의 퀸즈보로 브리지를 지나,
야멸찬 강바람에 유기된 회한의 비밀문서를 한동안 수면에 머금은 채
브루클린 브리지 하구로 탁 트인 드넓은 뉴욕만을 지나쳐,
망망대해 대서양으로 무심하게 흘러들고 있었다.

조선의 개화를 꿈꾸는 김옥균과 홍영식에게

갑신년의 정변이 실패로 무산되지 않도록 6개의 조항을 엄밀히 긴밀히 고함.

1. 완전한 자주 개혁을 위하여 외세 일본과 청에게 절대로 결단코 의지하지
   말 것
2. 친청 온건개혁파와의 대타협으로 개화 세력의 힘을 키울 것
3. 혁명 시 고종의 어전에서 왕명을 거스르며 수구세력을 무참히 살해하지
   말 것
4. 왕실의 경비에 용이한 경우궁에서 창덕궁으로 절대 환궁하지 말 것
5. 영향력 있는 원로들을 개혁 세력에 반드시 추대할 것
6. 갑신혁신정강의 14개 조항의 첫 조항에 도탄에 빠진 민생문제의 실질적
   해결책을 제시하여 반드시 민중의 지지를 받을 것

상기의 조언과 경고를 실행에 옮기지 않고 간과했을 시에 벌어질 참사를 엄
중히 고함.

수신자 홍영식은 정변이 일어나고 불과 4일이 경과된 1884년 12월 7일, 정변
에 개입한 청군에게 무참하게 살해되고, 아내는 강에 몸을 던지며, 영의정과
총리대신을 역임했던 부친 홍순목도 손자를 포함하여 일가 20명과 함께 독
약을 먹고 자결하는 멸문지화를 당할 것임을 골수에 새겨 명심할 것.
주도자 김옥균 역시 일본으로 망명한 후 믿었던 일본에게 철저히 이용당하
고, 조선이 보낸 자객 홍종우에 의해 1894년 3월 28일 청나라 상해에서 비통
하게 암살될 운명에 처할 것임을 뼈에 새겨 명심할 것.

아랑곳 배상

도탄에 빠진 민생문제의
실질적 해결책이 빠진
갑신혁신정강의 14개 조항

1. 청에 잡혀간 흥선대원군을 곧 돌아오게 하며, 종래 청에 대하여 행하던 조공의 허례를 폐지한다.

2. 문벌을 폐지하여 인민 평등의 권리를 세워 능력에 따라 관리를 임명한다.

3. 지조법을 개혁하여 관리의 부정을 막고 백성을 보호하며, 국가 재정을 넉넉하게 한다.

4. 내시부를 폐지하고 그중에 재능 있는 자만을 등용한다.

5. 전후 간사한 관리와 탐관오리 가운데 현저한 자를 처벌한다.

6. 각 도의 환상미를 영구히 받지 않는다.

7. 규장각을 폐지한다.

8. 급히 순사를 두어 도둑을 방지한다.

9. 혜상공국을 혁파한다.

10. 귀양살이를 하고 있는 자와 옥에 갇혀 있는 자는 그 정상을 참작하여 적당히 형을 감한다.

11. 4영을 합하여 1영으로 하되, 영중에서 장정을 선발하여 근위대를 급히 설치한다.

12. 모든 재정은 호조에서 통할한다.

13. 대신과 참찬은 의정부에 모여 정령을 의결하고 반포한다.

14. 정부 6조 외에 불필요한 관청을 폐지하고 대신과 참찬으로 하여금 이것을 심의 처리하도록 한다.

갑신정변, 3일천하의 46시간!

"어떤 혁명도 단 한 번에 이루어지는 일은 없다.
그러나 아무런 영향을 끼치지 않는 혁명도 없다."_아랑곳!

헬게이트
브리지

뉴욕 이스트 리버의 북단에는 두 개의 자치구, 퀸즈The Queens Borough와 브롱크스The Bronx Borough를 연결해주는 헬게이트 브리지가 있다. 험상궂은 이름이다. 1970년대 후반까지도 타임스스퀘어Times Square 인근에 수많은 노숙자와 마약 중독자가 인도 여기저기에 누워 있었고 거의 매일 살인사건이 발발했으며, 1980년대까지 연간 60만 건 이상의 중범죄 사건으로 바람 잘 날 없었던, 영화 '배트맨The Batman'의 고담 시티Gotham City와 닮은 이 도시에 잘 어울리는 다리 이름이다.

대도시는 충돌하는 욕망의 동력으로 쉴 새 없이 범죄를 생산해내는 거대한 발전기다. 살인, 강도, 폭행 등의 강력범죄에서부터 동기와 죄질도 천차만별인 온갖 형태의 생활범죄까지 유형도 천태만상이다.

우디 앨런Woody Allen의 영화 '맨해튼 미스테리Manhattan Murder Mystery'(1993)에 등장하는 살인범은 우표 수집을 좋아하는 너무도 평범하고 친절한 초로의 이웃집 남자다. 범인이 자기 아내의 시체를 폐차 소각장 용광로에 잔인하게 유기하는 장면에서 흐르는 베니 굿맨Benny Goodman의 경쾌한 재즈넘버 '싱, 싱, 싱Sing, Sing, Sing'은 우디 앨런 영화의 기묘한 코믹함과 악의 평범성이라는 오싹한 공포감을 절묘하게 교차시킨다.

스탠포드대학교 심리학 교수 필립 짐바르도[Philip Zimbardo]는 1969년 두 대의 중고차로 범죄 심리 실험을 한다. 한 대는 뉴욕주의 브롱크스(서민주택가)에, 다른 한 대는 캘리포니아주 팔로알토의 스탠포드대학교 인근(고급주택가)에 후드를 살짝 열어 놓은 채 방치한다. 브롱크스의 차는 10분 만에 배터리와 라디에이터가 털리고 하루 만에 거의 대부분이 도난으로 뜯겨나가는 한편, 팔로알토의 차는 5일간 아무런 일도 발생하지 않는다. 하지만 뒤에 팔로알토의 차 유리창을 일부러 깨 놓은 상태로 방치하자 브롱크스의 차와 똑같은 일이 벌어졌다.

미국의 범죄학자인 제임스 윌슨[James Q. Wilson]과 조지 켈링[George L. Kelling]이 발표한 '깨진 유리창 이론[Broken Windows Theory]'에 소개된 사회 무질서에 관한 유명한 실험이다. 우범의 원인은 범죄자들 자체의 문제뿐만이 아니라 범죄를 조성하는 환경에 크게 기인한다는 이 이론은, 1984년부터 악명 높은 뉴욕 지하철 6,000대의 낙서를 지우는 시의 정책에 전격적으로 적용되어 뉴욕 지하철의 중범죄 사건을 무려 75퍼센트나 격감시키며 실효성이 증명된다.

1977년 영화 '토요일 밤의 열기[Saturday Night Fever]'의 주인공 토니(존 트라볼타[John Travolta] 분)가 새벽에 댄스파트너 스테파니를 만나러 가기 위하여 탑승했던 뉴욕의 지하철은 낙서투성이인 도시의 속살을 선명하게 드러낸다.

브루클린 빈촌의 하류 인생, 디스코텍의 현란한 조명과 디스코 댄스의 열기, 동네 깡패들과의 패싸움으로 얻은 상처, 히스패닉계 푸에르토리코 댄스팀에 대한 인종차별적 편파 시상施賞을 참지 못하고 자신의 우승 트로피를 반납해버린 의협심, 실연당한 절친 바비의 투신자살에 대한 상실감, 자신의 댄스파트너 스테파니를 차에서 거칠게 강간하려 했던 죄책감과 자괴감, 그리고 질풍노도의 밤이 끝나가고 맨해튼의 여명이 찾아올 때 불현듯 찾아온 스테파니에 대한 그리움 등, 복잡 미묘한 토니의 자화상과 뉴욕 지하철 내부 벽에 음습하게 얼룩진 온갖 그래피티 낙서가 마치 처음부터 거기에 그렇게 그려져 있던 오래된 벽화처럼 어우러져 흐느적거리며 투영될 때, 비지스Bee Gees의 발라드 명곡 'How deep is your love(당신의 사랑이 얼마나 깊은지)'의 가사가 역설적으로 아름답게도 흐른다.

How deep is your love 당신의 사랑이 얼마나 깊은지
I really mean to learn 난 정말 알고 싶어요.
'Cause we're living in a world of fools Breaking us down 우리는 우리를 가차 없이 무너뜨리는 어리석은 것들로 가득한 세상에 살고 있으니까요.

　　　　　　　　　　　- 영화 '토요일 밤의 열기' 중에서 (영화 상영시간 01:50:47 ~ 01:52:30) -

오거리
잔혹사

Good understanding giveth favour : but the way of transgressors is hard.
선한 지혜는 은혜를 베푸나 사악한 자의 길은 험하니라.

-《잠언》13장 15절(KJV), (킹 제임스 버전) -

암스테르담 발론이 1862년 뉴욕시에 속한 블랙웰섬 헬게이트 소년교도 소에서 16년 동안의 보호감호의 복역을 마치고 출소한다. 영화는 이 장 면에서 아치 형식으로 부조된 교도소 창문 벽에 굵은 검정색 대문자로 새겨진 성경 구절을 화면에 1초 동안 노출한다.

THE WAY OF TRANSGRESSORS IS HARD
사악한 자의 길은 험하니라

교도소 목사는 출소하는 발론에게 세상에 나가면 복수 대신 용서의 겸 양을 갖추고, 이제는 세상을 돕는 밀알이 되라는 의례적인 축사를 하며 성경책 한 권을 건네주지만, 아버지 살해범에 대한 복수의 한을 뼛속까 지 새긴 발론은 뉴욕 다운타운으로 들어서기 직전 석조다리 아래의 강물 위로 성경책을 서슴없이 던져버린다.

뉴욕 토박이 마틴 스코세이지^{Martin Scorsese} 감독은 영화 '갱스 오브 뉴욕 Gangs of New York'(2002)에서 1846년부터 1862년까지 발론이 복역한 소년교도소의 이름을, 그로부터 54년 후인 1916년에나 완공될 헬게이트 브리지에서 차용했다. 소년교도소가 위치한 블랙웰섬^{Blackwell's Island, New York City}은 지금의 퀸즈보로 브리지 아래의 이스트 리버 가운데 길게 뻗어 있는 루스벨트 아일랜드^{Roosevelt Island}의 옛 이름이다. 정리하면 소년교도소 이름은 헬게이트 브리지에서, 교도소가 위치한 섬은 실제로 교도소가 존재했던 루스벨트 아일랜드의 옛 이름 블랙웰섬에서 착안한 것이 된다. 뉴욕의 역사에 각별한 관심을 가진 감독의 직업적 세밀함이 엿보이는 대목이다.

뉴욕시는 1832년 당시 폭증하는 범죄자들을 수용하기 위해 블랙웰섬에 교도소를 세운다. 그러나 범죄자들만이 블랙웰섬의 유일한 수감자는 아니었다. 치유될 가능성이 없는 만성적이거나 심각한 상태의 불치병 환자, 난치병 환자, 천연두 감염자, 장애를 가진 사람들을 치료 및 격리 수용하는 병원과 시설들이 생겨났고, 교도소가 문을 연 후 7년이 되는 1839년에는 뉴욕시 최초의 정신병원이 블랙웰섬에 설립되어 환자를 수용하기 시작한다. 이 정신병원은 이후 불결한 생활환경, 부패한 음식, 관리인의 신체적 학대 등의 불미스러운 사건으로 얼룩지며 블랙웰섬은 뉴욕의 대표적인 슬럼 지역으로 전락한다.

1973년에 이 섬은 이러한 역사를 반영, 평생 소아마비 질환과 함께 살았던 프랭클린 루스벨트Franklin Roosevelt 대통령의 이름을 따서 루스벨트 아일랜드로 개명되었고, 이후 2017년에는 아이비리그 명문대학인 코넬 대가 운영하는 공학 중심 경영대학원 코넬테크Cornell Tech 가 이 섬에 문을 열면서 뉴욕의 IT 혁신을 이끄는 새로운 중심지로 탈바꿈한다. 영화 '스파이더맨' 1편(2002)에 등장하는 액션 장면을 순례하기 위하여 루스벨트 아일랜드 트램웨이Roosevelt Island Tramway를 탑승한 관광객이 여간해서 상상하기 힘든 루스벨트 아일랜드의 어둡고 드라마틱한 신상명세서이다.

소년 시기를 교도소에서 보내고 성인이 되어 출소한 암스테르담 발론은 당시 뉴욕의 최하층민들이 몰려 살던 악명 높은 슬럼가 파이브 포인츠Five Points 로 귀환한다. 뉴욕 역사상 실재했던 거리 파이브 포인츠는, 로어맨해튼에 위치한 앤서니 스트리트Anthony St., 現 Worth St. ＋ 크로스 스트리트Cross St., 現 Mosco St. ＋ 오렌지 스트리트Orange St., 現 Baxter St. 의 3개의 길이 만나는 오거리의 중심에 꽤 널찍하게 펼쳐져 있던 광장이다. 악명 높은 슬럼가였던 멀버리 스트리트Mulberry St. 는 파이브 포인츠 한 블록 밑에 있었는

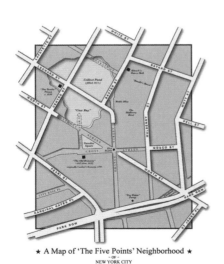

▲ 파이브 포인츠 지도 (© amproehl) (출처_Flickr.com)

데, 이 장소는 후에 이탈리아 이민자의 거주지인 리틀이탈리아와 중국계 이민자들의 본거지 차이나타운으로 그 계보가 이어진다.

영화 속의 파이브 포인츠는, 16년 전 아일랜드계 이민파 데드래비츠와 미국 본토파 네이티브즈 갱단의 패권 다툼에서 데드래비츠의 수장이자 가톨릭 성직자였던 아버지 프리스트 발론이 어린 아들 암스테르담 발론이 보는 앞에서 비참한 죽음을 맞이한 각골통한刻骨痛恨의 장소이다. 고아가 된 어린 발론은 소년교도소에 보내져 16년의 보호관찰을 마치고 불구대천의 부친 살해 원수들이 우글대는 이곳 적진의 심장부로 다시 돌아와 꿈에도 잊지 못한 아버지의 복수를 한 걸음 한 걸음 실현해 나간다.

"파이브 포인츠는 마치 손가락을 닮아 움켜쥐면 주먹이 된다."

– 영화 '갱스 오브 뉴욕'의 등장인물 빌 더 부처의 대사 중에서 –

잔혹하기 이를 데 없는 충격적 캐릭터의 네이티브즈 갱단 두목 빌 더 부처Bill the Butcher는 미국의 초기 이민자 갱스터를 상징한다. 스스로도 미국의 이민자이면서 자신들보다 뒤늦게 뉴욕에 정착한 아일랜드 이민자들을 극도로 차별하는 모순을 드러내고, 개신교도로서 아일랜드 이민자들의 종교인 구교 가톨릭을 극도로 혐오하면서도, 자신이 잔인하게 살해한 아일랜드 이민파의 리더였던 가톨릭 신부 프리스트 발론을 누구보다 존경하는 이해하기 어려운 역설을 지닌 이 섬뜩한 인물은, 이 영화의 전체를 압도하며 의외의 초기시대 뉴욕 잔혹사를 대변한다.

이미 한 차례 수상의 영예에, 향후 2회까지 무려 세 번에 걸쳐 아카데미 남우주연상의 주인공이 되는 불세출의 명배우 다니엘 데이 루이스 Daniel Day Lewis의 눈부신 연기가 빌 더 부처의 섬찟한 존재감을 극대화한다.

1845년부터 1851년까지 지속된 극심한 대기근으로 인한 아일랜드인들의 미국 이민 폭주, 1861년부터 1864년까지 미국의 독립전쟁, 영화는 두 악재가 이어진 힘겨운 시대의 뉴욕을 역사적 실화의 경줄과 오락적 각색이라는 위줄로 탄탄하게 엮어내며 시끌벅적하면서도 적나라하게 펼쳐 보여준다.

살인, 폭력, 이민자 폭주, 신·구교의 종교 갈등, 절대빈곤, 무질서, 비위생, 화재, 반목, 불안정한 공권력, 치안 부재, 부정선거와 정치폭력, 협잡, 불공평한 징병제도, 공권력에 대한 도전과 폭동, 처절한 복수 등 근대 미국이 겪어야 했던 격랑과 혼돈의 거의 모든 악재가 총망라된다.

이 영화가 마틴 스코세이지 감독의 걸작 중에서도 그의 미국에 대한 솔직한 역사관을 가장 잘 보여준 영화라고 평가받는 이유이다. 뉴욕 앞바다의 군함에서 쏟아내는 공권력의 단호한 포격 장면은 감독이 마지막에 장치한 절묘한 반전으로 마치 성경 구약에 등장하는 타락의 성읍 소돔성에 쏟아지는 무시무시한 응징의 유황불을 연상케 한다.

그러나 이 영화의 진정한 역설은 따로 존재한다. 징병 거부 폭동에 참여한 하층민들이 애먼 흑인들을 길거리에 목매달고 시체에 불을 지르는 장면이다. 마틴 스코세이지는 이 살육이 영화적 픽션이 아니고 역사적 사실이라는 것을 강조하기 위해 오히려 영화보다 더 사실적이고 공포스러운 삽화를 필름의 흐름 속에 마치 일시정지 장면처럼 섬뜩하게 장착한다. (영화 상영시간 02:27:24 ~ 02:27:39)

차별받던 하층민이 이 난리통에 자신들보다 더욱 약자층인 흑인을 차별하고 살해하는 끔찍한 아이러니는, 훗날 1992년 4월 29일, 일명 로드니 킹Rodney King 사건으로 흑인들이 일으킨 폭동이 LA 한인사회 코리아타운으로 불똥이 튀어 최소 3억 5,000만 달러의 손해, 2,300여 개의 점포 손실 등 엄청난 피해를 입힌 사건으로 맹랑하게 재연된다. 폭도는 기왕에 내친 광란의 여세를 몰아 응징과 도발의 대상뿐만이 아니라 정작 동병상련해야 할 연민의 대상까지를 모조리 물어뜯는다. 하지만 영화 속의 두 고아 암스테르담과 에버딘은 서로의 상처를 보여주며, 그 상처를 사랑으로 보듬는다.

마틴 스코세이지 감독은 이탈리아계 부모 사이에서 뉴욕 퀸즈에서 태어나, 바로 파이브 포인츠가 존재했던 그 마을 로어이스트의 리틀이탈리아에서 유년 시절을 보낸다. 마피아의 폭력과 불법이 상존하던 어린 시절의 환경과 경험은 그의 영화를 관통하는 중요한 테마인 갱스터 느와르Gangster Noir의 영감의 원천이 되었다. '비열한 거리Mean Streets'(1973), '택시 드라이버Taxi Driver'(1976), '좋은 친구들Goodfellas'(1990), '갱스 오브 뉴욕', '디파티드Departed'(2006) 등.

마틴은 미국 영화계에서 할리우드에 대비되는 뉴욕파의 거두로 미국 역사를 다루는 일에 남다른 관심을 가지고 있으며, 특유의 폭력적, 오락적 요소뿐만 아니라 지극히 개인적인 개성과 철학이 담긴 영화를 그려내는 전형적인 작가주의적 성향으로 평가받는 대표적인 감독이다.

"어렸을 때 제가 항상 가슴에 새겼던 말이 있었는데, 영화 공부할 때, '가장 개인적인 것이 가장 창의적인 것이다.' 그 말을 하셨던 분이 누구였냐 하면, 책에서 읽은 거였지만, 그 말은 우리의 거장, 마틴 스코세이지의 말입니다."

– 봉준호 감독, 제92회 아카데미 시상식 감독상 수상 소감 중에서 –

"I tend to feel that the more singular the vision and the more personal the film, the more it can claim to be art. 나는 영화의 관점이 명확하고 개인적일수록 그 영화의 예술성이 높아진다고 생각하는 편이다."

"I'm a lapsed Catholic. But I am Roman Catholic, there's no way out of it. 나는 가톨릭 냉담자다. 하지만 가톨릭 신자이고 거기에서 벗어날 수 없다."

"My whole life has been movies and religion. 내 인생의 관심사는 종교와 영화 단 두 가지뿐이다."

– 마틴 스코세이지의 유명한 어록들 –

마틴 스코세이지를 유명하게 만들어준 뉴욕 배경의 느와르 영화 '비열한 거리'의 주인공 찰리는 맨해튼의 리틀이탈리아 뒷골목의 건달이면서도 신실한 가톨릭 신자라는 상반된 두 가지 정체성 사이에서 아전인

수식의 줄타기를 한다.

자신이 저지른 죄를 어떻게든 회개하고 용서받고자 하는 종교적 강박의 심리작용으로, 늘 사고만 치고 다니는 천방지축 조니를 도와주고 보호해주지만, 정작 자신에게 해가 되는 부분은 철저하게 기피하는 찰리의 위선적 선의의 모순성을 감독은 끈질기게 관객들에게 노출시킨다. 감독의 이러한 시선은 '갱스 오브 뉴욕'에서도 여지없이 드러난다.

종교에 대한 감독의 개인적인 시선이 극도로 잘 드러나는 영화 상영 시간 2시간 23분 29초부터 2시간 24분 27초까지의 시퀀스는 이 영화 최고의 명장면이다. _ 아랑곳!

절치부심으로 부친의 복수를 위하여 손도끼를 갈무리하는 도전자 암스테르담 발론도, 늘 익숙했지만 이번만큼은 특별한 한 판 승부의 칼부림을 대비하며 서슬 퍼렇게 칼을 가는 장안 최악의 불량배 빌 더 부처도, 뉴욕 트리뷴 신문사 소유주이고 시정 전반에 커다란 영향력을 가진 부도덕한 기득권 세력인 이른바 업타운 갱스터 스캐머혼 일가조차도, 폭동의 폭풍전야 상황에서 모두 하나같이 주님으로 시작해서 아멘으로 끝마치는 신실한 기독교의 기도의식을 경건하고 엄숙하게 치른다.

Homo proponit et Deus disponit. (Man proposes and God disposes.) 사람의 마음에는 많은 계획이 있어도 오직 여호와의 뜻만이 완전히 서리라.

                                                          -《잠언》 19장 21절 -

마틴 스코세이지 감독의 개인적인 종교관은 영화 마지막에, 마치 공개된 비밀처럼 짧게 노출된다. 영화 '갱스 오브 뉴욕' 마지막 장면에서 비추어지는 블루클린의 묘지 장면에서 감독은, 아일랜드 가톨릭 신부 프리스트 발론의 예를 갖춘 십자가의 석재 묘비에 생몰년 1801년~1846년과 출생지 더블린을 정확하게 명시한 반면, 미국 본토 이민자 갱스터를 상징하는 해괴한 개신교도 윌리엄 커팅(빌 더 부처의 본명)의 어설픈 나무 묘비에는 죽은 연도 1863년과 사망지 뉴욕시만이 조악하게 씌어져 있는 모습을 대조적으로 화면에 드러낸다.

정부군으로부터의 피격과 복수의 칼부림으로 만신창이가 된 주인공 암스테르담 발론이 아버지의 칼을 땅에 묻으며 읊조리는 마지막 내레이션이, 도대체 아무도 찾지 않을 것 같은 황량한 묘지 위로 의미심장하게 흐른다.

"인간은 뼈와 피와 시련을 안고 태어난다고 하셨던 아버지 말처럼 당시의 뉴욕은 그렇게 탄생됐다. 그러나 분노의 시대를 관통하며 쓰러져 간 우리들에게 그것은 도도한 물결에 휩쓸려 간 소중한 그 무엇과도 같았다. 후세들이 뉴욕을 재건하기 위해 무엇을 했든 간에 우리가 그곳에 엄연히 존재했다는 사실을 사람들이 기억할지는 알 수 없는 일이다."

영화의 잔혹사가 끝나는 1863년으로부터 정확하게 20년 후인 1883

년, 브루클린과 맨해튼을 연결해줄 뉴욕 최초의 다리 브루클린 브리지가 영화의 마지막 스크린을 장식하며 곧 다가올 뉴욕의 혁신적인 미래를 예고한다. 이어 1900년대부터 본격적으로 건설될 초고층 마천루의 빌딩숲이 맨해튼의 스카이라인으로 거창하게 그 모습을 드러내며 이 당황스러웠던 영화는 아일랜드 록밴드 U2의 'The hands that built America(미국을 건설한 손)'를 들려주는 것으로, 아직 끝나지 않은 비열한 거리의 이야기를 마무리한다.

피비린내 나는 뉴욕 오거리의 잔혹사는 미국 역사에 진솔한 마틴 스코세이지에 의해
영화 활극으로 드라마틱하게 부활하지만,
현실보다 부풀려 각색된 연속극 드라마 '섹스 앤 더 시티Sex and the City'의
낭만적인 융단폭격 덕분에 또다시 역사 뒤편으로 퇴각하게 되고
금단의 열매 빅애플Big Apple의 별명을 가진 로큰롤Rock'n roll의 도시 뉴욕은
폭력에서 매력으로의 이미지 세탁에 성공한다.

그랜드 센트럴 터미널

뉴욕 센트럴 라인의 건설자 밴더빌트

해운사업으로 백만장자가 된 코넬리우스 밴더빌트Cornelius Vanderbilt는, 새롭게 떠오르는 철도산업으로 사업 방향을 전격 전향하여, 빌 더 부처의 오거리 잔혹사가 막을 내린 1863년에는 뉴욕 – 할렘 철도회사를 소유한다. 밴더빌트는 뉴욕에서 시카고를 잇는 최초의 철도노선을 건설한 여세를 몰아 허드슨리버 철도회사와 뉴욕센트럴 철도회사를 인수한 다음 1869년 두 회사를 합병한 후, 1873년에는 레이크쇼어 – 미시간서던 철도회사를 추가로 소유하며 미국의 철도왕이라는 명성을 얻는다.

밴더빌트는 뉴욕항의 스테이튼 아일랜드와 맨해튼 사이를 왕복하는 화물 및 여객 페리 사업으로 시작하여, 경쟁 사업자보다 단위당 더 많은 비용을 들인다면 사업을 할 이유가 없다는 사업철학, 즉 더 낮은 가격, 더 많은 고객 유치라는 규모의 경제학Economics of scale을 구현한 미국발 대기업의 전형을 창출한 입지전적 사업가다.

밴더빌트에게 사업의 전략과 동력은 경영의 합리화를 통한 이윤의 극대화, 냉철한 사업적 판단력, 시대의 흐름을 읽는 통찰력, 목표달성을 위한 끊임없는 열정만이 전부는 아니었다. 비즈니스 생태계의 이전투구 전쟁에서 승리를 쟁취하기 위해서는 수단과 방법을 가리지 않는 무자비함이 바로 밴더빌트의 생래적生來的 병기였다.

그는 경쟁 철도회사를 완전히 무력화시키기 위해, 당시 한참 번창일로에 있던 뉴욕항 입성의 대륙 쪽 관문인 올버니 철도교Albany Bridge 중간에 자신이 사주한 무장병력을 배치하는 서부영화 활극에 가까운 폭력점거를 통하여 경쟁사의 철도사업을 마비시킨다. 밴더빌트는 이렇게 우격다짐으로 상대 철도회사의 급격한 주가 하락을 야기한 후, 적대적으로 경쟁사 주식을 매입하는 폭력적 인수를 자행한 악명 높은 사업가였다.

밴더빌트의 철도사업은 자본주의 시장 논리라는 목침 위에 놓인 약육강식이라는 피의 레일을 따라, 사업의 철저한 독점화라는 종착역을 향하여 거침없이 달려가는 제동장치 없는 폭주기관차였다. 또한 그것이 제26대 미국 대통령 시어도어 루스벨트Theodore Roosevelt의 기업 독과점 금지법이 발효되기 전까지 미국을 지배한 사업생태계의 무자비한 시대정신이었다.

네덜란드 위트레흐트의 데 빌트De bilt 마을에서 1650년 뉴욕으로 이주해온 밴더빌트의 증조부 얀 아르트손Jan Aertson은 'of the'라는 의미의 네덜란드어 'van der'를 고향 'bilt'에 붙여 자신이 떠나온 출신 국가를 절대로 잊지 않고자 하는 애향적 염원을 담아 '밴더빌트'라는 가문의 이름을 짓는다. 전 세계에서 가장 장삿속이 밝은 화란和蘭인을 묘사하는 유명한 속담이, 유명과 악명 사이에 랭크된 이 냉철한 사업가의 수익 지상주의Business Oriented 본능을 잘 설명해준다.

▲ 조지 벨로스의 1924년 작품 〈뎀프시와 피르포〉 (출처 _ 위키피디아)

"네덜란드에서는 오로지 태양 빛만이 공짜다."

밴더빌트의 손녀이자 조각가인 거트루드 밴더빌트 휘트니Gertrude Vanderbilt Whitney가 1931년 설립한 뉴욕 휘트니 미술관Whitney Museum of American Art은 매우 인상적인 대표작품을 소장하고 있다. 스포츠 전문 일러스트레이터 작가 조지 벨로스George Bellows의 1924년 작 〈뎀프시와 피르포Dempsey and Firpo〉이다.

그림은 무자비한 펀치를 휘둘러 상대 선수를 링 밖으로 떨어뜨리고 있는, 당시 생계형 미국 복서의 처절한 생존경쟁을 마치 역동적인 동영상을 일시정지시킨 듯한 장면기법으로 생동감 있게 묘사하고 있다. 미술관 설립자 거트루드의 조부인 밴더빌트의 '노 머시No Mercy', 즉 자비 없는 기업가정신을 영락없이 닮아 있는 작품이다.

조만간 그 계보를 잇게 될 석유산업의 록펠러와 철강산업의 카네기 이전에, 미국 역사상 최초로 제왕적 1인 기업가 시대의 서막을 열어젖힌 영욕의 사업가 코넬리우스 밴더빌트는, 핵심적 기간시설인 철도사업을 선구적으로 일으켜 인력과 물자수송의 혁명을 이루며 향후 미국 산업 발전과 경제도약의 중대한 초석을 구축한다.

밴더빌트가 1896년에 건설한 이래, 단연 세계에서 가장 큰 기차역이 된 뉴욕 그랜드 센트럴 터미널New York Grand Central Terminal 앞에 세워진 밴더빌트 동상의 하단부에는 다음과 같은 문구가 새겨져 있다.

Founder of the New York central lines 뉴욕 센트럴 라인의 건설자

▲ 그랜드 센트럴 터미널 앞 밴더빌트 동상 (©demerzel21/123RF.COM)

칼리토의 길

그랜드 센트럴 터미널 로비의 랜드마크인 4방면 시계가 10시 49분을 가리킨다.

브라이언 드 팔마^{Brian de Palma} 감독의 1993년 영화 '칼리토^{Carlito's Way}'의 주인공 칼리토 브리간테 역의 알 파치노^{Al Pacino}가 이탈리아계 폭력배들에게 쫓기며 격렬한 에스컬레이터 총격 장면을 펼치게 될 11시 27분(영화 상영시간 2:13:28)까지는 아직 38분이 남아 있다. 험악한 총격전을 피할 시간적 여유는 충분하다. 왜곡된 사상적 광기의 총구는 조각가의 예술적 상상력으로라도 어떻게든 틀어막을 수 있을지 모르겠으나 이 험악한 고담 시티에서 광란의 춤을 추는 이권과 탐욕과 배신과 복수의 총구는 어림도 없다.

카리브해의 휴양지 바하마에서의 새 출발을 결심한 칼리토가 사랑하는 연인 게일과 함께 뉴욕발 마이애미행 11시 30분 야간열차를 타고 황급히 떠나기 위하여, 지금 복수심으로 눈이 뒤집힌 갱단의 집요한 추격을 피해 필사적으로 역으로 달려오고 있는 시각이다.

한때 마약 관련 조직에 몸담았고 살인까지 저지른 중범죄자로 30년형을 선고받았으나, 변호사 친구 데이브의 도움으로 5년 만에 조기 출소한 후 마약과 조직에서 깨끗이 손을 씻고 새 삶을 살아가고자 했던 칼리토의 새로운 인생 소망은, 불행히도 그랜드 센트럴 터미널 역의 플랫폼에서 비참한 종말을 맞을 운명에 처해 있다. 칼리토는 종종 이탈리아계로 오해받는 푸에르토리코 출신의 회심한 갱스터였다.

스페인 중남미 정복 전쟁의 중요한 베이스캠프이자 물류기지로 활기가 넘쳐나던 섬나라 푸에르토리코Puerto Rico(부유한 항구라는 의미)의 식민 지배권은, 1898년 스페인이 쿠바 문제로 미국과 벌인 전쟁에서 패배하며 400년 만에 미국으로 넘어갔다. 이로써 비슷한 시기에 대거 대서양을 건너온 이탈리아 이민자들과 히스패닉계열의 미국령 푸에르토리코 이민자들이 대도시의 한 지붕 아래서 살아가게 될 역사적 배경이 만들어진다.

기원전 753년, 일단의 라틴족이 이탈리아반도 테베레 강변에 위치한 저지대 로마의 7개 언덕 위에 최초로 도시를 건국한 이후, 주체할 수 없는 호전성과 특유의 조직력을 밑천으로 왕성하게 벌여 온 정복 전쟁을 통하여 놀라울 정도로 비대해진 로마는 기원전 27년 제국의 길로 들어선다. 기원후 117년에 이르러서는 로마 본토가 아닌 스페인 남부 출신의 트라야누스 황제가 지중해 전역을 아우르는 로마 역사상 최대판도를 형성하며, 로마 제국의 속주인 스페인이 라틴문화를 계승한 최고의 모범생임을 확고히 증명했다.

이후 1492년 탐험가 콜럼버스를 후원한 스페인이 신대륙 아메리카를 발견하며 시작된 300여 년간의 식민지 개척과 약탈과 경영을 통해, 언어를 비롯한 강력한 라틴문화를 중남미에 뿌리내리며 이탈리아반도를 넘어 스페인과 라틴아메리카까지를 아우르는 광범위한 라틴문화권이 완성된다. 오랜 세월이 흐른 후 본산의 라틴과 그로부터 지대한 영향을 받은 동질 문화권의 라틴아메리카가 새삼스럽게 뉴욕에서 격돌한 형국으로 동의한다면, 이탈리아계와 푸에르토리코계 갱스터 간의 갈등을 '동문화족 상잔'이라고 불러도 무방하겠다.

'금지되지 않은 것은 모두 허용된 것이다.'의 체제저항형 행동양식의 라틴계열이, 대체적으로 도시가 난색을 표할 여러 형태의 범죄에 연루되는 현상은, 굳이 마피아를 들먹이지 않더라도 특히 뉴욕 같은 거대도시에서 조금도 낯선 일이 아니었다.

자신을 조기 출소시켜준 데이브에 대한 신의 때문에, 뉴욕 뒷골목 세계의 막강한 주도권을 조직적으로 장악하고 있던 이탈리아계 갱 두목 토니와 그의 아들 비니를 살해하는 일에 의도치 않게 연루된 대가는 오로지 죽음뿐이었고, 끔찍한 복수의 참사를 피하는 유일한 탈출구는 출소 이후 그토록 꿈꾸어 왔던 칼리토 마음속의 낙원, 바하마로의 도피를 5시간 내에 지체 없이 실행하는 것 외에는 다른 방도가 없었다.

연인 게일과 마이애미행 11시 30분 야간열차가 출발하는 플랫폼에서 긴밀히 만나기로 한 칼리토는, 브라이언 드 팔마 감독 특유의 창의적인 에스컬레이터 총격신Scene에서의 주인공답게, 그랜드 센트럴 터미널에서 무자비하게 난사된 서슬 시퍼런 이탈리아계 빈센트 일당의 복수의 총구를 무사히 극복한다. 하지만 파라다이스행 기차의 플랫폼에 필사적으로 당도해 자신을 애타게 기다리던 연인 게일과 극적으로 상봉하는 순간, 칼리토는 얼마 전 사소한 시비로 원한을 샀던 조무래기 베니 블랑코의 총에 맞아 비극적 죽음을 맞는다.

▲ 그랜드 센트럴 터미널 (©Sepavo/123RF.COM)

카리브해 바하마 군도의 인기 휴양지 낫소에서 관광객들을 대상으로 렌터카 사업을 하며

범죄와는 거리가 먼 평안의 삶을 갈망했던 칼리토의 평범한 꿈은,

밤업소에서 스트립 댄서로 생계를 이어가며 브로드웨이에서의 화려한 성공을 꿈꾸면서도

운명적으로 자신의 인생을 뚫고 들어온 전과자 칼리토에 대한 순수한 사랑에의 확신으로

기꺼이 바하마행 밀월에 따라나선 게일의 소박한 꿈과 함께,

마이애미행 열차 출발 22초 전, 밤 11시 29분 38초에,

그랜드 센트럴 터미널 18번 플랫폼에서 비극적으로 좌절된다.

그들은 나름대로의 학습된 꿈을 붙좇아 이 도시로 흘러들었고, 언제부턴가 또 다른 원천적 꿈을 되짚어 이 도시를 벗어나고자 몸부림쳤다. 대도시의 기차역은 도시를 탐닉하는 야망의 입구이자 낙원을 갈망하는 피정의 출구이다.

부산에서 뉴캐슬까지

1895년 뤼미에르Lumière 형제가 제작한 세계 최초의 영화 '열차의 도착 L'Arrivée d'un train en gare de La Ciotat'처럼 갑작스럽게, 한반도 땅으로 달려 들어온 첫 기차는 바로 미국 브룩스 사에서 제작한 모걸Mogull형 탱크기관차였고, 이 기차가 1899년에 최초의 기적을 울리며 달렸던 한반도 최초의 철도는, 미국인 기업가 제임스 모스James R. Morse에 의해 기공된 이후 우여곡절 끝

에 일본이 완공시킨, 서울과 인천을 잇는 경인선이었다.

1814년 조지 스티븐슨George Stephenson이 발명한 역사상 최초의 기관차가 석탄을 싣고 탄광에서부터 항구로 달린 이후, 1823년 영국 뉴캐슬에 세계 최초의 기관차 공장이 설립되었고, 1824년 스톡턴에서 달링턴 간 42킬로미터의 세계 최초 여객용 철도 위를, 1825년 세계 최초의 기관차 로코모션Locomotion호가 90톤의 객·화차를 견인하여 시속 16킬로미터로 달림으로써 인류는 철도수송의 시대를 열었다.

1830년대부터 거의 모든 선진국으로 확산되던 영국발 철도혁명은 신대륙 미국에 상륙하여 무섭게 성장하는 미 동부의 여객과 화물을 왕성하게 실어 날랐고, 1848년 캘리포니아의 골드러시로 시작된 미국의 서부 개척을 폭발적으로 촉진하며 현재 미국 지도의 근간을 완성시켰다.

영국에서 탄생한 기차가, 대서양 건너 미국의 광활한 대지에서 역사상 유래가 없는 서부로의 대*확장이 한창이던 격랑과 풍운의 시대에 태평양을 건너 그렇게 한반도에 상륙하는 서쪽 지향적 궤적을 그렸다면, 이참에는, 태평양을 향해 열려 있는 미항美港 부산에서 출발한 한반도의 기차가 서울과 평양, 신의주를 거쳐 러시아 블라디보스토크에서 출발하는 시베리아횡단철도로 연결된 다음, 유라시아대륙의 서쪽으로 7일 밤낮을 질주한 후 모스크바를 거쳐 프랑스 칼레까지 달려가 43킬로미터의 해저터널을 지나 도버에서 런던까지 거침없이 입성하고 나서는, 마침내 세계 최초의 기관차 로코모션호가 처음으로 기적을 울렸던 기차의 원초적 고향길 달링턴과 스톡턴까지 달려가보았으면 더할 나위 없이 행복하겠다는 확신에 찬 미래를. 아니, 의심의 여지 없는 오래된 미래를. 1824년 시작한 그 서사적 궤적의 완주를. 꽤 늦은 시각에도 대낮같이 불이 밝혀져 있는 그랜드 센트럴 터미널 로비에서 선명하게 꿈꾸어보았다. _ 아랑곳!

아랑곳은 기차역을 빠져나와 프랭크 시나트라의 '뉴욕, 뉴욕' 노랫말처럼, 도대체 잠들 것 같지 않은(a city that doesn't sleep) 뉴욕의 밤을 안락하게 보낼 유서 깊은 호텔로 향했다.

뉴욕의 왕궁
월도프 아스토리아 호텔

"The cynosure of all things civilized, The Waldorf − Astoria.
세상의 문명이 모두 결집된 곳, 월도프 아스토리아!"

영화 '여인의 향기^Scent of a Woman'(1992)의 주인공 프랭크 중령이 뉴욕 월도프 아스토리아 호텔의 입구를 들어서며 던진 찬사의 일성이다. 명배우 알 파치노가 프랭크 중령 역으로 아카데미 남우주연상을 수상한 걸작 영화이다. 평생을 강인한 군인으로 살아온 자부심 강한 시각장애 퇴역 군인 프랭크는, 자신을 돌보기 위해 일시적으로 고용된 청년 찰리의 도움으로 이 호텔에서 생애 최후가 될 추수감사절 시즌을 보내기로 결심한다.

프랭크는 양복 제작자를 스위트룸으로 불러들여 객실 내에서 고급 양복정장을 맞추고, 리무진을 대절하여 뉴욕의 특급 레스토랑 오크룸까지 달려가서 사치스러운 저녁 만찬을 만끽한다. 그리고 안내자 찰리와 베라차노 − 내로스 브리지^Verrazzano-Narrows Bridge가 보이는 곳에서 브루클린 브리지가 보이는 곳까지, 시각장애인으로서는 상상도 할 수 없이 무모한 페라리 자동차 질주를 감행하며 죽기 전에 해보고 싶었던 것들을 거침없이 실행한다.

실명으로 무력하기만 한 자신의 삶에 대한 혹독한 비관을 더 이상 견디지 못한 채, 급기야 초특급호텔의 스위트룸에서 마지막 며칠을 보낸 다음 비장하게 권총 자살을 시도하려던 프랭크의 암울한 계획은, 청년 찰리와의 훈훈한 우정이라는 뜻밖의 복병을 만나 미수에 그치고 영화는 다행스럽게도 해피엔딩으로 끝난다.

이 호텔에는 영화의 이야기 같은 일화가 있다.

필라델피아를 여행하던 노부부가 갑작스러운 악천후 속에서 투숙할 숙소를 찾아 여러 호텔을 전전했으나 이례적인 날씨 여파로 도대체 빈방을 구할 수가 없는 난감한 상황을 맞는다. 그런데 어느 호텔의 웨이터가 동이 나버린 객실 대신 선뜻 자신의 방을 노부부에게 기꺼이 내어주었고, 덕분에 하룻밤을 무사히 묵은 노부부는 호텔 직원의 투철한 서비스 정신에 깊은 감명을 받는다. 그리고 노부부는 당신 같은 사람이야말로 최고급호텔의 주인이 될 자격이 있다는 예사롭지 않은 덕담을 남기고 호텔을 떠난다.

세월이 흐른 후 노부부는 편지를 보내 뉴욕 월도프 아스토리아 호텔로 이 젊은이를 초대한다. 감동적인 서비스를 받았던 노부부는 다름 아닌 이 호텔의 소유자였던 것이다. 노부부는 지난날의 친절함에 대한 보답과 신뢰를 담아, 따뜻한 배려의 서비스로 무장한 될성부른 젊은이에게 이제 막 설립한 이 호텔의 사장직이라는 중책을 주저 없이 맡겼다. 이후 이 호텔은 최고급 시설과 고객을 감동시키는 수준 높은 서비스로

▲ 파리의 서점 셰익스피어 앤 컴퍼니 외관 (ⓒ Shadowgate) (출처 _ 위키피디아)

◀ 셰익스피어 앤 컴퍼니 내부에 적힌 문구 (ⓒ Iwannadancewithsomebody2) (출처 _ 위키피디아)

명사들의 호텔이라는 전통을 이어가며 뉴욕 최고의 호텔로 명성을 날린다.

환대歎待를 의미하는 영어 호스피탤리티Hospitality와 호텔Hotel이라는 단어는 모두, 나그네를 위한 환대를 의미하는 동일한 고대 라틴어에서 파생된 사촌 간의 단어라는 것을 환기시켜주는 가슴 따뜻한 미담이다.

"Be not inhospitable to strangers lest they be angels in disguise!
변장한 천사일지 모르니 낯선 이에게 친절하라!"

파리 시테섬 센 강변의 따뜻한 서점 '셰익스피어 앤 컴퍼니Shakespeare and Company'에서 맞닥뜨린 환대에 대한 훈훈하고 **지혜로운 철학**과
"손님 대접하기를 잊지 말라. 이로써 부지 중에 천사들을 대접한 이들이 있었느니라.(《신약성경》'히브리서' 13장 2절)"에서 인용한, 구약 18장 아브라함이 언약의 아들 이삭의 수태고지를 하러 찾아온 세 천사(나그네의 모습)에게 천사인 줄도 모르고 융숭하게 배푼 환대에 대한 **신학**으로 맞닿는 이야기이다.

여배우 마릴린 먼로Marilyn Monroe에서 버락 오바마Barak Obama 미 대통령, 니키타 흐루쇼프 소련 공산당 서기장, 박정희 대통령, 일본의 아베 신조安倍晋三 총리, 영화 속 주인공 프랭크 슬레이드 예비역 미 육군 중령으로부터 낭만여행가 아랑곳까지 모두 이 호텔의 역대 유명 투숙객들이다.

프랭크 중령은 첫날 호텔에 투숙할 때 벨보이에게 후한 팁을 주며

"소문을 내주게! 여기 명사가 투숙했다고 말이야."라며 진담 같은 농담을 던진다. 내로라하는 부자든 짙은 선글라스의 유명인이든 아니면 들뜬 관광객이든 로비에서 마주칠 때마다 우아한 미소로 가벼운 눈인사를 주고받으며, 서 해리스 바Sir Harry's Bar, 불 앤 베어스Bull and Bear's, 오스카스Oscar's, 피콕 앨리Peacock Alley, 레스토랑 이나기쿠Restaurant Inagiku 등 뉴욕 최고의 호텔 레스토랑과 바Bar에서 느긋하게 쿠진Cousin과 고급 와인을 즐기며, 인생의 마지막 며칠이 아니라 삶의 윤택한 며칠을 위해서 호사롭게 묵으면 딱 걸맞을 호텔이다.

그러나 아랑곳이 오늘 월도프 아스토리아 호텔에 묵는 가장 큰 이유는, 1942년 이 호텔에서 열린 독립운동 만찬회 때 이승만 대통령이 대한민국의 독립을 호소하며 사용했던 당시의 태극기가, '월도프 아스토리아 호텔 태극기'라는 이름으로 국회헌정기념관에 소장되어 있다는 역사적 사실의 연결고리 때문이다.

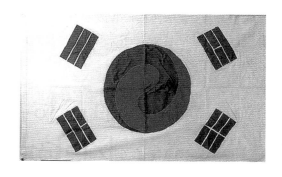

◀ 대한민국 등록문화제 제381호, 월도프 아스토리아 호텔 태극기 (출처 _ 문화재청)

아랑곳은 70년 전 한때 대한민국 독립의 꿈을 펼쳤던 호텔의 바 한쪽에 앉아

속닥하게 블러디 메리^{Bloody Merry} 칵테일 한잔을 음미하며 이런저런 생각에 잠기어 있다가

이슥해서야 객실로 돌아왔다.

브루클린 브리지에서 홍영식에게 미처 전하지 못한 비밀문서에 대한 회한이

가벼운 취기와 여독의 나른함마저도 끈질기게 각성시키는 통에

객실 커튼 틈새로 여명이 어슴푸레 비집고 들어오는 새벽녘에야 겨우 잠에 들었다.

시대를 담은 광장
타임스스퀘어

타임스스퀘어!

맨해튼을 남북으로 달리는 브로드웨이와 동서를 달리는 42번가에서 47번가까지 걸쳐진 구역이 서로 만나는 뉴욕 최고의 번화가, 브로드웨이 뮤지컬의 중심지, 매일 약 33만~46만 명의 유동인구와 매년 평균 약 1억 3,100만 명의 관광객을 맞는, 맨해튼 중심에 위치한 세계의 교차로라 불리는 광장.

광장의 이름이 타임스로 명명된 사연은 1903년으로 거슬러 올라간다.

〈더 타임스The Times〉는, 영국의 언론인 존 월터 1세John Walter I가 1785년 〈더 데일리 유니버설 레지스터The Daily Universal Register〉라는 이름으로 창간하였다가 1788년에 더 타임스로 개명한 영국의 대표적인 일간신문이다.

현재 공인된 세계 최초 신문은 1660년 6월 독일에서 발행된 일간지 〈라이프치거 차이퉁Leipziger Zeitung〉이다. 여기에서 신문을 의미하는 독일어 차이퉁 Zeitung의 '차이트 Zeit'가 시간을 의미하기 때문에, 이 단어가 타임스에 영향을 주었을 것이다. 아니면, 시간, 시대를 의미하는 'Time'에 복수 s를 붙이고, 그 앞에 정관사 The를 붙여 시간적, 시대적 사건들

을 특정해서 보도하고자 하는 언론사의 본질적 의미를 은유적으로 담고
자 했을 것이다.

이 이름을 표방한 영국 신문사의 영향으로 '타임스Times'라는 이름
이 영미권과 영연방국가에서는 인기 있는 신문의 대명사로 자리잡는
다. 인도의 〈타임스 오브 인디아Times of India〉(1838년 창간), 싱가포르의 〈스
트레이츠 타임스Straights Times〉(1845년 창간), 〈로스앤젤레스 타임스Los Angeles
Times〉(1881년 창간)에서 한국에서 가장 긴 역사를 가진 영자 신문 〈코리아
타임스Korea Times〉(1950년 창간)로 계보가 이어진다. 전 세계 수많은 아류
타임스들과의 구분을 위해, 영국의 〈더 타임스〉는 '런던 타임스London Times'
로도 불린다.

영국의 왕실, 귀족 상류층, 지식인 등을 대변하며 영국 사회에 엄청
난 영향력을 행사한 〈더 타임스〉를 두고 에이브러햄 링컨Abraham Lincoln 대
통령은 미시시피강을 제외하고는 타임스만큼 강력한 것을 알지 못한다
고 비유했을 정도이다.

영국의 〈더 타임스〉의 이름을 연상시키는 미국의 〈뉴욕 타임스New York
Times〉(1851년 창간)가 1903년 이곳으로 이전해 오면서, 광장의 이름이 '타
임스스퀘어'로 불리게 된다. 1970년대와 1980년대까지만 해도 공연과
상업의 중심지라기보다는 성인영화관, 성인용품 상점, 스트립쇼 공연
장이 즐비하던 홍등가 분위기가 더 짙은 곳이었으나 시 당국의 강력한
재개발 추진 덕분에 오늘날의 모습으로 재정비되었다. 타임스라는 이
름에 걸맞는 시대 변화의 격세지감을 실감케 해주는 곳이다.

매년 한 해가 끝나는 12월 마지막 날, 이 명소에서 열리는 새해맞이

볼드랍^{Ball Drop} 카운트다운 행사에 평균 백만 명에 달하는 사람들이 찾는다는 사실도 시간의 광장이라는 이름과 잘 맞아떨어진다. 언제나 사람과 사건으로 붐비는 교차로 타임스스퀘어는 시간의 세례 속에서 결코 잊지 못할 몇몇 감동적인 추억을 간직하고 있다.

광장의 낭만

태평양전쟁에서의 패색이 짙어진 전황에서도 미국의 항복 요구를 완강히 거부하고 무모한 항전을 계속하던 일본은, 본토에 투하된 두 차례의 원자폭탄 공격으로 인류역사상 초유의 피폭재앙의 끔찍한 대가를 치르고 나서야 결국 미국에 무조건항복을 선언한다.

　제2차 세계대전 중 미국이 극비리에 추진해 오던 가공할 신무기 원자폭탄 제조의 암호명은 흥미롭게도 '맨해튼 프로젝트'였다.

　1945년 8월 14일, 라디오로 타전된 종전의 뉴스속보에 미국은 열광한다. 전승의 기쁨을 축하하기 위해 타임스스퀘어 광장으로 뛰쳐나와 있던 어느 미 해군 수병^{水兵}이 마침 친구들과 함께 광장에 나와 있던 간호사 에디스 세인^{Edith Shain}의 허리를 감싸 안은 채 갑작스런 키스 세례를 퍼부었다. 축제 분위기 속에서 순식간에 벌어진 일이었다. 그러나 세인은 전혀 알지도 못하는 미군 수병의 돌발키스를 극구 뿌리치지도 않았다.

　"그가 나에게 키스하도록 그냥 놔두었죠. 왜냐면 그가 나와 국가를 위해 전쟁터에서 목숨 걸고 싸웠기 때문이죠."

당시 〈라이프Life〉지 소속 사진기자 알프레드 아이젠슈타트Alfred Edisenstaet가 촬영한 이 인상적인 장면은 타임스스퀘어가 추억하는 가장 낭만적인 장면 중 하나일 것이다.

2012년 12월 31일, 한국의 대중가수 싸이PSY가 미국의 유명 래퍼 MC 해머MC Hammer와 함께한 새해맞이 공연의 떠들썩했던 추억과 아울러 1999년 12월 31일, 새천년을 맞는 연말 행사에 거의 200만 명에 달하는 인파가 이 광장을 가득 채웠던 인상적인 기억이 여전히 생생하다.

광장의 영광

그러나 뉴욕은 1951년 4월 20일, 불세출의 전쟁영웅을 열렬히 환영하기 위하여 무려 750만 명의 시민이 도시를 가득 메웠던 불멸의 대기록을 당당히 보유하고 있다. 당시 뉴욕 전체 인구는 약 750만 명이었다.

1951년 4월 11일 트루먼Harry S. Truman 대통령은, 공산주의 국가들을 전면적으로 말살시키기 위하여 한국전쟁을 중공과 소련까지 확산시킬 것을 일관되게 고집하는 맥아더Douglas MacArthur 장군을 전격 해임했다.

트루먼은 제2차 세계대전의 불씨가 꺼진 지 얼마 되지 않은 상황에서 또다시 대규모 국제 전쟁이 발발할 수도 있는 가능성에 촉각을 곤두세우고 있었다. 그러한 정황 속에서 트루먼은 상대적으로 미국 내에서도 별 인기를 얻지 못하는 한국전이 국제전으로 확산되는 것을 조금도 원치 않은데다 공산진영인 중공군과 소련군의 한국전 개입 가능성 등의 복잡한 국제 역학관계를 고려, 전면전보다는 소극적인 제한전을 선호

▶ 알프레드 아이젠슈타트의 〈어느 수병의 키스〉 (©Alfred Eisenstaedt) (출처 _ 위키피디아)

▼ 대일 전승 기념일의 타임스스퀘어 (©DeMarsico, Dick) (출처 _ Library of Congress, Prints and Photographs Division)

하는 입장에 서 있던 정치인이었다. 뼛속까지 군인이었던 맥아더의 전쟁 확산 강경노선은 결국 트루먼의 인내심을 한계로 몰아갔다. 하지만 미 국민의 66퍼센트가 맥아더 해임에 반대했고, 트루먼의 패배적 정책에 노골적인 분노를 표출했다.

　해임된 맥아더는 야전사령관으로 미국을 떠난 지 14년 만인 1951년 4월 18일에 조국의 품으로 돌아왔고, 다음날인 4월 19일에 맥아더 장군은 워싱턴 D.C.의 미 의회에서 한국전쟁 수행에 대하여, 트루먼 대통령과의 확고한 의견 차이를 명백히 밝히는 그 유명한 은퇴 연설을 한다.

The magnificence of the courage and fortitude of the Korean people defies description. They have chosen to risk death rather than slavery. Their last words to me were: "Don't scuttle the Pacific!"
I am closing my 52 years of military service. When I joined the Army, even before the turn of the century, it was the fulfillment of all of my boyish hopes and dreams.
The world has turned over many times since I took the oath on the plain at West Point, and the hopes and dreams have long since vanished, but I still remember the refrain of one of the most popular barrack ballads of that day which proclaimed most proudly that "old soldiers never die; they just fade away."
And like the old soldier of that ballad, I now close my military career

and just fade away, an old soldier who tried to do his duty as God gave him the light to see that duty.

Good Bye.

한국 국민들의 용기와 불굴의 정신의 위대함은 형언할 수 없습니다. 그들은 노예가 되기보다 오히려 죽음을 선택하였습니다. 그들이 나에게 한 마지막 말은 "태평양에서 허둥지둥 도망가지 마십시오."였습니다.

나는 이제 52년간의 군인 생활을 마감하려 합니다. 내가 군에 입대하였을 때, 이번 세기가 미처 시작되기도 전에, 그것은 나의 모든 소년기 희망과 꿈을 성취하는 것이었습니다.

세상은 내가 웨스트포인트에서 선서한 이래 여러 차례 급변하였습니다. 그리고 그 이후로 희망과 꿈은 사라져 갔습니다. 그러나 나는 당시 군대에서 유행하던 병영노래의 후렴을 아직도 기억하고 있습니다. 그 후렴의 자랑스러운 구절은 다음과 같은 것입니다. "노병은 죽지 않는다. 다만 사라질 뿐이다."

이 노래에 나오는 노병처럼, 나는 이제 군인으로서의 의무를 다하고 하나님의 계시를 따라 자기 임무를 완수하려고 노력하여 온 한 사람의 노병으로서 사라져 갑니다.

굿바이!

의회 연설을 마친 다음 날인 바로 오늘 4월 20일, 태평양전쟁과 한국

전쟁의 영웅 맥아더 장군은 뉴욕에서 어마어마한 환영인파에 둘러싸여 파란만장했던 52년간의 군사적 헌신과 신념에 찬 노고를 최고의 영예로 인정받는다.

맨해튼 마천루 빌딩숲의 창문 창문마다 열렬하게 환호하는 뉴욕시민들이 날려주는 하얀색 테이프의 향연은 도시의 하늘을 온통 흰색으로 뒤덮으며 20세기 개선식의 대장관을 연출한다. 한 사람의 군인을 위한 750만 명이라는 환영인파의 기록은 미국 역사상 전대미문의 사건이다. 이 방송을 백악관에서 생방송으로 지켜본 해임집행의 장본인 트루먼 대통령의 당황스러운 심경을 어렵지 않게 짐작할 수 있다.

한국전의 완전한 승리를 이끌어내려는 군사적 공명심에 사로잡혀 중공군과 소련군의 강력한 무력 개입의 위험성을 간과한 독선적 영웅이라는 맥아더에 대한 상반된 시선을, 장군의 전격적 군사작전의 최대 수혜자인 한국인이 아랑곳할 하등의 이유가 없다.

성공확률 5,000 대 1의 무모한 작전이라는 미국 당국의 극심한 우려와 격렬한 반대를 무릅쓰고 전격적으로 인천상륙작전을 감행 및 성공시키며 절체절명絶體絶命, 풍전등화風前燈火의 꺼져 가는 운명에 처한 대한민국을 극적으로 소생시킨 진정한 영웅에게 아랑곳은 두 손을 뜨겁게 흔들어주었다. 조국도 아닌 태평양 건너의 낯선 대한민국의 자유를 끝까지 수호하기 위하여 평생 존경받는 군인으로서의 자신의 명예까지 걸며, 전 세계 최고의 권력자이자 자신에게 명령을 내릴 수 있는 유일한 권력적 상관인 미 대통령과 기꺼이 대립각을 세웠던 그 어떤 외국인도, 아랑곳은 알지 못하기 때문이다.

맥아더 장군은 1961년 뉴욕의 월도프 아스토리아 호텔에서 당시 방미 중이던 대한민국 김종오 육군참모총장을 접견하는 자리에서 다음과 같은 아쉬움의 심경을 전한다.

"한국은 위대한 기회를 놓쳤다. 나의 계획은 한국전쟁을 근본적으로 해결하기 위하여 만주를 폭격하고 중공을 봉쇄하여 극동에서 분쟁의 불씨를 영원히 말살시키고, 압록강까지 수복하여 한국의 통일을 이룩하는 것이었다. 당시 중공군의 수는 많았지만 군사 장비는 조악했으며, 소련도 그 당시까지는 아직 실전용 원자폭탄을 보유하고 있지 못했다. 나의 계획이 실행만 되었다면 반드시 성공했을 것이며, 극동뿐 아니라 세계의 역사까지도 완전히 달라졌을 것이다."

또한 맥아더 장군은 다음 해 1962년 미국을 방문 중이던 김종필 대한민국 초대 중앙정보부장에게 한국전을 끝까지 승리로 완수하지 못했던 통한의 마음을 다음과 같이 토로했다.

"한국이 하루빨리 통일되기를 바란다. 나는 한국이 통일될 때까지 죽을 수 없다."

맥아더 장군은 흥미롭게도 미국 대통령에 의해서 두 번이나 전쟁터를 떠날 수밖에 없었다. 첫 번째는 필리핀이고, 두 번째가 한국이었다.

태평양전쟁 시 필리핀 코레히도르섬 말린타 터널에 사령부를 두고 일본의 격렬한 파상공격에 대항하여 필사적으로 방어전을 지휘하고 있던 맥아더 장군은, 일본군에게 최고사령관을 잃고 싶지 않았던 프랭클린 루스벨트 대통령의 고육지책 피신 명령에 크게 반발하며 항명까지도 고려한다. 사령관 일신의 안위를 도모하기 위하여 어려움에 처한 자신의 부대와 필리핀의 존망지추^{存亡之秋}의 운명을 내버려두고, 안전한 호주로 철수하고 싶은 마음이 추호도 없었던 것이다. 당시 맥아더의 고뇌를 잘 보여주는 부관과의 대화 기록이 있다.

"장군! 대통령의 명령에 절대 불복종할 수는 없습니다."
"딕, 나는 웨스트포인트에서 선서를 한 이후로 지금까지 뼛속까지 군인이네. 난 내 평생 명령을 불복종한 적이 결코 없었지. 그러나 이번 만큼은 평생 처음으로 명령에 복종하고 싶지 않군!"

대통령의 명령으로 1942년 3월에 맥아더는 가족과 마누엘 케손^{Manuel L. Quezon} 필리핀 대통령 등과 함께 호주로 피신했고, 루스벨트 대통령이 우려했던 대로 코레히도르는 일본군의 점령하에 들어가지만 전황이 미국을 포함한 연합국에 유리하게 역전되면서, 맥아더는 자신이 약속한 대로 1945년 2월 코레히도르섬을 재탈환하며 반드시 다시 돌아오겠다고 약속한 그 유명한 캐치프레이즈, "I shall return."을 실현시킨다.

필리핀 코레히도르섬 말린타 터널에서 맥아더 장군이 대통령의 피신 명령을 어쩔 수 없이 받아들이며 부관에게 자조적으로 던진 이 말이 아랑곳의 머리를 좀처럼 떠나질 않는다. 맥아더 장군에게 닥친 갑작스런 해임이 미친 한국전의 반전과 한반도의 통한의 운명을 되새기면서…….

"운명은 이상한 방법으로 인간의 삶을 조종하는 것 같네."

머지않은 미래에, 패색이 짙던 한국전의 대반전을 반드시 이루어내
야만 할 장군의 생존에 결정적 영향을 미친 일도
최고사령관의 안위를 걱정한 대통령의 퇴각 명령이었고,
더 먼 미래에, 한반도 역사에 뼈아프게 기록될 한국전 교착의 결정적
분수령이 되었던 사건 역시도
치열한 전장에서 작전 중인 최고사령관의 해임을 전격 결정한 대통
령의 명령이었다.

맥아더 장군의 환영 퍼레이드 행렬은 타임스스퀘어에서 절정을 맞는
다. 1959년 영화 '벤허Ben Hur'에서 노예선으로 팔려 갔던 주다 벤허Judah Ben
Hur가 로마 함대 사령관 아리우스Quintus Arrius와 함께 로마 심장부 포로 로마
노로 개선하는 스펙터클한 장면을 방불케 하는 엄청난 장관이다.

시간이 흐른 후에
미국의 상상력이 창출한 마블 코믹스의 슈퍼히어로 코스튬을 차려입
은 가상의 영웅 캐릭터들이
한껏 미소 띤 관광객들과 어깨를 나란히 하며 대한민국 초일류 기업

▲ 뉴욕시의 티커테이프 퍼레이드(Ticker-Tape Parades)에서 군중들에게 답례하는 맥아더 장군 (© wisconsinhistory.org)

◀ 슈퍼히어로 분장을 하고 관광객들에게 사진을 찍어주는 모습 (©kaarsten/123RF.COM)

광고 빌보드를 배경으로

광장방문 환영용 기념사진을 기꺼이 찍어주겠지만,

타임스스스퀘어는

태평양 건너 한국전쟁 한복판에서 자유 수호를 위한 불굴의 신념의

대가로 대통령에게 해임당했고,

평생을 전쟁터에서 살았으나 전쟁을 누구보다 혐오했던,

한 전쟁사령관이 본국에 귀환하여 750만 국민의 압도적인 환영인파

에 둘러싸여 명예롭게 개선했던,

논픽션의 진짜 영웅을 품었던 시대(Times)가 있었음을 생생하게 추억

하고 있을 것이다.

뮤지컬
The Show must go on

맨해튼에는 동서와 남북으로 자를 대고 반듯이 선을 그은 듯한 인위적인 직선도로 구획 체계와는 태생 자체가 다른 길인 브로드웨이^{Broadway}가 남북을 비스듬히 달리고 있다.

브로드웨이는 네덜란드인들이 맨해튼에 정착하기 전 원주민들의 발길에 의하여 자연스럽게 닦여져 있던 꽤 널찍한 길을 일컫는다. 이 길을 따라 마차가 분주히 달렸고, 남과 북을 연결하는 길 중간쯤의 툭 터진 넓은 교통의 중심지에는 각양각색의 상점들이 형성되었고, 역마차와 말 거래를 위한 마구간과 말 거래상들로 늘 붐볐다. 돈과 사람이 모여드는 곳에는 자극적인 엔터테인먼트가 필요했다. 뉴올리언스에서 태어난 재즈가 그랬고, 부에노스아이레스의 라 보카 지역에서 유래한 탱고가 그랬다.

전설적인 극작가 오스카 해머스타인 2세$^{Oscar\ Hammerstein\ II}$가 1899년 42번가와 7번 애비뉴가 교차하는 장소에 '빅토리아 극장'을 세운 이후, 수십 개의 극장들이 이 지역을 중심으로 들어서며 브로드웨이는 미국의 연극, 뮤지컬계를 일컫는 대명사가 되었다. 18세기 초부터 뮤지컬의 시조 격인 '거지 오페라$^{The\ Beggar's\ Opera}$' 등이 런던에서 성황리에 공연되었고, 1892년에는 웨스트엔드 최초의 뮤지컬로 평가되는 조지 에드워즈^{George}

Edwards의 '인 타운In Town'이 공연되었으니, 뮤지컬은 런던에서 태동하여 뉴욕 브로드웨이에서 꽃을 피운 셈이다.

고대 그리스가 고안해낸 서양의 전통적 연극은 중세 끝자락 즈음 상공업으로 부를 축적한 피렌체의 상인들과 색다른 유희를 갈구하던 귀족들에 의하여 오페라라는 새로운 극형식으로 변주되기에 이른다. 그리스 로마 문화 추구의 고전 예술 부흥 운동이 꽃피던 시기, 즉 '르네상스' 시대는 세속적 이야기를 노래하면서 연기한다는 의미의 '레치타르 칸탄도Recitar Cantando'라는 새로운 형태의 공연 음악을 창출해냈다.

이탈리아 중부 토스카나주의 고도古都 아레초의 수도사 구이도가 AD 1000년경 기독교의 찬양곡을 위한 최초의 계명과 악보를 완성하여 음악을 혁신적으로 체계화시킨 이후, 서양음악은 서서히 꾸준한 발전을 이루고 있었으나 르네상스 이전 서양음악의 압도적인 주제는 종교였다.

그러나 신대륙 발견과 과학의 발달 그리고 종교개혁의 여파는 음악의 주제와 영역의 폭을 크게 넓혀 놓았다. 교회음악에서 벗어난 귀족 중심의 세속 음악 오페라 역시 시간의 흐름에 따라 무성한 가지를 펼쳤고 풍성한 열매를 맺었다. 시간이 넘쳐났던 귀족들의 다소 장황하고 지루한 초기 오페라에서 막간극으로 삽입되었던 희극적인 인테르메조Intermezzo 공연은 대중적인 오페라 부파Opera Buffa로 독립했고, 이후 통속적인 노래와 여러 형태의 무용이 결합된 오락성이 짙은 오페레타Operetta로 변모되었다.

자크 오펜바흐Jacques Offenbach가 선도한 파리 오페레타의 성공은, 요한 슈트라우스 2세Johann Strauß II의 비엔나 오페레타의 흥행으로 그 계보를 이어 나가다가, 산업혁명의 호황과 제국주의 시대의 융성에 탄탄한 영문학의 배경, 즉 자본과 시장 그리고 콘텐츠의 삼박자를 모두 갖춘 런던에서 마침내 뮤지컬이라는 새로운 장르로 발전하게 될 전기를 맞는다.

산업화된 대도시에서 비록 노동은 힘겨웠으나 그 대가로 주머니가 두둑해진 런던의 일반 노동자들은 고된 일과를 마친 저녁 시간 술 한 잔 기울이며 격 없이 즐길 새로운 공연에 목말랐다. 음악에서는 재즈가 그랬고, 미술에서는 인상주의가 그랬듯이, 새로운 계층의 새로운 요구는 새로운 시장에 새로운 장르를 부화시킨다.

전설적 브로맨스 아서 설리번Arthur Sullivan과 윌리엄 길버트William Gilbert의 대중적인 곡조와 풍자적 시나리오의 화학적 결합으로 완성된 일련의 코믹 오페레타 작품들이 런던 웨스트엔드에서 선풍적인 인기를 끌면서 음악과 연기와 무용이 융합된 하이브리드 공연의 전성시대, 즉 런던 뮤지컬 시대의 태동을 알렸다. 엘리자베스 1세Elizabeth I 시대에 셰익스피어William Shakespeare라는 걸출한 극작가를 배출한 영국은 정교한 희곡을 바탕으로 한 연극의 대중화를 통해 이미 연극 기반의 뮤지컬이 배양될 수 있는 비옥한 토양을 가지고 있었다.

롤랜드 에머리히Roland Emmerich 감독의 '위대한 비밀Anonymous'(2011)은 영화 초입부에 런던 템즈 강변에 자리잡은 셰익스피어의 글로브극장에서 펼쳐지는 왁자지껄하고 생동감 넘치는 연극 장면을 적나라하고 실감나게 묘사한다. (영화 상영시간 00:06:54~00:10:02)

셰익스피어는, 1558년 25세의 나이로 즉위한 엘리자베스 여왕의 치세 7년 차가 되던 1564년에 탄생했다. 그가 작품 활동을 시작했던 20대 초반 시기에 여왕은 자신의 전체 통치기간 45년 중, 강력한 왕권으로 안정적인 정책을 펼 수 있는 30년 차로 접어드는 매우 견고한 시기였다.

엘리자베스의 치세 시대는 영국 문학사에 있어서 이른바 국민문학 시대로, 영국의 크고 작은 도시마다 연극이 활발하게 상연되었고 문학과 음악이 만개했던 영국의 르네상스 시기였다. 문학과 예술에 각별한 관심을 가지고 있었고 조예도 깊었던 여왕의 적극적 후원에 힘입어, 영국 국민들은 그리 넉넉지 않은 경제 형편 속에서도 망중한의 달콤한 문화 혜택을 누릴 수 있었다. 문화의 가치를 알고 후원하는 군주와, 기꺼이 문화를 향유하고 소비하는 국민이, 동시대에 출현한 불세출의 천재 문호를 두 팔 벌려 받아들인 이 시대는, 향후 영국이라는 나라에 선명하게 부여될 문화적 정체성을 확고하게 규정지었다.

연극을 좋아했던 엘리자베스 1세 여왕 스스로도 연극단을 왕실로 친히 초청해서 국정의 격무를 잠시 내려놓고 연극이 주는 감동과 웃음의 삼매경에 빠지곤 했다. "나는 영국과 결혼했다."라는 선언으로 평생 독신을 고집했던 여왕은 나이가 들수록 이야기보따리의 연극에 집착했다. 노쇠한 여왕은 왕실 내에서 코미디 연극을 감동적으로 감상하던 중 불현듯 40년 전 연극에 흠뻑 빠졌던 젊은 시절의 기억을 떠올리며, 당시 자신이 재기 넘치는 연극단 소녀에게 보냈던 연극에 대한 찬사를 추억한다.

"If plays are indeed such a sin……, 만일 연극이 진정 죄악이라면……, I pray that I do not find my salvation until very late in life. 나는 영생의

구원을 찾는 일마저도 내 인생 가장 마지막까지 미루어지도록 기원
하련다."

- 영화 '위대한 비밀' 중에서 (영화 상영시간 00:14:57 ~ 00:17:42) -

훗날 영국이, 걸작 뮤지컬 '캣츠^Cats', '오페라의 유령^Phantom of the Opera'의
천재 작곡가 앤드루 로이드 웨버^Andrew Lloyd Webber를 보유할 수 있었고, 세계
4대 뮤지컬이라고 일컫는 '미스 사이공^Miss Saigon', '레미제라블^Les Miserable' 등
의 제작자 캐머런 매킨토시^Cameron Mackintosh 같은 뮤지컬계의 거물들을 배출
할 수 있었던 것이, 결코 우연이 아니었음을 잘 보여주는 픽션과 논픽션
의 경계선상에 있는 대사이다.

세계의 중심으로 도약하던 뉴욕은 본가 영국의 런던을 여러모로 답
습했지만, 때로는 독립의 정체성을 시사하기 위하여 의도적으로 탈脫영
국의 형식을 채택하며 미국식으로 토착화시켰다. 영국식 뮤지컬은 대
서양 건너 신대륙에서 소위 미국식 변화를 겪는다.

백인이 얼굴을 검게 분장하고 흑인 풍의 노래와 춤으로 웃음을 자아
내던 '민스트럴쇼^Minstrel Show'와 노래, 곡예, 토막극 등 다채로운 형식의 예
능과 오락이 현란하게 어우러진 '버라이어티쇼^Variety Show', 코러스걸들의
선정적이고 관능적인 춤과 노래가 결합된 '벌레스크^Burlesque' 등의 미국적
연희演戱의 두드러진 요소가 유기적으로 가미되며, 뉴욕 브로드웨이 뮤지
컬의 개성을 다양하게 채색해 나간다.

1927년 초연된 뮤지컬 '쇼 보트^Show Boat'는 정식의 대본과 잘 짜여진 음

악, 흑백 갈등의 화해를 통한 사회적 이슈 제시 등 여러 맥락에서 진정한 틀을 갖춘 브로드웨이 뮤지컬의 탄생을 알리는 이정표가 되었다.

1929년 미국에 드리운 대공황의 먹구름은 브로드웨이 공연의 유희적 요소를 농익히는 역설적 시기였다. 피터 잭슨Peter Jackson 감독의 영화 '킹콩King Kong'(2005)의 첫 장면은 대공황 시기 브로드웨이 엔터테인먼트 생태계의 풍경과 처지를 절묘하게 스케치해낸다.

알 존슨Al Jolson의 노래 '난 세상의 꼭대기에 앉아 있네I'm Sitting on Top of the World'가 흐르는 가운데, 센트럴파크를 배회하는 무력한 실직자들과 무료 양식 배급을 위하여 길게 줄을 서 있는 뉴요커들의 처연하고 을씨년스러운 대공황의 살풍경을 대비시키다가, 돌연 스크린은 브로드웨이 극장에서 펼쳐지는 과장된 아크로바틱 댄스와 퍼포먼스들을 해학적으로 영사映寫한다. 일찍이 민스트럴쇼로 시작해서 뉴욕의 초기시대 뮤지컬 톱스타 가수로 명성을 떨쳤던 알 존슨의 레트로 감성이 넘쳐흐르는 목소리를 통하여 흘러나오는 노랫말은 역설적이고 풍자적이다.

난 세상의 꼭대기에 앉아 있다네.

난 굴러가고 있는 거야.

그냥 굴러가고 있는 거야.

난 세상의 우울함으로부터 벗어나려 하네.

난 노래를 하고 있다네.

그냥 노래를 하고 있다네.

영광 할렐루야, 난 방금 목사님께 전화를 했지.

마치 험티 - 덤티처럼

난 바닥으로 추락하게 될 거야.

난 세상의 꼭대기에 앉아 있다네.

난 굴러가고 있는 거야.

그냥 굴러가고 있는 거야.

백만불 따위는 필요 없어.

난 그냥 내 몫만 챙길 거야.

나한테는 양복 한 벌뿐이지, 단 한 벌뿐!

그게 내가 입을 수 있는 전부라네.

돈다발만으로는 날 기쁘게 해줄 수 없네.

사랑스러운 내 연인만이 내가 말할 수 있도록 해준다네.

난 세상의 꼭대기에 앉아 있다네.

대공황과 쇼 비즈니스를 교차시키는 이 장면은, 향후 더욱더 자극적이고 진귀한 볼거리를 위해 신비의 섬 스컬 아일랜드에서 포획되어 오는 킹콩이 탐욕스러운 돈벌이의 희생양이 되고야 말 것이라는 영화의 복선을 내포하고 있다.

뮤지컬 '브로드웨이 42번가^{42th Street}' 역시 1933년 대공황 시기를 배경으로 침체된 공연계의 새로운 돌파구를 모색하는 브로드웨이의 풍속도를 흥미롭게 그려낸다. 승승장구하던 브로드웨이 최고의 무대연출가 줄리안 마쉬는 계속되는 대공황의 불경기 여파로 파산 상태로 내몰리자 새로운 뮤지컬 코미디 '프리티 레이디^{Pretty Lady}'로 극적인 재기를 꿈꾸며 공연의 성패 여부를 결정지을 공연 팀의 캐스팅에 전전긍긍한다. 결국 가장 비중 있는 여주인공 배역이 뮤지컬 프리마돈나에서 무대 경험이 전혀 없는 무명의 신출내기 코러스걸로 바뀌는 소동을 겪으며, 극중 공연은 대성공을 거두고 뮤지컬은 해피엔딩으로 막을 내린다.

불황의 삭풍이 몰아붙인 보다 자극적인 볼거리에 대한 대중의 집착으로부터 든든한 맷집을 키우며 기초체력을 배양한 브로드웨이는, 제2차 세계대전의 세기적 비극을 관통하던 1943년 전쟁 말기에 '오클라호마!Oklahoma!'라는 남녀의 목가적 사랑 이야기를 다룬 기념비적인 뮤지컬을 생산해낸다. 불황이 자극을 원했다면, 전쟁은 사랑을 목말라했다.

'오클라호마'의 대성공은 '키스 미 케이트Kiss me Kate'(1943), '회전목마Carousel'(1945), '남태평양South Pacific'(1949), '아가씨와 건달들Guys and Dolls'(1950), '왕과 나The King and I'(1951), '마이 페어 레이디My Fair Lady'(1956), '웨스트사이드 스토리'(1957), '사운드 오브 뮤직Sound of Music'(1959)으로 이어지는, 브로드웨이 뮤지컬의 황금기를 여는 결정적인 신호탄이 되었다.

1947년, 뮤지컬이 전성기로 들어서던 바로 이 시기, 브로드웨이는 연극과 뮤지컬 부문의 토니상Tony Awards을 제정한다. 토니상은 이내 연극과 뮤지컬 분야의 아카데미상이라 평가받으며 브로드웨이 공연의 흥행과 권위에 영향을 미치게 된다. 훗날 제정된 런던 웨스트엔드의 로렌스 올리비에 어워즈Laurence Olivier Awards가 연극배우의 이름에 오마주를 표했다면, 뉴욕 브로드웨이는 연출가 앙투아네트 페리Antoinette Perry의 애칭인 토니를 어워즈의 이름으로 선정하며 연극과 뮤지컬의 본질이 연출임을 천명했다.

1960, 70년대는 미국 뮤지컬 특유의 낙천성과 낭만성보다는 사회문제 등을 진지하게 고민하는 시사성과, 대중성보다는 예술성과 실험성을 부각시키는 '헤어Hair'(1967), '지붕 위의 바이올린'(1965), '코러스 라인A Chorus Line'(1975) 같은 호소력 짙은 작품들을 쏟아내며 뮤지컬의 외연과 본령을 확장해 나간다. 이후 브로드웨이 뮤지컬은 1980년대 앤드루 로이드 웨버와 카메론 매킨토시로 대표되는 런던발 메가 뮤지컬의 대공습이 전 세계를 강타하기까지 독점적인 전성기를 향유했다.

그러나 창작의 영역뿐만이 아닌 흥행의 여파와 산업적 효용까지를 계산에 넣는다면, 원조 토양의 저력을 증명해 보인 웨스트엔드보다는 오히려 초특급 국제도시로서의 현란한 결집력으로 쉴 새 없이 넘쳐나는 관람객을 넉넉하게 끌어안을 수 있었던 브로드웨이를 더욱 수지맞은 진정한 수혜자로 볼 수 있다.

런던은 대륙에 비해 상대적으로 음악적 자산이 빈약함에도 불구하고 문학적이고 철학적인 스토리텔링의 장점을 무기로 공연의 쇼show적인 요소들을 거침없이 흡수한 다음 창의적으로 결합해가며 뮤지컬이라는 대중적인 공연의 장르를 개척한 본고장이 되었고, 뉴욕은 막대한 자본과 왕성한 창작열에 더하여 열정적 소비시장을 바탕으로 장르를 꽃피우며 결국 뮤지컬의 대명사라는 매력적인 명예를 꿰찼다.

특히 미국은 무대 위에서 실연實演되어야만 하는 복제 불가능한 연극과 뮤지컬 콘텐츠를 다시 영화로 확대재생산하여 할리우드라는 특급 브랜드에 실어 전 세계로 보급시켰다. 더불어 미국은 자신들만의 대중문화 엔터테인먼트 리그에, 자신들만의 기준으로 선정한 상Awards을 수여하는 그들만의 잔치에 전 세계의 비상한 이목을 집중시키는 놀라운 영향력을 과시하며, 그들이 수상하여 인정해준 작품들의 전 세계적 흥행에 또다시 기름을 쏟아붓는 블록버스터급 선순환을 영악하게 자가발전해 낸다.

브로드웨이가 절정의 전성기를 맞고 있던 1966년, 대한민국 최초 뮤지컬 '살짜기 옵서예'가 서울 시민회관(現 세종문화회관)에서 막을 올렸다. 한국 최초의 뮤지컬 극단인 예그린악단이 선택한 대한민국 최초의 창작 뮤지컬은 고전 설화 '배비장전'을 원작으로 한 순수한 한민족의 전통적 소재, 해학적 줄거리를 오락과 낭만의 마당극 형식으로 풀어내며, 4일간 단 7회 공연에 무려 1만 6,000여 명의 관객을 동원하는 큰 성공을 거두었다. 이 멋들어진 첫발 이후 채 60년이 지나기도 전, 뮤지컬은 대한민국 공연시장의 커다란 축을 형성하며 21세기 가장 인기 있는 대중문화산업으로 성장했다.

다음은 네이버 지식백과 '21세기 문화 산업을 이끄는 뮤지컬'(뮤지컬 평론가 원종원 교수의 글)에서 발췌한 한국 뮤지컬 발달사와 현황이다.

"1966년 우리나라 최초의 창작 뮤지컬인 예그린악단의 '살짜기 옵서예'가 발표된 것을 필두로 우리나라의 뮤지컬 산업은 예그린과 그 후신인 국립가무단이 시장을 주도한 태동기(1966~1977년)를 거쳐, '지저스 크라이스트 슈퍼스타'의 현대극장이나 '지붕 위의 바이올린'으로 유명했던 시립가무단, 민중과 광장·대중 등 3개 극단이 공동으로 무대를 꾸미며 큰 대중적 인기를 누렸던 '아가씨와 건달들' 등 본격적으로 브로드웨이 뮤지컬이 번안되어 소개되기 시작한 유년기 (1978~1987년), '한강은 흐른다'의 88서울예술단과 '거울 속으로', '돈키호테' 등을 발표하며 상업 뮤지컬을 이끌어 온 롯데월드 예술극장 그리고 '사랑은 비를 타고', '쇼 코미디', '명성황후', '난타' 등의 창작 뮤지컬들과 '브로드웨이 42번가', '캣츠', '페임' 등 일련의 수입 번안 작품들이 대중적 인기를 끌던 성장기(1988~1999년), 그리고 극단 신시의 '렌트'와 ㈜제미로 및 프로듀서 설도윤에 의해 무대가 꾸며진 '오페라의 유령'이 등장한 이래 대형화·현대화의 추세로 발전을 보이고 있는 청년기(2000년~현재) 등으로 구분해볼 수 있다.

하지만 우리나라 뮤지컬 시장이 본격적인 산업화 단계로 접어들기 시작한 것은 지난 2001년 LG아트센터에서 공연했던 번안 뮤지컬 '오페라의 유령'이 대규모 흥행을 기록한 이후로 보는 것이 일반적인 시각이다. 한국어로 각색된 '오페라의 유령'은 7개월의 공연기간 동안 전체 박스 규모의 94퍼센트에 가까운 약 24만 명의 관객을 동원함으로써 뮤지컬 산업에도 '규모의 경제'가 가능함을 실증해 보였다. '오페라의 유령'의 전례 없던 대규모 흥행실적은 이후 '캣츠', '맘마미아', '미녀와 야수', '지킬 앤 하이드' 등으로 이어지며 한국 뮤지컬에서 규모의 경제를 통한 본격적인 산업화가 전개되는 계기를 마련했다."

일목요연하게 정리된 발달사는 한국의 뮤지컬이 전통 창작극으로 시작한 이래 몇몇의 우리 이야기를 배경으로 한 창작 뮤지컬을 선보이긴 했지만, 시간이 흘러감에 따라 홍행이 이미 어느 정도 보장된 영미권의 수입 공연이 주류를 이루어가고 있는 전반적인 추세를 잘 보여주고 있다.

초연 당시의 극본과 제작진, 출연 배우, 무대세트가 그대로 수입되어 재현되는 오리지널Original 공연과 해외 원작자에게 저작료를 지급하고 판권을 사들인 다음 우리말로 번역해서 공연하는 라이선스License 공연으로 분류되는 수입 공연은 말할 것도 없으려니와, 순수 창작공연조차도 오천년의 유구한 역사를 자랑하는 우리의 넘쳐나는 이야기보다는 그들의 (서양의) 이야기가 주류를 이룬다.

우리가 뮤지컬의 본고장이 아니라는 엄연한 사실과 홍행의 경제 논리를 결코 간과할 수 없다는 쌉싸름한 현실을 넉넉하게 감안한다 하더라도 균형은 한쪽으로 퍽이나 기울어져 보인다.

브로드웨이 42번가, 더 라이프, 시카고, 맘마미아, 아가씨와 건달들, 맨 오브 라만차, 마틸다, 지킬 앤 하이드, 팬텀, 젠틀맨스 가이드, 그리스, 갬블러, 아이다, 스위니 토드, 마리 앙투아네트, 레베카…….

특히 금발의 가발, 피부색의 분장과 낯선 복장의 까다로운 고증에, 대사와 가사의 번안과 운율의 까다로운 조율이 가해진 라이선스 공연 무대는 아무래도 덜 자연스럽다. 한국의 원조 창작 뮤지컬 '살짜기 옵서예'를 우리식으로 분장한 서양 배우들이 영어로 어렵사리 번역된 노래와 대사, 한정된 시간 안에 훈련된 춤사위를 장착하고 뉴욕 브로드웨이에서 공연한다면 한두 가지 형용사로 묘사해내기 '거시기한' 우리 특유의 달콤 매콤한 맛과 감성을 서양 관객들에게 온전히 전달하기 어려운 것과 크게 다를 바 없는 것이다.

세계 4대 뮤지컬이라고 일컫는 '캣츠', '레미제라블', '오페라의 유령', '미스 사이공'을 제작한 영국의 세계적인 뮤지컬 프로듀서 캐머런 매킨토시는 아시아 뮤지컬의 미래 전망에 대하여 뼈 있는 말을 남겼다.

"나는 동양의 뮤지컬에 향후 커다란 발전이 있을 것으로 봅니다. 하지만 자국의 전통문화에 기반을 두고 서구의 뮤지컬을 흉내 내지 않을 때만 성공을 거둘 수 있을 것입니다. 항상 자국 문화에 기반을 두어야 합니다. 한국, 중국 어디든 마찬가지입니다. 동양은 아주 좋은 이야기를 가지고 있고 훌륭한 뮤지컬을 만들 수 있을 것입니다. 중요한 것은 자국의 문화적 감성에 충실해야 한다는 것이죠"

<KBS 스페셜> "문화의 질주" 02부. '비틀스에서 해리포터까지,
영국의 21세기 산업혁명' 중에서 (상영시간 00:28:29~00:29:00) -

기왕에 뮤지컬이라는 매력적인 장르는 창의력과 실용성이 특출한 영미가 개척하고 확산했지만, 이 공연문화가 뼛속 깊은 풍류風流와 가무歌舞의 민족인 우리에게 거부할 수 없는 영향과 매력을 던져주고 있는 현실의 현상을 자연스럽게 받아들이면서 이제부터는 유별나게 다정다감, 다사다난, 파란만장했던 우리네 이야기가 진하게 녹아든 한국적인 뮤지컬의 서정을 차곡차곡 그려 나간다면 참으로 신명나겠다는 바람을 불러일으켜본다. 왜냐하면 '옛날을 그리며 미래를 열다'란 법고창신法古創新의 아름다운 의미로 이름 지어진 예그린악단이 대한민국 최초로 무대에 올린 전통 창작극 뮤지컬 '살짜기 옵서예'가 바로 그렇게 시작했기 때문이다.

저녁 시간의 브로드웨이가 술렁인다. '위키드Wicked', '오페라의 유령', '웨스트사이드 스토리', '남태평양' 등의 초대형 뮤지컬 광고간판들이 기업광고 빌보드와 스크럼을 짜고는 마치 빌딩의 협곡 같은 도시의 스카이라인을 요란하게 조각하고 휘황하게 물들인다.

아랑곳은 왠지 모를 들뜸으로 부산한 거리를 따라 뮤지컬 '브로드웨이 42번가'를 공연하는 극장으로 잰걸음을 옮긴다. 눈을 뗄 수 없는 화려한 무대와 의상, 흥겨운 음악과 현란한 탭댄스 군무로 대표되는 가장 미국적인 쇼 뮤지컬 속에, 시골에서 꿈 하나만 품은 채 무작정 뉴욕에 상경하여 브로드웨이의 스타덤에 오르는 너무도 미국적인 신데렐라 판타지의 여주인공 페기 소여가 등장하기 때문이다.

타이틀곡 '42번가42nd Street'의 흥겨운 빅밴드 선율에 맞추어 펼쳐진 페기 소여와 출연진 전원의 눈부신 퍼포먼스로 뮤지컬은 피날레를 장식했다.

• 42nd Street 42번가 •

타임스스퀘어로 연결되는 뉴욕 중심가에 분주한 거리가 있죠.

이 길은 월스트리트와도 연결되어 있어요.

당신을 그곳으로 데려가고 싶어요.

화려하게 춤추는 무희들의 다리들을 볼 수 있는 그곳은 바로 42번가랍니다.

멜로디가 끊이지 않는 곳,

순진한 고전적 아가씨나 대담한 현대적 아가씨 모두 무대에서 동등

▲ 뮤지컬의 중심지 브로드웨이 (©phakimata/123RF.COM)

▲ 뮤지컬 '브로드웨이 42번가' 포스터 (출처 _ marinatheatre.co.uk)

하게 찬사를 받는 곳,

그곳은 바로 42번가랍니다.

노동자와 엘리트가 평등하게 만날 수 있는 상스럽고 화려하고 방탕

하고 사치스런 42번가!

빅 퍼레이드가 끊이지 않는 곳, 웃음과 눈물의 랩소디가 있는 곳,

상스럽고 방탕하고 화려하고 사치스런 42번가랍니다!

(Naughty, Bawdy, Gaudy, Sporty, Forty, Forty-Second Street!)

서양은 그리스 연극에 울고 웃었고,

이탈리아의 정교한 오페라를 전 세계로 확산시켰으며,

런던 웨스트엔드와 뉴욕 브로드웨이 42번가의 대중성과 오락성 짙은
뮤지컬로,

연극과 노래와 춤의 여흥에 대한 인류의 결코 식지 않는 원초적 갈망
에 흥행의 불을 지폈다.

The Show must go on! 쇼는 계속되어야 한다!

페기 소여가 주연 여배우 오디션에서 자신 있게 선보인 윙, 크램프
롤스, 버팔로, 셔플의 경쾌발랄한 탭댄스 소리가, 이미 막을 내린 극장
을 빠져나와 브로드웨이를 완전히 벗어날 때까지도 여간해서 아랑곳의
귓전에서 떠나질 않았다.

뉴욕의
별이 빛나는 밤에

뉴욕현대미술관Museum of Modern Art, New York은 프랑스 파리의 퐁피두센터, 영국 런던의 테이트 모던 등과 함께 전 세계적으로 가장 잘 알려진 스타급 현대미술관이다. 일반적으로 줄임말 모마(MoMA)라는 이름으로 더 잘 알려져 있다.

미국의 대부호 록펠러의 아들 존 D. 록펠러 주니어John D. Rockfeller Jr.의 배우자이자 예술애호가인 애비게일 올드리치 록펠러Abigail Aldrich Rockefeller가 릴리 블리스Lille Bliss, 메리 퀸 설리번Marry Quinn Sulivan과 함께 1929년에 설립했다. 배우자 존 D. 록펠러 주니어의 우려를 무릅쓰고 대공황이 시작된 1929년, 월스트리트 주가 대폭락이 터진 지 불과 9일 후인 1929년 11월 7일에 개관했다.

독일의 자동차 발명가 카를 벤츠Karl Benz가 자신이 세상에 처음으로 선보인 자동차의 실효성에 대한 시장의 싸늘한 냉담에 크게 낙담해 있을 때, 아내 베르타 벤츠Bertha Benz가 남편이 제작한 모토바겐Motorwagen을 직접 시운전하여 만하임에서 친정집 포르츠하임까지 총 106킬로미터의 거리를 성공적으로 주행한 사건이 결정적 계기가 되어 온 세상에 독일 자동차의 전성시대가 열렸듯이, 세상에서 가장 인기 있는 현대미술관은 미국 재벌2세의 강단 있는 예술애호가 아내에 의하여 미국 역사상 가장 울적한 시기에 태동한다. 여세를 몰아 뉴욕은 금융자본주의의 거대한 용광로에서 차고 넘치게 주조해낸 재정을 문화예술이라는 금형에 아낌없이 쏟아붓는다. 이후 메트로폴리탄 뉴욕시의 문화예산은 미국 전체가 지출하는 문화예산의 총액을 상회한다.

"돈이 퇴적되면 예술이라는 지층을 빚어낸다."_ 아랑곳!

프랑스 남부 아를 근교 생레미 요양원의 밤하늘에 빛나던 반 고흐의 몽환적인 별들이 6명의 주인을 거친 우여곡절 끝에 대도시 뉴욕의 미술관에서 영롱히 빛나고 있는 이유이다. 반 고흐, 폴 세잔Paul Cézanne, 고갱Gauguin, 조르주 쇠라Georges Seurat라는 쟁쟁한 인상주의 4인 작가의 오픈 기념전에 5주 동안 5만 명의 관람객 몰이로 미술관 개관은 대성공을 거둔다.

인상주의 화가의 작품들은 20세기 초반 대서양 건너 뉴욕에서 당대의 상종가上終價를 기록하며 화려한 무용담을 빚어냈지만, 대조적으로 형편없이 미미했던 태생의 사연은 19세기 말 프랑스 파리의 보수적 화단의 그늘에서 초라하게 시작되었다.

19세기 중반 프랑스 파리에서 인정받는 화가가 되기 위한 절대적 권위의 등용문은 왕립아카데미가 주최하는 살롱전展 입상이었다. 1949년부터 1981년까지 총 30회 동안 한국 미술계의 역사와 영욕을 같이했던 '국전國展'으로 계보가 이어졌던 대표적인 관전官展의 모태이다.

▲ 마네의 문제작 〈풀밭 위의 점심 식사〉 (출처 _ 위키피디아)

프랑스에서 화필을 잡은 화가들의 지상과제 목표는 살롱전 입상이었고, 고전주의 거장 화가들의 유명작을 답습하여 모사하는 것이 살롱전 입상의 왕도였다. 그리고 모범 답안으로 인정받는 주제는 종교, 신화, 역사 등 서정보다는 서사에 묵비默秘적으로 기울어져 있었다.

에두아르 마네Edouard Manet는 1861년 살롱전에 〈기타 연주자Le guitarrero〉로 입선하여 수상한 바 있었으나, 당시에는 너무도 낯설었던 화풍과 주제를 다룬 그의 작품들은 여러 차례에 걸쳐 낙선을 거듭하였다. 아카데미(나폴레옹 3세)는 1863년 살롱전에 낙선한 작품들을 위한 궁여지책으로 센강변에 초라한 낙선전落選展(살롱 데 르퓌제Salon des Refusés)을 열어주었다. 낙선에 항의하는 화가들의 원성을 다독이려는 패자 위로전의 목적이었다.

마네는 전통적인 원근법과 정교한 붓 터치를 무시한 문제작 〈풀밭 위의 점심 식사Le Déjeuner sur l'herbe〉를 낙선전에 출품하여 보수적인 제도권 미술계에 커다란 충격파를 던진다. 더 큰 논란거리는 사회에 대한 신랄한 풍자를 의도한 작품의 주제였다. 작품 속 알몸의 주인공은 고착된 신화와 무관한 세속에 실존하는 여성이었고, 작품의 주제는 종교, 신화, 역사가 아닌 현실 파리의 일그러진 일상이었다. 마네의 불편한 도발에 파리 미술계는 세속성과 선정성 시비로 들끓었다. 장안의 소동은 작품을 '악명의 늪'에서 '유명의 단상'으로 끌어올렸다.

결과적으로 성공적인 노이즈 마케팅이 되어버린 이 파리 미술계의 문화 스캔들은, 1913년 5월 29일 밤, 같은 파리에서 스트라빈스키의 전위적인 발레음악 〈봄의 제전The Rite of Spring〉이 불러일으킬 클래식 음악계의 센세이션의 전주곡과 같은 것이었다.

비난과 혹평의 모진 맞바람을 정면으로 견뎌내고 파리발 새로운 미술 사조를 여는 선구자가 된 마네는, 살롱전에서 탈락한 일단의 예술가들에게 새롭게 끓어오르는 희망과 용기를 주는 표상이 되었고, 그렇게 고무된 그들은 마침내 1874년, 자체적으로 기획한 인상파 단독 전시회를 열었다.

흥행은 대실패였다. 세잔, 르누아르Renoir, 드가Edgar Degas, 피사로Camille Pissarro가 참여했다. 오늘날 혁혁하게 빛나는 이름들은 당시로는 제도권 미술계의 패잔병들이었다. 그중 클로드 모네Claude Monet의 작품 〈인상, 해돋이Impressione, levar del sole〉는 당대의 비평가 루이 르로이Louis Leroy의 입에 담을 수 없는 악평의 먹잇감이 되었다.

"작품보다는 벽지가 차라리 더 낫다. 예술을 날로 먹으려는 장인정신의 자유에 깊은 인상(印象)을 받았다!"

하지만 조롱의 평론은, 역설적으로 새로운 화풍을 부르는 인상적인 이름으로 기꺼이 받아들여진다. 인상주의!印象主義, Impressionism

미운 오리 새끼들끼리의 비주류 리그는 당시의 보편타당한 기준에서 보면 꽤 옹색해 보이는 출생의 사연을 떠안은 채, 센 강변의 한미한 천막에서 초라하게 태동했지만, 결국 시간이 흘러감에 따라 세간으로부터 더 많이 사랑받고, 회자되고, 거래되는 문화 대역전을 이루어내고야 말았다.

마네의 인상주의 캠프는 제도권 예술에의 반란을 통쾌하게 성공시켰고, 견고하고도 완고한 제도권으로부터 당당히 독립하며 자신들만의

▲ 인상주의의 모태가 된
클로드 모네의 〈인상, 해
돋이〉 (출처 _ 위키피디아)

▶ 고흐 〈별이 빛나는 밤
에〉 (출처 _ 위키피디아)

새로운 장르를 개척했다.

"제도권이 그들만의 리그로 장벽을 높인다면 강 건너에 자신들만의
새로운 캠프를 열어라!"_아랑곳

뉴욕현대미술관의 자부심을 대변하는 최고의 명작은 인상파 작가 중
후기로 분류되는 반 고흐의 걸작 〈별이 빛나는 밤Starry Night〉이다. 작가를
죽음으로 몰아간 당대의 무명이라는 눈물겨운 설움과 고난의 대가를 지
불하고 얻은 값진 영광이다.

고흐의 인생은 전반적으로 불행했다. 자식이 목사가 되기를 간절히
원했던 부친의 기대와는 동떨어진 화가의 길을 걸으며 불현듯 마주 선
좌절, 소외, 시련으로부터 발현된 괴팍함과 성마름과 고약한 주벽酒癖은,
무심한 세상에 대한 실망과 원망의 뇌관에 불을 붙였고 결국은 젊디젊
은 나이에 극단적 자살이라는 비극적 종말을 불렀다.

동생 테오가 파리의 화상畵商이었음에도 생전에 화가로서의 자신의 가
치를 거의 인정받지 못한 불운의 화가가 정신병원에서 미친 듯이 그려
낸 이 유명한 그림은 세상 안목의 부질없음을 소리 내어 일깨운다. 자신
의 작품이 그리 머지않은 미래에 이토록 세상으로부터 사랑받게 될지 꿈
에도 몰랐을 고흐가 생전에 미처 귀 기울이지 못한 통한의 아우성이다.
세상의 평판과 기호와 알아줌, 객관적이라는 외투를 입은 주관적 잣대로
매겨진 랭킹이라는 순위는 진실의 가치를 근사하게 가늠하지 못한다.

찰리 채플린Charlie Chaplin은 '채플린 흉내 내기 대회'에 익명으로 직접 출

전하여 겨우 3위를 했다. 반 고흐가 세상과의 괴리를 견디지 못해 젊은 나이에 스스로 목숨을 끊었든, 현실에의 섭섭함을 그냥저냥 인정하고 인생의 파고를 극복하며 결국은 유명 화가로 천수를 다했든 간에, 본인 작품이 지닌 절대적, 본질적 가치는 변치 않는 상수常數의 닻이다.

하지만, 사후 유명세 같은 재조명, 변덕스런 취향과 관점을 타고 다니는 경향, 그때이때 달라지는 시대정신이라는 상대적 가치는, 애석하게도 수시로 바뀌는 속성을 지닌 변수變數의 바람일 뿐이다.

죽음을 상징하는 사이프러스 나무가 작품의 좌측 구도 대부분을 압도한다.
한편, 생명과 구원을 상징하는 성스러운 교회당은
이루지 못한 성직의 꿈처럼 멀어 보이면서도,
몽환적으로 흩뿌려진 뭇별들을 오롯이 품어 담은 밤하늘을 앙망하듯,
유난히 길게 표현된 첨탑을 안아 들고 그림 구도의 중심축에 선명히 자리하고 있다.

부친이 붙여준 스페인 성인의 이름 '빈센트'의 신학적 염원이
마침내는 빛나는 예술혼으로 산화된
사연 많은 문제적 명작 앞에 아랑곳은 한참을 얼어붙었다.
살바도르 달리의 초현실 회화 〈기억의 지속The Persistance of Memory〉 화폭 속에
흐물흐물 녹아내린 세 개의 시계 안에서 그대로 멈추어버린 크로노스의 시계바늘처럼.

최초의 입체주의 작품으로 현대미술의 상징이 된 파블로 피카소^{Pablo}
Picaso 의 〈아비뇽의 처녀들^{Les Demoiselles d'Avignon}〉이
지적 호기심의 순례를 미술관 한편에서 도도히 기다리고 있음에도
불구하고.

Starry, Starry night 별이 빛나는 밤에

Paint your palette blue and gray 당신의 팔레트에는 희망의 푸른색 물
감과 절망의 회색 물감이 섞여 칠해져 있어요.

(중략)

Now I understand 이제야 알 것 같아요.

What you tried to say to me 당신이 무엇을 나에게 말하려고 했는지

How you suffered for you sanity 남들이 당신을 정신분열자라고 비난
할 때 얼마나 고통받았을지

How you tried to set them free 당신의 그림을 통하여 세상을 자유롭
게 하려고 얼마나 애썼는지

They would not listen, they did not know how 그들은 당신의 진실을
들으려 하지도 않았고 어떻게 들어야 하는지조차도 몰랐지만

Perhaps they'll listen now 어쩌면 이제는 당신의 절규에 기꺼이 귀를
기울일 준비가 되어 있을 줄도 모릅니다.

– 돈 맥클린(Don Mclean)의 `Vincent(빈센트)´ 중에서 –

재즈클럽 블루노트

<조선일보> 2020년 3월 27일자 기사,
'도시 올스탑 뉴욕의 가게들, 뉴욕다운 방식으로 고군분투 중'.

"코로나19 바이러스 확산을 막으려면 어쩔 수 없이 영업을 중단해야 합니다. 안타깝지만 열심히 일해 온 우리 직원을 내보내야 하는 상황에 처했습니다. 이들을 도울 수 있게 후원을 부탁합니다." 미국 뉴욕의 대표적인 재즈바인 블루노트는 지난 24일 이런 이메일을 홈페이지 회원에게 보냈다. 뉴욕 모든 식당·바의 영업이 금지된 가운데 어쩔 수 없이 일자리를 잃은 직원을 도와 달라는 호소문이었다. 후원자에겐 재즈바가 다시 문을 열면 쓸 수 있는 할인쿠폰과 기념품 등을 선물로 보내준다고 했다."

그리니치 빌리지의 재즈클럽 블루노트로 들어섰다.

아티스트의 인지도에 따라 공연가격 차별화.
공연자와 함께 호흡할 수 있는 무대와 가까운 테이블Table 좌석 vs. 가격이 저렴하지만 무대와는 거리가 먼 비^{Bar} 좌석.

인터넷 사전예약 필수.

길거리 연주에 뿌리를 둔 재즈음악의 태생적 기원과는 다소 동떨어진 상업적인 낌새에 대한 약간의 마뜩잖음 같은 것들은, 인기 있는 프라임타임 8시 공연 만석의 뜨거운 열기로 가차 없이 덮여버렸다. 루비라이 온더락스 혹은 최소 주문금액 5달러를 훌쩍 상회하는 9달러짜리 무알콜 음료 애플사이다를 홀짝거리며, 재즈 공연의 격정과 자유로움, 약간의 나른함 그리고 천연덕스러움, 더불어 아무도 문제 삼지 않는 공공연한 묵비의 지루함까지도 두루 만끽하는 재즈바의 저녁 공연은 호사임에 틀림없다.

블루노트는 1981년 뉴욕에서 문을 연 이후, 찰리 파커$^{Charlie Parker}$, 디지 길레스피$^{Dizzy Gillespie}$, 얼 클루$^{Earl Klugh}$, 레이 찰스$^{Ray Charles}$, 조지 벤슨$^{George Benson}$, 오스카 피터슨$^{Oscar Peterson}$, 데이비드 샌본$^{David Sanborn}$ 등 묵직한 재즈 뮤지션들을 꾸준히 무대에 올리며 재즈 본고장에서 명성을 쌓아간다.

인기의 여세를 몰아 일본 도쿄에 이어, 이탈리아 밀라노에도 분점을 열기에 이른다. 재즈의 저변이 두터운 일본의 블루레이도쿄는 2004년까지 15년간 무려 2,000팀 이상 8,000명 정도의 재즈 뮤지션이 공연하는 꾸준한 인기몰이를 이어가는가 하면, 2003년 문을 연 이탈리아의 블루노트밀라노 역시 윈튼 마살리스$^{Wynton Marsalis}$ 등 지명도 높은 연주자들을 무대에 세우며 연평균 350회의 공연을 흥행시킨다. 2014년에는 11년의 성황에 힘입어 소형주 전용 증권거래소인 영국 런던 AIM거래소에서 재즈클럽 최초로 상장까지 하는 개가를 올리며, 보수적인 클래식 음악의 본고장 밀라노에서조차 이색적인 미국산 재즈음악의 영향력을 여실히 증명한다.

"유행에 민감하고 야구와 로큰롤을 즐기고 위스키와 소다를 마시는 미국인이 되고 싶어~."

이탈리아 남부의 바닷가 마을 몽지벨로에서 허랑하고 방탕하던 미국판 한량 디키가 허영과 거짓의 아이콘 리플리와 함께 나폴리의 '베수비오 핫 재즈클럽'에 갔을 때, 이탈리아노와 무대에서 함께 불렀던 '당신은 미국인이 되고 싶어Tu vuò fa l'americano'라는 단순한 곡조의 흥겨운 노래 가사다. 미국 여류소설가 패트리샤 하이스미스Patricia Highsmith의 동명소설을 원작으로 한 앤서니 밍겔라Anthony Minghella 감독의 영화 '리플리Talented Mr. Ripley'(1999)는, 이탈리아 문화 속에 비추어진 유복하고 자유분방한 미국인을 유난히 도드라지게 조명한다.

뉴욕의 메트로폴리탄 오페라극장은 이탈리아의 베르디Verdi와 푸치니Puccini의 오페라들을 끊임없이 무대에 올리고, 클래식의 본고장인 이탈리아는 밀라노의 재즈클럽에 열광한다.

블루노트 재즈클럽은 마침내 2004년 3월 22일 일본 도쿄, 오사카, 나고야, 이탈리아 밀라노에 이어 세계에서 4번째 국가로, 지점 순위로는 전 세계 7번째로 서울의 강남에 개선장군처럼 입성하여, 바람직한 저변 확대보다는 문화적 유행 쪽에 가깝게 자리를 잡는다. 그것이 매료이든, 열광이든, 경향이든, 재즈는 중독의 음악이다.

재즈는 루이지애나주 뉴올리언스의 흑인 브라스밴드에서 태동하여 금주령 최대의 수혜지인 갱스터의 도시 일리노이주 시카고를 거쳐, 밴더빌트가 적대적으로 인수한, 시카고와 뉴욕을 잇는 기차 노선 이리 라인Erie Line을 타고 마침내 미국 경제의 중심지로 한창 부상 중이던 뉴욕에 입성하며 꽃을 피운다. 예술은 예외 없이 돈을 따라 움직인다.

뉴욕에서 꽃을 피운 미국의 재즈음악은 고전적인 클래식 음악과 차별되는 독특한 자유로움의 매력으로 미국의 상징이 된다.

라틴어 '아드 리비툼ad libitum'의 영어식 줄임말인 '애드리브ad lib', 즉 '자유롭게'라는 연주방식의 정식 표현인 '임프로비제이션Improvisation'은 연주 음악과 악기에 대한 완전한 숙련을 넘은 초월과 달관의 경지를 일컫는다. 아프리칸아메리칸들의 기구한 한恨과 아프리카 특유의 낙천적이고 리드미컬한 흥이 결합된 재즈라는 음악적 감성이 자유분방을 표방하는 것은 당연하다.

'도레미파솔라시도'의 장음계에서 3번째 음인 '미'와 7번째 음인 '시'의 반음을 내린 장조도 단조도 아닌 묘한 느낌의 블루노트라는 음계는 재즈와 블루스를 대변한다. 나치 독일의 억압을 피해 미국으로 건너온 알프레드 라이언Alfred Lion과 프랜시스 울프Fraincis Wolf는 1939년 뉴욕에서 이 음계의 이름을 차용한 블루노트 레코드Blue Note Records 레이블을 공동 설립하여 재즈의 역사를 면면히 이어간다.

'자유의 음악'이라는 또 다른 이름의 재즈는 그 태생부터 성장까지 억압으로부터의 자유를 상징한다. 미국 최대의 발명품 코카콜라와 많이 닮아 있다. 누군가 미국 문화의 기본적인 특징을 무례함 즉, 거리낌 없음이라고 했다. 잔에 따르지 않고 병째로 마신다. 햄버거는 나이프와 포크 없이 손으로 먹는다. 물론 소스가 잔뜩 묻은 손가락은 티슈 대신 입으로 처리한다. 격식깨나 따지는 유럽인들의 허례에 대한 질박하고 실용적인 도발이다.

클래식은 작곡가의 음악이지만 재즈는 연주자의 음악이다. 정장 차림으로 숨죽이며 연주의 어느 대목에서 박수를 쳐야 할지를 헤아리는 노심초사 대신, 흥에 겨운 발장단과 신명 나는 추임새로 연주자와 교감하는 자유분방을 감상자에게 허용하는 격의 없음이 재즈의 본질이다.

연주자들이 함께하는 즉흥연주 '잼 세션Jam session'은 약속되지 않은 약속이다. 해당 키Key의 스케일 범주 내에서라는 원칙 아래, 스스로의 악기를 자유자재로 연주하는 것을 기본으로 다른 연주자의 연주에 시종 세심하게 귀를 기울이고 있어야 하고, 그 무엇보다 자신의 연주가 협연자들의 연주와 조화롭게 어우러져 하나의 화음으로 녹아 드는 '올 포 원, 원 포 올(All for one, One for all)', '하나를 위한 모두, 모두를 위한 하나'라는 역할을 해야 한다는 이타적 공약이다.

I am just a weary pilgrim 나는 그저 한 명의 지친 순례자
plodding through this land of sin 이 죄의 땅을 터벅터벅 걷고 있네.

I am ready for that city 난 그 도시로 갈 준비가 되어 있네.

when the saints go marching in 성자들이 행진해 들어갈 때

O when the saints go marching in 오 성자들이 행진할 때

Lord I want to be in that number 주여, 나도 그 대열에 함께하고 싶나이다.

When the saints go marching in 성자들이 행진해 들어갈 때

– 가스펠 'When the saints go marching in(성자의 행진)' 중에서–

재즈는,

핍박의 한으로 시작해서 **율법**의 광야를 지나, 상한 심령의 순례자들이 믿음이라는 언약궤를 함께 둘러메고 요단강을 건너,

마침내 젖과 꿀이 흐르는 약속의 땅 가나안으로 입성하여, **진정한 자유**를 찾아가는 기독교정신을 똑 닮아 있다.

〈조선일보〉 2020년 3월 27일자 기사,

'도시 올스탑 뉴욕의 가게들 뉴욕다운 방식으로 고군분투 중'.

"전 세계 재즈 팬들로부터 3일 사이에 약 2만 2,000달러가 모였다. 이 돈은 어쩔 수 없이 일을 쉬는 직원에게 배분될 예정이다."

베라차노-내로스 브리지에서 라과디아 공항까지

바이킹족의 깜짝 정착이 역사 게시판의 북미편에 게시되기 이전에, 서양인 최초의 북아메리카 발견자로 알려져 왔던 이탈리아 항해사 지오반니 카보토Giovanni Caboto는, 1497년 오늘날 우리가 캐나다의 뉴펀들랜드Newfoundland로 알고 있는 북아메리카의 북동부 해안을 발견하였고, 1,500킬로미터가 넘는 북미 항로를 개척했다. 영국 왕 헨리 7세Henry IIIV와 영국의 해양도시 브리스톨의 모험적 상인들로부터 후원을 받은 그의 영국식 이름은 존 캐벗John Cabot이었고, 자신에게 탐험의 강력한 동기를 부여해준 같은 국적의 이탈리아 탐험가 콜럼버스와는 서로가 잘 아는 사이었다.

이후, 1524년 이탈리아 토스카나 출신의 탐험가 조반니 다 베라차노Giovanni da Verrazzano는 북아메리카의 동부 연안을 탐험하던 중, 서양인으로는 최초로 지금의 뉴욕만을 발견한다. 프랑스 국왕 프랑수아 1세François Ier의 후원을 받아 외지인(원주민이 아닌)이 최초로 뉴욕에 족적을 남긴 의미 있는 사건이다. 1609년 영국의 탐험가 헨리 허드슨Henry Hudson이 네덜란드 동인도회사의 후원으로 오늘날 뉴욕의 허드슨만에 도달하기 85년 전의 일이다.

최초 발견 당시 아시아로 착각했던 중남미대륙을 정확하게 신대륙으로 인식한 공을 인정받아 피렌체 출신 탐험가 아메리고 베스푸치^{Amerigo} Vespucci가 콜럼버스 대신 아메리카대륙 이름의 주인공이 된 1507년으로부터는 17년이 지난 시기이다.

서양인 최초의 신대륙(중·남아메리카) 발견 및 개척 신대륙에 붙여진 '아메리카'라는 이름, 북아메리카 탐사 및 최초 항로 개척(바이킹의 짧은 정착 이후 캐나다와 미국의 진정한 개척과 정착으로 이어지게 될), 서양인 최초로 뉴욕 발견, 이 모두는 이탈리아 탐험가들의 몫이었다. 뉴욕만을 최초로 발견한 베라차노의 공로는 뉴욕의 스테이튼 아일랜드와 브루클린을 연결하는 현수교 베라차노 – 내로스 브리지로 기념되어 있다.

1977년 영화 '토요일 밤의 열기' 중에 주인공 토니가 자신의 댄스파트너이자 연인인 스테파니에게 1964년 건설된 베라차노 – 내로스 브리지의 역사와 제원第元에 대해서 대교大橋 애호가답게 상세하게 설명해주는 장면이 있다. (영화 상영시간 01:23:47~01:25:46). 브루클린의 빈촌에 살며 철물점에서 돈벌이를 하는, 소위 하류 인생이지만 밤의 디스코텍에서만은 댄스 슈퍼스타인 토니는 이탈리아 이민자 2세이다.

유럽에서 뉴욕항으로 이주해 온 가장 인상적인 이탈리아 이민자는 비토 안돌리니이다. 1901년 열 살의 어린 비토는 혈혈단신 홀로 뉴욕항으로 입성한다. 토토는 고향 시칠리아에서 포악한 마피아에게 아버지와 형을 잃었다. 마피아의 집요한 살의로부터 자신을 필사적으로 살리려던 어머니마저 마피아에게 무참하게 살해당하는 끔찍한 장면을 직접 목격한 후, 복수의 불씨를 없애고자 악착같이 자신마저 찾아내어 죽이려 혈안이 된 돈 치치 가문을 피해 구사일생으로 미국 뉴욕행 배에 올라 탄다.

뉴욕항 엘리스 아일랜드Ellis Island의 입국심사원은 입국심사를 받던 어린 비토의 옷에 부착되어 있던 '코를레오네에서 온 비토 안돌리니(Vito Andolini from Corleone)'라는 이민자 표식을 잘못 인식해 '비토 코를레오네(Vito Corleone)'라고 여권에 표기해버린다. 비토의 고향이 자신의 성姓이 되어버린 것이다. (영화 '대부2The Godfather, Part II'(1974) 중, 영화 상영시간 00:07:28~00:11:09) 이후 비토는 애증의 고향을 기념하는 의미로 코를레오네라는 성을 그대로 사용한다.

이탈리아 이민 2세 미국 작가 마리오 푸조Mario Puzo가 창출한 이 유명한 마피아 이야기는 지중해 시칠리아의 작은 마을에서 시작되어 신대륙 미국의 뉴욕항에서 그 피비린내 나는 폭력과 탐욕의 서막을 연다. 이탈리아에 뿌리를 둔 미국 마피아는 이민의 관문이자 불법 수익의 먹거리가 지천인 경제의 중심지 뉴욕과 시카고를 중심으로 활동하며, 시칠리아 마피아 '코사 노스트라'의 계보를 잇는다는 의미의 '라 코사 노스트라La Cosa Nostra'라 불리게 된다.

이탈리아 통일 후부터 제1차 세계대전이 발발한 1914년까지 이탈리아에서 무려 900만 명이나 되는 이탈리아 이민자가 미국을 향해 떠났고, 그중 다수는 가난한 남부 출신이었다. 그중에는 마피아 일당도 포함되어 있었다. 이후 1920년대 이탈리아에서 집권한 베니토 무솔리니Benito Mussolini의 강경 진압을 피해 수많은 마피아 조직원들이 미국으로 건너가며 이탈리아 마피아의 이민행렬은 더욱 가속화되었다.

마피아에게 대도시는 전통적 본업인 보호 명목의 폭력적 갈취로부터 노동조합, 대부업, 도박업, 마약업, 유흥업 등까지의 추악한 이권 개입을 위한 최적의 숙주였다. 마침 1919년 발효發效된 미국의 금주법禁酒法은, 마피아에게는 엄청나게 몸집을 불릴 결정적 호재였다. 주류의 제조와 판매, 운송, 수입, 수출 등이 법으로 전면 금지된 이 시기에 마피아의 불법 밀주산업은 황금알을 낳는 거위가 되었다.

규제와 탈법의 소모적인 숨바꼭질에서 진정한 승자가 된 마피아는 1933년 피오렐로 엔리코 라과디아Fiorello Enrico La Guardia라는 뜻밖의 복병을 만나기 전까지 전례 없는 전성기를 구가한다. 마피아에게 악몽 같은 된서리가 될 라과디아는, 뉴욕 맨해튼 태생이었지만 이탈리아계 이민자의 후손으로서 이탈리아인의 피가 흐르고 있었다. 뉴욕시의 공명정대한 판사로 명성을 떨치던 라과디아는 1933년에 뉴욕시장에 당선되자마자 대대적인 마피아 소탕 작전을 벌인다. 미국 마피아 사상 최대의 거물로 불렸던 시칠리아 출신 마피아 두목 럭키 루치아노Lucky Luciano(본명 살바토레 루카니아Salvatore Lucania)는 자신이 라과디아와 같은 이탈리아계 미국인이라는 이유를 들어 추악한 뇌물 공여를 시도했다. 언터처블untouchable 라과디아는 단호히 거절했다. 면죄부를 획책하기 위하여 동원된 지연地緣, 아니 국연國緣이라는 알량한 유대는 라과디아를 연루시킬 매수라는 낯익은 악의 고리를 형성하지 못했다.

동시대를 배경으로 한 브라이언 드 팔마 감독의 느와르 영화제목 '언터처블The Untouchables'은, 미국 경찰이 마피아를 소탕하기 위하여 결성한 특수조직의 이름으로 '돈으로도 매수할 수 없는 사람들'을 의미한다. 불의의 크로스카운터를 얻어맞은 럭키 루치아노는 심지 깊은 시장에게 치졸하고 야비한 협박으로 공작을 전환한다. 당시에 마피아의 협박은 악마적 기습테러를 통한 끔찍한 피살까지를 포함하는 것으로, 1890년에 이미 마피아는 뉴올리언스의 경찰국장을 살해할 정도로 대담하고 노골적인 범죄행태를 드러내고 있었다.

그러나 작은 거인 라과디아는 조금도 위축되지 않은 채 앞뒤 사정 가리지 않고 루치아노와 그 일당들을 일망타진 검거하는 통쾌한 개가를 올리며 미국 마피아의 약진에 쐐기를 박았고, 이후 범죄집단 마피아의 전성시대는 급격히 하향곡선을 그리며 바야흐로 쇠퇴기를 맞게 된다.

이 걸출한 정치가의 별명은 '작은 꽃Little flower'이었다. 작다는 것은 라과디아의 단신에 붙인 애칭이고, 꽃은 아름다운 성정에 보낸 오마주이다.

판사 시절 라과디아가 내린 명^名판결은 아름다운 한편의 동화처럼 전승된다. 상점에서 빵 한 덩어리를 훔친 죄목으로 한 노인이 라과디아의 법정에 선다. 허기를 이기지 못한 생계형 범죄인데다 초범이었던 노인은 10달러의 벌금형을 선고받는다. 반전은 여기서부터 시작된다.

"이 노인이 굶주림에 빵 한 덩어리를 훔칠 수밖에 없었던 것은 저를 포함하여 이 도시에 살고 있는 우리 모두에게도 일말의 책임이 있을 것입니다. 그러한 이유로 판사인 나에게도 10달러의 벌금형을 선고하며, 이 재판을 참관하는 여러분에게도 각각 50센트의 벌금형을 선고합니다."

▲ 라과디아 시장과 프랭클린 루스벨트 대통령
(출처_U.S. National Archives and Records
Administration)
▶ 피오렐로 라과디아 동상 (© Felix Lipov /
Shutterstock.com)

그렇게 해서 거두어진 돈은 모두 57달러 50센트였고, 법정에서 노인에게 전달되었다. 피고가 10달러의 벌금을 내고도 남을 충분한 모금이었다. 이 대목에서 놓쳐서는 안 될 또 다른 반전의 주인공은, 이 이례적 판결을 기꺼이 수긍하고 자신들에게 부과된 벌금을 흔쾌히 수용한, 바로 당시 재판을 참관한 훈훈한 방청객들이다. 재판정에서 펼쳐진 소설 같은 감동적 판결은 따뜻한 정의를 실현한 판사와 다정한 방청객의 아름다운 합작으로 완성되어 뉴욕시의 사회적 연대책임 정신을 기리는 전설적 미담으로 전해 내려온다.

"민초에 대한 긍휼과 악당에 대한 엄혹은 동서고금을 막론하고 바람직한 위정자의 변치 않는 본색이다." _ 아랑곳!

나폴리 출신의 전설적인 테너 가수 엔리코 카루소Enrico Caruso는 뉴욕 메트로폴리탄 오페라극장에서 무려 600여 회의 공연을 성공적으로 소화해내며 오페라 황금시대를 열었다. 20세기 초 발명된 축음기라는 새로운 음파 재생 기계의 폭발적인 보급은, 오페라 가수 카루소를 전설적인 슈퍼스타로 등극시키는 데 결정적인 매파 역할을 했다.

카루소는 1908년 2월 7일, 미국 뉴저지주의 빅터레코드 사에서 당대 최고의 올스타 오페라 가수들과 당시로서는 기념비적인 레코드를 녹음한다. 한쪽 면에 3분 57초 길이로 단 한 곡만이 녹음된 레코드의 이름은, 이탈리아 작곡가 가에타노 도니제티Gaetano Donizetti의 대표 오페라 〈람메르무어의 루치아Lucia di Lammermoor〉의 유명한 6중창, '누가 나를 가로막는

▲ 뉴욕시 퀸즈구에 있는 라과디아 공항(©Patrick Handrigan) (출처 _ 위키피디아)

가?^{Chi mi frena?}'였다.

1941년까지 뉴욕시장 3선을 이어 간 라과디아는 뉴욕 역사상 가장 사랑받은 정치인으로 기억되며 전설적 테너 카루소 이후, 가장 감동적으로 뉴욕을 강타한 이탈리아발 충격의 주인공이 되었다. 뉴욕시 퀸즈구에 있는 라과디아 공항^{LaGuardia Airport}은 악인에게는 추상같이 엄격했지만 소외된 시민에게는 너무도 따뜻했던 이 의로운 정치인의 이름을 기리는 공항이다.

영화 '토요일 밤의 열기' 첫 장면에 등장하는 레니 피자(Lenny's Pizza)의 전기오븐에서 갓 구워낸 미국식 피자를 입에 한가득 베어 문 채, 주인공 존 트라볼타처럼 그다지 밉살스럽지 않게 건들거리며 뉴욕의 거리를 활보해본다.

부오노(Buono)!

뉴암스테르담에서
은둔의 나라 미지의 섬까지

네덜란드인들은 1625년 맨해튼 남단 뉴욕만 허드슨강 어귀에 무역을 위한 식민도시를 개척하고 '뉴암스테르담New Amsterdam'이라 이름 붙인다. 서인도회사의 네덜란드 총독은 원주민 레나페족에게 60길더 상당의 유리구슬과 낚싯바늘을 주고 맨해튼을 매입했다. 60길더는 당시 화폐가치로 24달러, 오늘날의 약 1,000달러에 상당한다. 400년 전의 사건이라 치더라도 이 매입금액이 협상이라기보다는 강탈에 가깝게 느껴지는 이유는, 말할 것도 없이 오늘날 맨해튼섬이 지닌 천문학적 가치 때문일 것이다.

뉴암스테르담은 네덜란드 서인도회사의 북아메리카 식민 전진기지로서 상당히 매력적인 곳이었다. 뉴욕만에는 당시 유럽에서 크게 유행하던 값비싼 모피를 제공해줄 야생 비버의 개체 수가 지천으로 넘쳐났고, 네덜란드인들은 비버 가죽 모피를 유럽에 팔아 톡톡히 재미를 보았다.

넘치는 원재료에 서아프리카에서 포획한 흑인 노예들의 불법 노동력 착취까지 동원된 수지맞는 원산지 현지공장의 달콤한 독점은, 당시 아메리카에 진출하기 위하여 뉴암스테르담에 호시탐탐 눈독을 들이던 영국이라는 불편한 위협 세력의 개입으로 욕심만큼 녹록지 않았다.

결국 언제 들이닥칠지 모를 영국인의 침략과 이따금씩 출몰하는 원주민의 침입을 저지하기 위하여 네덜란드인들은 뉴암스테르담의 북쪽 경계, 지금의 맨해튼 남단에 동서를 가로지르는 꽤 견고한 방어벽을 구축한다. 훗날 이 지역은 방어벽이 있던 길이라는 이름의 '월스트리트Wall Street'라고 불리게 된다. 결국 대서양 무역의 패권을 장악한 영국이 1664년 뉴암스테르담을 무력으로 점령하고, 지명을 훗날 영국의 왕 제임스 2세James II가 될, 요크 공작Duke of York*의 이름을 따서 뉴욕New York으로 개명시킨다. 고대 로마로부터 중세에 이르기까지 영국에서 런던 다음으로 중요한 요새도시이자 중심 지역이었던 요크York는 왕의 차남에게 수여되는 작위의 이름을 거쳐 뉴욕 이름의 기원이 되었다.

뉴욕 탄생의 기원이 된 뉴암스테르담의 시대는 공식적으로는 1625년부터 1664년까지의 40년이다. 이 기간에 속한 14년 동안 일단의 네덜란드인들은 동양의 조선 땅에도 뜻밖의 족적을 남겼다.

1653년 자카르타를 떠나 일본 나가사키로 항해 중이던 네덜란드 동인도회사 소속 상선 스페르베르Sperwer호는 해상에서 강력한 태풍을 만나 표류하던 중 기사회생으로 미지의 섬에 표착漂着한다. 선원 64명 중 28명이 익사했고, 헨드릭 하멜Hendrik Hamel을 포함한 36명의 생존자들이 다다른

---

* 요크 공작은 왕의 차남에게 수여되는 작위이다. 장남 즉, 왕세자는 웨일즈 공(Prince of Wales)의 작위가 수여되는데, 차남이었던 제임스 2세는 요크 공작 작위를 가지고 있었으나 형인 찰스 2세(Charles II)가 적장자가 될 후사를 남기지 못하고 죽자 왕위에 오르게 된다.

곳은, 은둔의 나라 조선의 제주도 남부 해안이었다. 효종 4년의 일이다.

놀랍게도 1627년(인조 5년) 같은 사고로 조선 땅을 밟은 후 26년 동안 박연^{朴淵}이라는 이름으로 조선에 귀화하여 살고 있던 붉은 수염의 같은 네덜란드인 얀 얀스 벨테브레^{Jan Jansz Weltevree}가 통역으로 이들을 맞았다.

눈물겹도록 반가운 만남이었지만 똑같은 운명을 먼저 맞은 벨테브레를 통해 머나먼 미지의 타국 땅에 평생 억류될 수도 있을 자신들의 기구한 미래를 직감했다. 비교적 우호적인 대우를 해주던 제주목사가 바뀌면서 처우가 야박해지며 고초가 심해지자 일행 중에 6명이 탈출을 시도하다가 체포되어 25대의 가혹한 곤장을 맞고 이들은 사실상 죄수 신세로 전락한다.

일본과의 교역을 통한 쏠쏠한 수익의 꿈을 품고 야심 차게 항해에 나섰던 네덜란드의 선원들은 자신들의 목적과 아무런 상관이 없는 낯선 조선 땅에 더 이상 머물 하등의 이유가 없었다. 하지만 운명은 바람보다 모질었다. 효종 임금의 소환으로 한양으로 압송되는 도중에 일행 중 1명이 안타깝게 사망한다. 본래의 목적지인 일본으로 보내 달라는 간청을 효종은 단호히 거절한다. 외국인은 조선에 들어온 이상 절대 출국이 허용되지 않으며, 이 땅에서 남은 여생을 보내야만 한다는 험악한 국법을 명분으로 내세웠지만, 대포 기술자, 천문학자, 조총 기술자 등으로 구성된 하멜 일행은 북벌을 꿈꾸던 효종에게 어쩌면 황금알을 낳아줄 거위 같은 보물이었을 것이다.

근대화의 초석이 될 수도 있었을 굴러 들어온 뜻밖의 행운에 대한 효종의 선택은, 회유와 교역을 통한 긴 호흡의 장기적인 혁신이 아니라,

강압적으로라도 기술을 짜내어보자는 흡사 거위의 배를 가르려는 가혹한 억류였다. 그들은 신무기 개발을 염원하던 효종의 뜻에 따라 훈련도감의 포수로 임명되어 매월 70말의 쌀과 옷가지에 호패까지 지급받으며, 조선인을 넘어 조선병^兵의 자격을 정식으로 부여받았다.

인기도 절정이었다. 한양의 관리들은 금발에 푸른 눈의 신기방기한 이방인들을 앞다투어 초청하여 연일 융숭한 연회를 베풀었다. 애초 목적지였던 일본은 고사하고 고국으로조차 영영 돌아가지 못한다는 억류 상태의 뼈아픔에 더하여, 생경한 이방인으로 타국에서 엄청난 서커스식 구경거리가 되어버린 다소 서글픈 현실을 제외한다면, 나름대로 견딜만한, 아니, 성공적인 안착이었다.

당시 지구상에서 외세에 가장 배타적이고 쇄국적인 나라 중 하나였을 조선에서 얻어낸 뜻밖의 개가였다. 병자호란으로 감수해야만 했던 선왕의 굴욕과 골수에 사무치는 청나라 볼모 생활의 한이 효종의 와신상담 북벌계획으로 승화되고 있었기에 가능한 일이었다. 1654년에는 한강변에서 펼쳐진 대대적인 관군의 열병식에서 하멜과 그의 일행들이 공들여 제조한 서양식 무기의 화력 시범까지 선보이며 효종의 기대에 착실하게 부응하는 듯했다.

그러나 역사는 뜻밖의 사건으로 물줄기를 엉뚱한 방향으로 돌려버린다. 1655년 3월 남한산성에서 기거하던 하멜 일행 중 2명이, 마침 조선을 방문 중이던 청나라 사신이 지나가던 길목을 가로막고 서서 조선옷을 벗어버리고 의도적으로 안에 입고 있던 네덜란드 복장을 내보이며 조선에 억울하게 억류된 자신들의 처지를 하소연하는 커다란 소동을 벌인 것이다.

이 돌발사건을 박연이 효종에게 보고하자 사건의 장본인 두 사람은 즉시 한양으로 호송되어 투옥된 후 의문의 죽음을 맞았고, 청나라 사신은 엉뚱하게 조정으로부터 선물 공세를 받았다. 극비리에 진행되던 자신의 북벌정책의 전모가 혹여 이 사건 때문에 청나라에 드러날까 크게 근심되었던 효종이 내린 과잉대응이자 궁여지책이었다.

세종 치세 시기, 조선 최초의 천문관측대인 간의대簡儀臺 사업을 극구 견제하려던 명나라의 굴종적 외교 간섭 마찰과, 이 소동으로부터 어떤 식으로든 연관된 조선 최고의 천재 과학자 장영실蔣英實의 돌연 증발 미스터리의 망령이 벌써 잊혔을 리 만무다.

효종은 동일한 사건의 재발 방지를 위한 강력한 조치로 일행들을 전남 강진에 유배시킨다. 기구한 운명의 하멜 일행은 극심한 기근과 궁핍한 생활고의 여파로 구걸까지 하는 극한에 내몰리다가 남원, 순천, 여수로 분산 배치된다. 하멜과 7명의 동료들은 부역 및 기아 등 도저히 견딜 수 없는 끔찍한 현실을 피해, 1666년 현종 7년 9월 4일 밤 우여곡절 끝에 구한 한 척의 배를 타고 일본 규슈의 고토섬으로 탈출하여 나가사키에 있던 동인도회사에 인계되었다. 1667년에는 조선에 아직 생존해 있던 8명도 조선과의 석방 교섭에 성공하여 마침내 구출되었고, 1668년에는 탈출에 성공한 하멜을 포함한 선원 8명과 함께 고국 네덜란드로 돌아갈 수 있었다. 1653년 제주도에 표류했던 생존자 36명 중 20명이 목숨을 잃는 천신만고 끝의 눈물 어린 귀국이었다.

자카르타를 출항했던 64명의 선원 중 풍랑으로 28명, 조선에서 20명이 사망하고 16명만이 살아남았다. 하멜 일행이 은둔의 나라 조선에서 겪어낸 14년 동안의 파란만장했던 여정은, 헨드릭 하멜이 기록한 《하멜표류기漂流記》라는 이름의 보고서로 조선을 처음 유럽에 알렸다. 《하멜표류기》의 네덜란드어 원제는, '스페르베르호의 불행한 항해일지Journal van de Ongeluckige Voyagie van 't Jacht de Sperwer'이다. 하멜은 평생 독신으로 살다 1692년 2월 12일 사망하였다.

하멜 일행은 세계적인 네덜란드 화가 렘브란트Rembrandt(생몰:1606년 ~1669년)가 한참 명성을 날리던 47세 최전성기에 제주도에 왔으니, 그들은 당시 서양 문명의 살아있는 보고寶庫이자 가치를 환산조차 할 수 없는 최고급 정보 그 자체였으나, 조선은 반도 안에 갇혀버린 편협한 세계관에서 벗어나지 못한 채 근대화로 이어질 귀중한 기회를 눈앞에서 놓쳐버린다. 드넓은 세계로 지평을 넓히기 위해 찾아 나서도 모자랄 대항해의 시대에, 내 집 울타리 안으로 스스로 찾아 들어온 온전한 복덩어리를 청나라 눈치 보기와 도를 넘은 무관심과 홀대를 넘어선 가혹한 핍박으로 가차 없이 걷어차버리고 만 것이다.

이후 조선은 세종대왕 이후 가장 실력 있는 군주 정조를 맞아 호국강병을 토대로 근대화로 진입할 천재일우의 기회를 잡았지만, 의문에 휩싸인 갑작스러운 병사病死로 인한 안타까운 승하 이후, 대의보다는 대세를 좇는, 유익보다는 유리를 챙기는, 전형적 사익추구형 위정자들이 분탕과 활개를 치는 정쟁의 소용돌이에 휘말려 끝없이 추락한다.

조선이 만일 그들을 환대하고 유화하여 네덜란드와 교류의 물꼬를 터서 서양 문명을 두 팔 벌려 지체없이 수용했다면, 그래서 하멜 일행의

'불행한 항해일지'가 혹여 '행운의 항해일지'로 바뀔 수 있었다면, 조선은 구한말의 굴욕과 일제 강점의 통한의 역사를 비껴갔을까?

"역사를 잊은 민족에게 미래는 없다! 시야가 곧 실력이다!"_아랑곳!

조선이 하멜 일행을 쇄국의 편협한 세계관으로 문전박대 하는 동안 척박한 국토를 가진 북유럽의 이 작은 저지대 국가 네덜란드는, 북미에서는 오늘날의 뉴욕인 뉴암스테르담으로부터 남미에서는 오늘날의 수리남인 네덜란드령 기아나, 아시아에서는 인도네시아, 스리랑카, 극동의 일본까지 진출했고, 비록 의도했던 목적지는 아니었지만 극동의 조선에까지 자신들의 서글픈 족적을 남기며 거의 전 세계로 진출해 있었다.

탐욕과 누룩이 흐르는 길(The Street flowing with Greed and Yeast), 월스트리트

뉴암스테르담의 유산

네덜란드의 서인도회사 직할령에서 영국의 식민지로 이양된 18세기 초까지도 현재의 로어맨해튼에 해당하는 남단지역 약 5,000명의 인구 중 절반 이상은 아직 네덜란드인이었고, 도시는 월스트리트의 범주를 크게 벗어나지 못하고 있었으며, '언덕의 섬'이라는 뜻의 만나하타Mannahatta, 즉 오늘날의 맨해튼에는 네덜란드의 영향력이 팽배했고 지금도 그 유산의 흔적을 여러 곳에 남기고 있다.

1664년 영국군에 항복한 뉴암스테르담의 스투이페산트Peter Stuyvesant 총독의 이름을 딴 총 32만 평방미터(96,800평) 크기의 스투이페산트 타운Stuyvesant Town–Peter Cooper Village이 맨해튼의 동남부 이스트 강변에 자리잡고 있고, 1903년 문을 연 브로드웨이에서 가장 오래된 극장이 뉴암스테르담 극장New Amsterdam Theatre인 것도 이러한 역사적 뿌리와 무관치 않다.

《신약성경》의 세례자 요한, 사도 요한의 영어권 이름 존John에 해당하는 네덜란드 이름 얀Jan에서 유래한 것으로 알려진 양키Yankee는, 뉴암스테르담에 사는 네덜란드인들을 영국인들이 경멸적인 의미로 부르던 것에서 비롯되어 그 지역을 대체한 뉴잉글랜드 원주민의 이름으로 바뀌었고, 독립전쟁 때에는 영국인이 미국인을 하대하여, 남북전쟁 때에는 남군이 북군을 조롱하며 이르던 말이 세월이 흐르며 미국인 전체를 낮잡아 부르는 속칭이 되었다. 그런 연고로 뉴욕 브롱크스에 연고지를 둔 메이저리그 최고의 명문 야구팀 '뉴욕 양키스' 팀 이름의 기원이 되었다.

뉴욕으로 간 유대인

1654년 포르투갈의 식민지였던 브라질의 북동부 헤시피항에서 출항한 한 척의 범선이 23명의 유대인을 태우고 뉴암스테르담에 도착한다. 1492년 이슬람으로부터의 국토회복으로 시작된 스페인 가톨릭의 서슬시퍼런 유대교 종교 탄압의 회오리가 중남미의 식민지령까지 뻗치자, 비교적 종교적 관용이 보장되는 네덜란드령의 뉴암스테르담으로 부랴부랴 찾아든 일단의 유대인들은 자신들의 뱃삯조차 지불하지 못한 궁핍한 처지였다.

그렇게 파란곡절을 안고 입성한 유대인에게 뉴암스테르담이자 훗날의 뉴욕은, 이제부터 다가설 미래에, 신학과는 또 다른 '세속의 젖과 꿀이 흐르는 가나안'이 될 숙명을 안고 있었다. 뉴암스테르담이 1667년 영국령의 뉴욕으로 바뀌면서 뉴욕은 유대인의 북아메리카 출입의 주요 관문이자 가장 자유롭고 인기 있는 최대의 거주지가 된다.

유대인은 초기에는 모피 교역상 등의 무역업자나 해운업자로 활동했고, 도시의 경제구조가 점진적으로 복잡해짐에 따라 채권 거래상 등의 금융업에 종사하며, 뉴욕의 경제 전반에 무시 못 할 영향력을 행사한다.

유대인 200여 명이 미국의 독립전쟁에서 혁혁한 공을 세웠고, 상당한 전쟁비용과 전쟁 물자를 조달하며 전쟁의 승리에 크게 기여했다. 조지 워싱턴^{George Washington} 초대 대통령은 독립전쟁에 도움을 아끼지 않았던 유대인 사회에 감사를 표했고, 유대인은 미국이 가장 절박한 시기에 자신들이 자처한 역할을 성공적으로 감당함으로써 새로운 땅 미국에서는 이방인이 아닌 주인의식을 가진 주도세력으로 굳건히 자리를 잡게 되었다. 유럽에서는 미운 오리 새끼였지만, 신대륙 미국에서는 독립전쟁 이후 미국의 정치, 경제, 사회, 문화 전반의 주도권을 틀어쥐게 될 탄탄한 교두보를 형성한 것이었다.

스페인계 세파르디 유대인^{Sefardi Jews}에 이어 독일계 아슈케나지 유대인^{Aschkenazi Jews}이 미국으로 이주해 오며 주류를 형성했고, 19세기 말부터 제정러시아에서 대대적으로 일어난 유대인 박해 포그롬^{Pogrom}의 여파로 러시아와 동유럽의 유대인이 미국으로 대거 유입되며 20세기 초에는 미국의 유대인 인구가 500만 명으로 늘어난다.

메소포타미아에서 여호와의 부름을 받아 정착한 약속의 고향 가나안으로부터 뿔뿔이 흩어져 지중해 전역에 디아스포라^{Diaspora}된 후, 또다시 온 세상 여러 나라에 얹혀사는 고달픈 부평초 신세가 되어버린 유대인의 전통적인 산업은, 처분이 용이하고 환금성이 뛰어난 보석거래업과 금융업이 제격이었다. 금융업의 오래된 이름인 고리대금업은, 중세시대에는 기독교의 율법에 근거하여 서양 사회에서 가장 죄악시, 금기시되는 사업이었다. 1179년부터 고리대금업을 하는 기독교인은 파문당했다. 당시의 파문은 신앙공동체에서 쫓겨난다는 종교적 의미를 넘어서

농지소유와 경작, 상공업 직업 선택의 필수적 경제권을 원천적으로 박탈당하는 사회적 매장을 의미했다.

그러나 인류가 경제활동을 시작한 이후로 돈을 빌려주고 이자를 취하는 대부업의 경제는 결코 식은 적이 없었기에, 잉여와 결핍 사이에 벌어진 애증의 간극을 누군가는 메워야 했고, 그 자리를 유대인이 파고들었다. 유대인이 숙명적으로 선택할 수밖에 없었던 이자 산업은 기독교가 지배했던 대부분의 지중해 세계에서 필요한 악으로 치부되었다.

셰익스피어가 당대의 시대적 이슈에 자신의 문학적 상상력을 가미하여 창출한 희극작품 《베니스의 상인The Merchant of Venice》의 드라마틱한 이야기는, 16세기 후반 서방세계가 유대인의 고리대금업을 어떻게 인식하고 있는가를 극명하게 보여주고 있다.

암스테르담에서 수지맞는 청어잡이 산업으로 자본을 축적한 유대인은 세계 최초의 기축통화 '길더Gilder'를 탄생시키며 최초의 주식거래소를 고안해낸다. 암스테르담은 단박에 유럽 물류의 중심지로서 자본주의 초기 시대의 주무대가 된다. 버블 경제의 교과서로 신화처럼 전승되어오는 17세기 튤립의 과열투기 역시, 한때 이 도시를 급성열병처럼 휩쓸었던 인간의 탐욕이 어디까지 갈 수 있는가를 증명한 악몽 같은 실화 사건이다.

한편, 1588년 칼레해전 승리의 여세를 몰아 스페인 대신 해상의 주도권을 장악한 영국이 껄끄러운 경쟁 상대 네덜란드의 해상교역권을 불량배처럼 겁박하며 제한하고 나서자, 돌연 교착에 빠진 유대인의 자본주의 금융시스템이 네덜란드를 떠나 대거 런던으로 옮겨가게 된다. 이어 영국이 북미의 뉴욕을 뉴암스테르담으로부터 무력으로 접수하자 향후 전 세계를 뒤흔들 그 유명한 자본주의 금융시스템이 대서양을 건너 뉴욕으로 이식된다.

뉴욕은 17세기에 네덜란드인! 유대인! 영국인!의 그 탐욕스러운 입성을 온몸으로 받아들이며, 마침내 '달러Dollar'라는 세계 기축통화를 탄생시켰고, 세계 최고의 금융시장과 주식거래소를 주조해냈다. 로어맨해튼의 월스트리트는 명실공히 세계 경제의 중심이 되었고, 이자를 받고 자금을 융통해주는 사전적 의미를 가진 금융finance의 진앙지가 되었다.

돈은 애초에 가치를 반영하기 위하여 편리하게 통용되는 대체 수단으로서 탄생했으나 세월의 흐름 속, 태양빛에 바래며 금융이라는 이름표를 왼쪽 가슴에 버젓이 달고, 오히려 스스로가 가치가 되어 달빛에 물들어버린 일그러진 신화가 되고 말았다.

자본주의는 투자를 넘어 투기라는 이름의 욕망으로,

자산(자본＋부채)이라는 이름의 포괄적인 빚을 양산해냈다.

글로벌 금융의 탄생

영국의 중앙은행인 잉글랜드 은행Bank of England은, 프랑스와의 전쟁비용 조달에 목말랐던 윌리엄 3세William III에게 120만 파운드의 막대한 전쟁자금을 빌려주기 위해 유대인이 주축이 되어 1694년 설립된 지주은행이다.

잉글랜드 은행은 국가에 전쟁비용을 빌려준 대가로 국가를 제쳐두고 영국의 화폐를 직접 발행할 수 있는, 역사상 유래가 없던 엄청난 권한을 가지게 된다.

이 시스템은 통째로 미국의 달러 발행 시스템으로 전이된다. JP모건과 런던의 로스차일드Rothschild 유대 가문의 자금이 합작하여 설립한 노던 증권이라는 민간 지주회사가 바로 미국 연방준비제도Federal Reserve System(줄여서 연준(Fed.)으로 부름)의 모태였기 때문에, 민간 자격 국가화폐 발행의 원조 격인 잉글랜드 은행의 시스템이 결국 미국 연준Fed의 시스템으로 그대로 복제되는 상관관계의 고리가 형성된 것이다.

이 민간은행 연준이 국가에 돈을 빌려주는 국채라는 대출을 통하여 미국의 공황과 금융위기를 성공적으로 막아주었고, 그 대가로 세계의 기축통화인 달러를 자체적으로 발행할 수 있는 막대한 권한을 부여받은 것이다. 그리하여 미국의 달러 발행 권한은 국가가 아니라 미국 연방준비제도라는 민간은행 연합체가 거머쥐게 되었다. 연준은 지금도 매년 미국 국채 수익의 6퍼센트를 주주들에게 배당금으로 지급하고 있다. 세계의 기축통화 달러는 미국이라는 국가에 돈을 빌려준 민간채권자 연준의 권한으로 발행되고, 금리도 조절되며, 배당금도 지급된다. 세계 최고의 슈퍼파워 미국 정부조차도 부채로부터 자유롭지 못하다.

금융은 채권자의 게임이다. 그러나 채권자가 언제나 게임을 주도하는 것은 아니다. 드물긴 하지만《베니스의 상인》과 같은 허구의 세계에서는 채권자 샤일록이 자신의 채무자에게 보기 좋게 완패를 당하기도

한다. 그러나 만일 소설 속 고리대금업자 샤일록이 안토니오에게 요구한 상환조건이, 1파운드의 살이 아닌 이자를 포함한 원리금 자체였고, 안토니오가 투자했던 상선이 실제로 바다에 침몰해서 파산을 맞았다면, 안토니오는 막대한 빚을 감당할 수 있었을까?

안토니오는 상선과 교역품에 자신의 재산을 모두 투자하고 있있고, 안토니오의 절친 바사니오는 벨몬트의 아름다운 상속녀 포르티아에게 청혼할 결혼지참금 3,000두카트 때문에 고민에 빠져 있었다. 안토니오는 조건 좋은 신부감에게 청혼하고파서 안달이 난 친구의 다소 호사스러운 사정을 해결해주기 위하여 스스로의 자존심을 기꺼이 내려놓고, 평소 멸시하고 혐오하던 유대인 고리대금업자 샤일록에게 친구 대신 돈을 빌리기로 한다.

여기까지의 이야기에 별 저항 없이 동행했다면, 그것은 작가의 명성이 독자의 합리적 의심을 부지불식간에 연막하고 있다고 볼 수 있다. 이야기 속에는 교묘하게 우정이라는 장치가 설치되어 있지만, 자세히 살펴보면 이 문제의 대출금은 어디로 보나 자칫 목숨과 바꿀 뻔했던 위험을 감당해야 할 만큼 절박한 기본적인 생존을 위한 부득이한 소용所用은 아닌 것이 확실하다.

안토니오가 샤일록에게 돈을 빌리지 않았을 경우 벌어질 최악의 상황을 상정해본다면, 절친 바사니오가 재벌2세 격의 벨몬트의 상속녀 포르티아에게 지불해야 할 결혼지참금 3,000두카트를 지불할 능력이 없어 결국 청혼을 포기하고 형편에 맞는 다른 신붓감을 찾아보아야 하는 정도일 것이다. 그러나 1596년 강대국으로 부상하던 영국 엘리자베스

시대에 사회적, 경제적 이슈로 불거졌던 유대인과의 반목을 주제로 채택한 작가의 의도를, 독자는 유대인 고리대금업자 샤일록의 탐욕, 참기 어려운 멸시와 차별에 대한 복수심, 그리고 샤일록의 불타는 적개심을 무력화시키는 통쾌한 반전에서 찾아야 할 것이다.

인종 혐오, 투자, 욕망, 빚, 송사의 담론은, 셰익스피어의 이야기 솜씨에 의하여 해피엔딩으로 끝을 맺는다. 그래서 이 이야기는 희극이다. 그러나 빚에 관한 한 현실은 생각보다 냉혹하다.

미국이라는 초강대국은 국채라는 빚 때문에 국가의 달러 화폐 발행 권한을 민간은행 연합체인 미국 연방준비제도에 이양했다. 링컨 대통령은 남북전쟁 자금 조달을 위해 의회를 설득하여 은행권이 아닌 정부권 화폐 그린백Greenbacks을 발행했다. 뉴욕 은행가들이 요구하는 고율이자에 화들짝 놀란 화폐 독립의 자구책이었다. 케네디 대통령은 1963년 정부 발행의 은 증서와 은 달러를 복원하려다가, 달러 발행의 특권을 행사하며 천문학적인 국채이자를 꼬박꼬박 챙겨오던 연준 주주들의 강력한 반발에 부딪혔다.

결국 미국의 정부권 화폐 발행 정책을 펴려고 했던 미국 역사상 가장 존경받는 두 미국 대통령 모두 비극적으로 암살당하며, 미국 정부화폐 발행의 꿈은 가장 중요한, 정책 실행의 지도자라는 동력을 잃은 채 힘없이 무산되어버리고 말았다.

금융의 이름으로

2008년 9월 뉴욕 월스트리트의 금융위기는 전 세계를 충격으로 몰아넣었다. 1929년에 터진 경제 대공황의 망령이 또다시 한밤중의 도둑처럼 월스트리트를 강타했다. 욕망이라는 휘발성 강한 연료를 공급받은 금융이라는 슈퍼카는, 호황이라는 이름으로 포장된 부실한 엔진을 장착한 채, 그리 먼 거리를 질주하지 못하고 스스로 폭발하고 말았다.

이 금융위기는 17개월 전이었던 2007년 4월에 발생한 서브프라임 모기지론Subprime Mortgage Loan사태로 촉발되었다. 이 그럴싸한 이름을 가진 대출의 사전적 의미는, 신용등급이 낮은 저소득층에게 주택자금을 빌려주는 미국의 '주택담보대출' 상품이다.

새천년에 들어서며 연 5~6퍼센트였던 미국의 성장률은 IT업계의 닷컴 버블 붕괴와 9/11테러 여파로 인해 0.2퍼센트까지 하락한다. 미국은 불황을 타개하기 위한 경기 호황책으로 금리를 연 1퍼센트까지 낮추고 주택 소유 장려 정책을 대대적으로 펴기 시작한다. 현금 없는 서민들도 부채를 떠안고 주택을 구입할 수 있었고, 이 정책은 주택의 가격을 앙등시켰다. 저금리 주택 소유 정책 안에서 서민들은 많은 빚을 지게 되었고, 주택가격은 끝을 모르고 오르고 있었다.

주택가격의 인상 속도가 이자율보다 높아지자, 은행은 주택 소유자가 대출을 못 갚더라도 담보로 확보한 주택을 매각해버리면 손실 없이 수익을 낼 수 있다는 확신으로 주택담보대출 규제를 대폭 낮추게 된다.

탐욕은 폭발할 때까지 질주하는 관성慣性의 속성을 가지고 있다. 금융기관은 대출 고객층을 서브프라임 층까지 확대시킨다. 서브프라임은 이미 거론한 것처럼 신용등급이 낮은 저소득층을 의미한다. 미국의 고도화된 금융시스템이 만들어낸 신기루 덕분에 급기야 저소득에 신용등급이 낮고 자금이 없는 계층조차도 너무나 손쉬운 대출이라는 지렛대를 이용해 여러 채의 집을, 거주 목적을 너머 투자 목적으로 보유할 수 있었다. 2005년에는 미국 전체 주택의 23퍼센트가 거주 목적이 아닌 투기 목적의 주택일 정도였다.

주택가격의 100퍼센트 대출도 드문 일이 아니었고, 사망한 사람 명의로도 대출이 이루어졌다. 심지어 플로리다 지역에서는 개*의 명의로도 대출이 이루어졌다. 주인 덕에 대출을 받아 주택을 구매한 투기견의 이름은 '하비 험시'였다. (금융위기 사건 실화를 바탕으로 한 영화 '빅쇼트^{The Big Short}'(2015) 중, 영화 상영시간 00:43:20 ~ 00:45:45).

은행은 모기지^{Mortgage}, 즉 주택담보대출을 통한 이자에서 만족하지 않았고, 채무자의 대출계약서를 담보로 투자자를 모집하여 자금을 불려 나간다. 일명 '모기지저당증권^{MBS}'이라는 파생상품이다. 투자은행들이 다시 모기지저당증권을 대량으로 사들여 큰 덩어리로 합성한 뒤 채권을 발행한다. '부채담보부증권^{CDO}'이라는 또 다른 파생상품이다. 이 증권은 투자은행에 의하여 전 세계로 팔려 나간다.

이제 사태는 은행과 주택담보 채무자와의 관계를 넘어섰다. 이것을 미국은 고도화된 금융시스템이라고 불렀다. 집값이 절대 떨어지지 않을 것이라는 긍정 회로만이 작동하던 시기에 가능한 셈법이었다.

하지만 2006년, 미 연방준비제도 이사회는 인플레이션으로 인해 치솟는 물가 안정을 위해 금리를 서서히 올리기 시작했고, 이자를 감당치 못할 대출을 안고 집을 소유하고 있던 서브프라임 층이 결국 집을 포기하게 되고, 영원히 떨어지지 않을 것만 같았던 집값은 일시에 폭락한다. 여파는 충격적이었다. 부실채권은 미국의 4대 투자은행이었던 거대 금융그룹 리먼 브라더스의 파산을 불러왔고, 골드만삭스, 모건스탠리, 메릴린치 또한 파산 신청을 선언했다. 전 세계 금융시장의 2~4퍼센트가 폭락했고, 미국 금융시장은 19조 2,000억 달러라는 천문학적인 빚을 떠안는다. 금융회사의 파산은 곧 투자자들의 파산이었다.

21세기에 벌어진 이 경천동지驚天動地할 투기 사건이 17세기 네덜란드에서 벌어졌던 튤립 투기와 다른 점이 있다면, 투자 대상이 꽃에서 집으로 바뀌었다는 것뿐이다. 이 무시무시한 빚잔치는 불법을 일삼고도 엄청난 금융수익을 챙겨간 모럴 해저드Moral Hazard의 장본인이자 최고의 수혜자인 재앙유발자, 즉 금융테러리스트만의 손실로 귀결되지는 않았다. 실업률은 급격하게 상승했고, 부채를 갚지 못한 사람들은 집을 압류당해 길거리로 내몰렸다.

동부 뉴욕에서 마틴 스코세이지 감독의 영화 '울프 오브 월스트리트Wolf of Wall Street'(2013)의 역겨운 파티가 마치 네덜란드 화가 히에로니무스 보스Hiëronymus Bosch의 〈쾌락의 정원The Garden of Earthly Delights〉에 기괴하게 묘사된 지옥 편처럼 타락의 분탕을 치는 동안, 서부 네바다주에서는 뉴욕발 금융위기의 여파로 집과 직장을 모두 잃어버리고 초라한 밴Van을 집 삼아

미 서부를 정처 없이 떠도는 미국 여성 펀Fern의 서글픈 유목생활이 오버랩된다.

2017년에 출간된 논픽션《노매드랜드: 21세기 미국에서 살아남기 Nomadland: Surviving America in the Twenty-First Century》를 원작으로 만든 영화 '노매드랜드 Nomadland'의 이야기이다. 실화를 바탕으로 실제 미국 유목민들을 조연으로 캐스팅하여 사실성을 극대화한 다큐멘터리 영화 '노매드랜드'(2020)는, 2021년 제93회 아카데미상 작품상 수상작이다.

영화 '울프 오브 월스트리트' 역시, 월스트리트와 투자은행 등에서 대규모 주식 사기를 주도한 죄목으로 징역 22개월(영화에서는 36개월)을 살았던 조던 벨포트Jordan Belfort라는 인물의 실화를 바탕으로 제작한 블록버스터급 각색 논픽션 영화이다.

황금 송아지

월스트리트에는 '돌진하는 황소Charging Bull' 동상이 있다. 황소가 뿔을 위로 치받는 습성을 상징하여 주가株價의 활황과 번영을 의미한다. 황소상의 뿔과 고환은 부를 갈망하는 사람들의 손때로 언제나 번들번들 광택을 발한다.

400년 동안의 고달픈 이집트 노예 생활로부터 극적으로 탈출한 이스라엘 백성들의 감격과 환희는, 시나이 광야에서의 척박한 생활의 여정이 불과 석 달쯤 지날 즈음에는 극도의 불평불만으로 바뀌어 있었다. 비록 비참한 노예 생활이었지만 이집트에서 어깨 너머로 기웃거리던 제국의 풍요와 향락에 대한 미련과 갈망이 공동체에 만연했다. 급기야 지도자 모세가 하나님께 십계명을 받기 위하여 시나이산에 올라간 틈을 타 유대인의 조상인 이스라엘 백성들은 모세의 형인 아론을 주동으로 우상 숭배라는 최악의 금기를 획책한다.

아론이 그들의 손에서 금 고리를 받아 부어서 조각칼로 새겨 송아지 형상을 만드니 그들이 말하되,
이스라엘아! 이는 너희를 애굽 땅에서 인도하여낸 너희의 신이로다 하는지라.

– 성경《구약성서》'출애굽기' 32장 4절 –

피차 사랑의 빚 외에는 아무에게든지 아무 빚도 지지 말라.

– 성경《신약성서》'로마서' 13장 8절 –

뉴욕증권거래소New York Stock Exchange 맞은편 월스트리트 26번지에 페더럴 홀 내셔널 메모리얼Federal Hall National Memorial이 자리잡고 있다. 뉴욕은 워싱턴 D.C. 이전 최초의 미국 수도였다. 건물 정면 한가운데, 조지 워싱턴 미국 초대 대통령의 동상을 받치고 있는 대좌 정면에는 이런 글이 적혀 있다.

'1789년 4월 30일 이곳에서 조지 워싱턴이 미합중국의 초대 대통령으로서 선서를 했다.'

▲ 뉴욕증권거래소 맞은편 페더
럴 홀 내셔널 메모리얼과 조지 워
싱턴 동상 (ⓒalex9500/123RF.
COM)
▶ 기도하는 조지 워싱턴 대통령
(ⓒ Vladimir Korostyshevskiy /
Shutterstock.com)

그리고 홀 정면 계단 우측에 새겨 넣은 청동 부조에는 두 무릎을 꿇고 양손을 모은 채, 하늘을 바라보며 간절하게 신에게 기도하는 조지 워싱턴의 경건한 모습이 묘사되어 있다. 기념관 내부에는 조지 워싱턴이 대통령 취임 때 손을 올려놓고 선서했던 성경책을 보존 전시하고 있다. 초대부터 미국의 모든 대통령은 자신의 종교와 무관하게 《성경Bible》에 손을 올려놓고 엄숙하게 취임선서를 하는 전통을 유지하고 있다.

미국의 첫 번째 건국정신인 기독교정신을 표방한 페더럴 홀은
미국의 수도가 워싱턴 D.C.로 천도하며 미국의 국가유적이 되어버렸고,
또 다른 미국의 건국정신인 실용주의를 대변하는 뉴욕증권거래소는
이 자리에 굳건히 남아서 두 건물 사이를 달리는 월스트리트의 대명사로 실존하고 있다.

컬럼비아대학교의
두 영웅

컬럼비아대학교는 맨해튼 북서부, 정확하게는 그레이터 할렘Greater Harlem 의 일부이자 센트럴파크의 북서쪽에 인접한 모닝사이드 하이츠Morningside Heights 지역, 허드슨 강변에서 500미터 떨어진 위치에 자리잡고 있다. 미 동부의 명문 아이비리그 8개 대학 중 유일하게 뉴욕 맨해튼에 위치한 대학으로, 1754년 영국 왕 조지 2세George II의 왕명을 받아 킹스 칼리지King's College로 개교한, 뉴욕주에서 가장 오랜, 미국에서는 5번째로 오래된 유서 깊은 대학이다.

시어도어 루스벨트 대통령, 프랭클린 루스벨트 대통령, 버락 오바마 대통령, 투자의 귀재 워런 버핏Warren Buffett 등 정·재계 거물들과 100명이 넘는 노벨상 수상자, 《호밀밭의 파수꾼》의 소설가 J.D. 샐린저, 브라이언 드 팔마 감독, 영화배우 조셉 고든 레빗Joseph Gordon Levitt, 제이크 질렌할 Jake Gyllenhaal, 우리나라 가수 박정현 등 문화예술계까지 수많은 유명인사를 배출했다. 한국인 교육계 명사로는 이화여자대학교 초대 총장 김활란金活 蘭 여사가 1931년 10월 컬럼비아대학교에서 철학박사를 받았다. 뉴욕의 호들갑스러운 유령퇴치단 '고스트버스터즈Ghostbusters'(1984)의 세 멤버 피터 뱅크만, 레이먼드 스탠츠, 에곤 스팽글러 역시 컬럼비아대학교의 초

심리학parapsychology 연구원 출신이다.

하지만 이 학교에서 가장 유명한 재학생은 물리학과에서 보유하고 있다. 미드타운 고등학교 졸업반 시절 이 대학교 연구실에 견학왔다가 대학 연구진들이 실험 사육 중이던 유전자조작 슈퍼거미에게 물린 후, 그만 슈퍼히어로가 되어버린 마블 코믹스의 피터 파커가 바로 그 주인공이다.

그는 결국 초자연적인 신체적 변화를 겪은 후 자신의 인생을 송두리째 바꾼 컬럼비아대학교 물리학과에 진학했고, 숫기 없는 타고난 천성과는 전혀 다른 새로운 인생을 살아가게 된다. 새롭게 얻은 슈퍼파워 - 초강력 끈끈이 벽 타기 능력, 사전위험 감지의 스파이더 센스, 엄청난 스피드와 상상 초월 파워, 적의 공격으로 받은 충격에의 가공할 회복력, 지지대·거리·길이 불문의 무한리필 거미줄 발사 능력 - 를 이용하여 일촉즉발의 위험에 처한 선량한 시민을 구해주거나 도시 곳곳에서 범죄를 일삼는 못된 악당들을 가차 없이 응징하며, 말도 탈도 많은 뉴욕시를 종횡무진 날아다니는 스파이더맨으로 대활약한다.

조지프의 꿈

17세의 조지프는 뉴욕이 낯설었다. 헝가리 유대계 집안의 유복한 가정에서의 수준 높은 교육 덕분에 독일어, 프랑스어에 능통했지만 정작 영어는 서툴렀다. 부친의 파산과 갑작스러운 죽음으로 경제적 어려움에 처한 조지프는 돈벌이를 위하여 남북전쟁이 한창이던 미국으로 흘러들었고, 전쟁 막바지에 해외 모병군(북군)으로 복무를 마친 조지프는 타국

에서의 만만찮은 홀로서기와 신대륙에서의 막연한 아메리칸드림 사이
에서 분투하고 있었다. 기회의 땅으로 인식된 미국은 사회적 계층이 고
착화된 유럽에 비하여 신분적 자유의 가능성은 열려 있었지만, 정작 종
잣돈이나 마땅히 비빌 언덕조차 없는 가난한 이민자들에게 경제적으로
고달프기는 매한가지였다. 나쁜 시력과 병약한 신체조건에 영어도 서
툰 이민 청년 조지프에게 직업 선택의 기회는 녹록지 않았다. 생계를 잇
기 위해 험하고 고달픈 허드렛일을 닥치는 대로 해야만 했고 때로는 몸
붙일 곳조차 없는 서러운 노숙자 신세가 되기도 했다. 뉴욕은 조지프에
게 너무도 가혹했다.

당시 뉴욕에서 뿌리내리지 못한 이민자들이 가장 많이 흘러들어가던
대도시는 중부 미주리주의 세인트루이스였다. 그나마 먹고살 만한 직
업을 구하기 위해 궁여지책으로 찾아든 세인트루이스에서 조지프는 설
상가상으로 취업 사기까지 당하고 만다.

불행은 절대로 혼자 오지 않는다.

루이지애나 사탕수수 농장에 일자리를 구해주겠다는 사기꾼에게 속
아 그동안 한푼 두푼 모아놓은 쌈짓돈마저 고스란히 날리게 된 조지프
는 파렴치한 사기 범죄의 유해성을 지역사회에 환기시키기 위하여, 독
일어 신문 〈베스틀리혜 포스트Westliche Post〉에 자신의 억울한 사연을 투고
하기에 이른다. 마침 운 좋게도 그의 유창했던 독일어 실력이 제대로 빛
을 발했다. 놀라우리만치 설득력 있는 필치와 호소력 짙은 필력은 신문

사 편집자를 단박에 감동시켰고, 1868년 조지프는 신문사의 기자로 전격 발탁된다.

천재는 누군가에 의해서 발견된다.

낯선 이국땅에서 극도로 핍절하고 절박했던 헝가리 이민 청년은 이렇게 극적으로 자신이 평생을 헌신할 천직과 숙명적으로 조우했고, 이후 현대 저널리즘Journalism의 창시자가 된다. 신문 저널리즘의 전성기를 열었던 신문왕 조지프 퓰리처Joseph Pulitzer의 이야기다.

폭발적인 도시인구 팽창과 맞물려 폭주하는 사건·사고를 담아낼 신문산업의 대약진을 맞고 있었던 미국의 19세기 후반은, 시대가 절실하게 요구하는 천재적인 저널리스트를 한미寒微한 청년 이민자로부터 부화시켰다.

영어가 서툰 헝가리 유대계 청년이 미국 땅에서 독일어로 발행되는 신문사에 독자기고를 했고, 그 신문사의 편집자에게 전격 발탁되어 기자로 취직한 것이 계기가 되어, 때마침, 이제 막 세계 경제의 중심으로 도약하고 있던 대도시 뉴욕을 베이스캠프로 승승장구한 후, 마침내 현대 저널리즘의 전설이 된 개연성이 거의 없는 판타지 소설 같은 사건을 묘사하기에 가장 적절한 형용사는 아무래도 '드라마틱'이다!

귀공자처럼 편애를 누리던 고향 땅 가나안에서 대제국 이집트에 노예로 팔려 가 악의적 누명을 극복하고 극적으로 명재상이 된, 구약성경의 주인공 야곱^{Jacob}의 11번째 아들 요셉(조지프, Joseph)의 이름을 소중한 아들에게 각별히 붙여준 조지프 부친의 신학적 염원이 뉴욕에서 실현된 것일까?

조지프 퓰리처의 성공 스토리는 아메리칸드림의 전형이다.

밤낮을 가리지 않고 '안광^{眼光}이 지배^{紙背}를 철^徹하도록' 일하며 동시에 학업에 정진했던 지극히 성공 지향적, 목적 지향적인 10년의 시간은, 헝그리 저널리스트 조지프를 유명기자에서 유력한 신문사주로 격상시켰다. 퓰리처는 세인트루이스에서의 대성공에 힘입어 적자에 허덕이던 뉴욕의 한 신문사를 야심차게 인수하며, 한때 몸 붙일 곳조차 없이 방황하고 좌절했던 회한의 대도시 뉴욕으로 당당하게 귀환한다.

퓰리처의 〈뉴욕 월드^{New York World}〉는 '재미없는 신문은 죄악'이라고 규정한 새로운 사주의 철학을 철저하게 반영한다. 만화와 삽화, 스포츠면, 선정적인 신변잡기와 가십 기사를 게재하여 신문의 오락성과 상업성을 극대화했고, 남성들만의 리그였던 신문업계에 여성 기자를 채용하며 현대 저널리즘의 새로운 지평을 열었다. 오늘날에는 일반화되어 있는 잠입 취재와 탐사보도는 다름 아닌 〈뉴욕 월드〉가 채용한 넬리 블라이^{Nellie Bly}라는 열혈 여기자가 창출해낸, 기자와 형사의 경계를 무너뜨린 심층 개입 취재 개념이다. 슈퍼맨의 독점기사로 장안에서 가장 인기 있는 신문사가 될 수 있었던 데일리 플래닛 신문사의 간판 기자인 로이스 레인의 롤모델이 바로 넬리 블라이이다.

"짧게 써라, 읽힐 것이다.

명료하게 써라, 이해될 것이다.

그림같이 써라, 기억에 남을 것이다."

퓰리처의 언론전략, 전술이 잘 함축되어 있는 말이다. 철두철미한 독자 지향성의 경영전략으로 퓰리처의 〈뉴욕 월드〉는 판매부수를 폭발적으로 늘려가며 뉴욕을 대표하는 메이저신문사로 등극했다. 하지만 두드러진 성공 스토리는 이내 업계의 시샘과 경쟁을 불러왔다.

언론 재벌 윌리엄 랜돌프 허스트William Randolph Hearst의 〈뉴욕 저널New York Journal〉은 퓰리처의 〈뉴욕 월드〉에 이전투구의 싸움을 걸어왔다. 무분별하고 파렴치한 콘텐츠 모방, 핵심 인력 빼내 가기, 자극적 기사 선점하기 등의 반칙 도발에 퓰리처는 더티 복싱 난타전으로 기꺼이 응수했다. 심지어 쿠바의 독립문제와 관련한 두 신문의 경쟁 기사가 1895년 미국 - 스페인 전쟁을 부추기는 결정적 악역을 맡았다는 비난의 화살을 받는 등, 이 시대 두 신문사의 출혈경쟁은 미국 언론역사에 가장 쓰라린 상흔을 남겼다.

그러나 극단의 선정성과 출혈경쟁으로 얼룩졌던 추악한 매치를 우려 속에 관전하고 소비하던 독자들은 조심스럽게 퓰리처의 손을 들어주었다. 그것은 퓰리처의 〈뉴욕 월드〉가 언론 본연의 기능인 사회 부조리 폭로에 대상을 가리지 않는 강력한 독립성을 견지하는, 즉 정론의 길을 놓치지 않는 고집에 대한 인정과 응원이었다. 퓰리처의 펜의 예봉은 단호했고, 이를 무디게 할 어떤 영향력도 찾아보기 어려웠다. 막강한 권력을 견제하고, 대통령을 포함한 정치인, 지도층, 대기업의 비리와 불법을 가차 없이 폭로했고, 소외되고 가난한 외국인 이주민과 사회 하층민의 권익에 앞장섰다. 경쟁상대인 동종업계 신문사들로부터 '신문인의 신문(The newspaperman's newspaper)'이라는 찬사와 명예를 얻으며 신문의 전형을 제시한다.

"언론은 다리 위에서 국가라는 배를 감시하는 사람이다."

정부의 통치행위 감시견^{Watch Dog}으로서의 언론 철학이 명료하게 녹아든 퓰리처의 유명한 캐치프레이즈이다.

프랑스가 1886년 미국의 독립 100주년을 기념하여 뉴욕에 선물로 보내준 자유의 여신상^{Statue of Liberty}은 350개의 조각으로 나뉘어 214개의 나무 상자에 포장된 채 뉴욕항에 대책 없이 적재되어 있었다. 당시의 뉴욕시는 거대한 조각상을 세우기 위하여 필요한 예산이 없었다. 퓰리처는 국가 대 국가로 받은 의미 있는 선물을 미국을 대표하는 뉴욕시가 재조립해서 세울 돈조차 없다는 것은 국가적인 수치라는 특유의 설득력 넘치는 기사로 전국적인 자유의 여신상 조립 기금 조성에 앞장섰다.

당시 〈뉴욕 월드〉의 독자는 100만 명이 넘었다. 퓰리처의 호소에 뉴욕을 중심으로 전국에서 121,000명이 모금에 기꺼이 동참했다. 25센트에서 수천 달러까지 각계각층에서 십시일반 보내온 정성 어린 기금에 힘입어 무게 225톤, 받침대 포함 높이 93.5미터의, 세계에서 가장 거대

▲ 자유의 여신상이 있는 리버티 아일랜드의 퓰리처 동상 (© Bumihills / Shutterstock.com)

하고 유명한 청동 조각상은 4개월의 대대적인 공사 끝에 리버티 아일랜드^{Liberty Island}에 우뚝 설 수 있었다.

풀리처는 건강이 극도로 악화되기 시작한 만년에 저널리즘의 미래에 주목한다. 1903년에 풀리처는 언론대학원 설립기금으로 컬럼비아대학교에 거액 200만 달러를 기부했고, 그의 유지에 따라 언론계의 노벨상으로 불리는 '풀리처상^{Pulitzer Prize}'이 1917년부터 제정된다. 컬럼비아대학교 언론대학원의 풀리처상 선정위원회가 매년 4월에 뉴스·보도사진 등 15개 부문, 문학·음악 7개 부문을 대상으로 수상자를 발표하고, 5월에 컬럼비아대학교에서 시상식이 열린다. 특히 1942년부터 수상이 시작된 보도사진 부문은 세계적인 권위를 가진다.

풀리처는 이익보다는 가치를 추구하는 인생말년의 공익적인 행보로 언론역사상 가장 존경받는 독보적 거물 저널리스트로 등극했다.

조보^{朝報}

현재 공인된 세계 최초의 신문은 1660년 6월에 간행된 독일의 일간지 〈라이프치거 차이퉁〉으로 알려져 있다. 최초의 신문이 북독일을 중심으로 네덜란드, 벨기에, 프랑스 북부, 스웨덴의 북유럽 지역에서 태동해서 발달한 것은, 마인츠 태생의 구텐베르크^{Johannes Gutenberg}가 스트라스부르크를 오가며 세계 최초의 금속활자 인쇄 기술을 발명했다고 알려진 사실과 깊은 관련이 있다. 17세기 국제적인 해상교역의 중심지였던 네덜란드 암스테르담, 엔트워프 같은 대규모 항구도시에서 투자와 교역과 관련된 해외 소식이 고급정보일 수밖에 없던 것 또한, 초기 신문 역사의 중요한 배경이다.

2017년 충북 영천의 한 사찰에서 조선시대 1577년 음력 11월 6·15·18·23·24일자로 발행된 5건의, 민간을 대상으로 한 조보朝報 목판인쇄 실물이 우연히 세상에 모습을 드러낸다. 《조선왕조실록朝鮮王朝實錄》에 기록으로만 존재했던 민간신문의 현물이 최초로 발견된 것이다. 주로 왕의 국정수행 정보를 필사해 중앙관료와 각 지방관청으로 배포되고 있었던 소식지인 조보는, 중종 때부터 이미 매일 승정원에서 발행되고 있었으나 일반인에게는 공개되지 않는 관보官報였다.

그런데 이 조보가 일반 백성들에게 보급되는 사건이 발생한다. 조정의 인사발령, 사건, 사고 등의 내용이 실린 이 조보를 발견한 선조는, 자신의 허락 없이 발행됐다는 이유로 노발대발 격노하여 민간 조보 발행 관련자 30여 명을 유배시키고 발행 석 달 만에 민간 조보를 즉각 폐간시켰다. 선조 10년 음력 11월 28일 《조선왕조실록》에 실린 내용이다. 절대 왕권의 당시 시대 상황을 고려하면 충분히 납득되기도 하지만, 조정의 소식이 백성들에게 노출되는 것을 극도로 경계한 선조의 과잉 조치가 못내 야속하다.

만일 인쇄 조보가 선조의 언론탄압으로 중단되지 않았다면, 1660년 보다 83년 먼저 발행된 세계 최초의 인쇄 신문으로 인정받았을 것이 유력시되기 때문이다. 세상의 잣대와는 상관없이 구한말의 유길준이 이미 자신의 《서유견문》 제17편의 '신문' 항목에서 조선의 인쇄 조보가 신문의 기원이라는 사실을 거론한 바 있다.

고려가 세계 최초로 금속활자 인쇄술을 발명했고, 그 기술이 독일의 구텐베르크에게 전수되었을 강력한 개연성을 〈뉴욕 타임스〉를 비롯한 유럽의 학자들이 정교한 실험과 명백한 증거를 바탕으로 인정하고 있다. 결국 독일을 포함한 북유럽에서 초기의 신문이 태동한 역사적 사실에 고려의 인쇄 기술이 결정적 단초가 되었다는 합리적 유추에 도달한다면, 이 일련의 사건들은 논란의 원조 시비를 떠나서 결국 '누가 확대 재생산에 성공했느냐'의 실용 문제로 귀결될 수밖에 없다.

이미 전 세계에서 가장 일찍이 인쇄를 위한 고도의 기술력을 갖추고 있었음에도 불구하고, 절대왕권의 편협한 폐쇄성으로 인하여 최초의 신문으로 발전할 수도 있었던 언론 태동의 싹이 댓바람에 잘려 나간 아쉬운 역사 역시, 결국 그것을 받아들일 수 있을 만큼 국가의 정치, 경제, 사회, 문화 전반이 충분히 유연하고 성숙해 있는가의 저변 문제로 귀착될 수밖에는 없다.

퓰리처

퓰리처의 입지전적 성공과 혁혁한 업적은, 급속도로 팽창하는 시장 규모 속에서 다양한 사회 구성원들이 자유롭게 표출해낸 진취적 시민정신을 왜곡 없이 담아낼 만큼 풍성히 무르익은 유연한 시대 배경과, 불굴의 신념과 탄탄한 실력에 공익적 윤리를 겸비한 탁월한 인물과의 화학적 결합이 창출해준 역사적 산물일 것이다.

그리하여 퓰리처는, 가난한 이민자로 시작해서 무자비한 경쟁과 철저한 상업주의를 통한 탐욕의 축재薔財로 아메리칸드림을 성취한 후 사회 공익을 위한 기금조성을 주도하고, 개인재산의 사회 환원을 통하여 후손들이 추구할 귀감의 '노블레스 오블리주noblesse oblige'를 실천해낸 복잡한 스펙트럼의 성공한 미국인의 전형이 되었다.

컬럼비아 언론대학원에 있는 퓰리처의 흉상 옆에는 그가 1904년 5월에 남긴 어록이 선명히 양각되어 있다.

이글은,

"우리 공화국의 번영과 몰락은 언론의 역할과 함께할 것이다.(Our Republic and its press will rise or fall together.)"로 시작해서

냉소적이고, 탐욕적이며, 선동적인 언론의 폐해를 강력히 지탄하며,

"국가의 미래를 만드는 힘은 미래 세대 언론인의 손에 달려 있다. (The power to mould the future of the Republic will be in the hands of the journalists of future generations.)"로 마친다.

마블의 슈퍼히어로 스파이더맨이 컬럼비아대학교 물리학과가 보유한 상상의 영웅이라면, 현대 저널리즘의 대명사가 된 퓰리처는 컬럼비아대학교에 언론학의 초석을 놓은 실존적 전설이다.

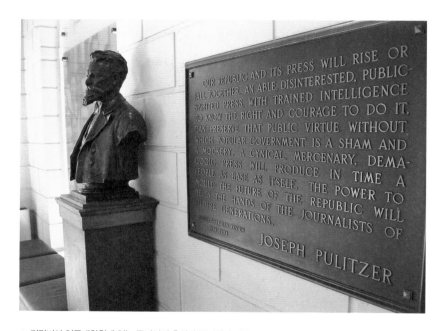

▲ 컬럼비아 언론대학원에 있는 퓰리처의 흉상과 퓰리처의 어록 (© Columbex) (출처 _ 위키피디아)

허스트 타워

맨해튼을 남북으로 달리는 8번 애비뉴와 교차하는 동서의 56번과 57번
가 사이에, 직관적으로는 센트럴파크 남서쪽 모퉁이의 콜럼버스 서클
에서 남쪽으로 한 블럭 떨어진 지적에, 퓰리처와의 무차별 언론경쟁으
로 악명 높은 호적수였던 윌리엄 랜돌프 허스트의 허스트 커뮤니케이션
그룹 사옥 '허스트 타워The Hearst Tower'가 우뚝 솟아 있다.

　1920년대 본래 6층 건물로 지어진 허스트그룹의 본사 사옥 건물은,
2003년부터 3년 6개월의 재건축 공사기간을 거쳐 삼각형 형태 구조의
유리 외장을 입면에 반영시킨 독특한 외관을 가진, 46층 182미터 높이
의 하이테크 건축물로 새롭게 탄생했다.

　허스트 타워는 초고층 건물의 각축장인 뉴욕 미드타운에서 높이와 규
모 면에서 그리 괄목할 만한 건물이라고 볼 수는 없다. 1929년 불어닥친
대공황의 여파로 본래 18층으로 완성하고자 했던 조셉 어반Joseph Urban 의
기존 설계를 축소 변경하여 어쩔 수 없이 6층으로 마무리 지을 수밖에
없었던 아쉬움의 역사에 더하여, 80년이 지난 후에도 계속 성장해 나가
는 기업의 미래가치를 건축물에 새롭게 반영하고자 고민했던 흔적을 건

▲ 1920년대에 지어진 허스트 타워 기단부(© SebasTorrente) (출처_위키피디아)
▶ 맨해튼 미드타운에 새로 지어진 허스트 타워 상층부(© Alsandro) (출처_위키피디아)

물에 고스란히 남긴 것으로 더 유명하다.

영국의 저명한 하이테크 건축가 노먼 포스터Norman Foster는 기존의 6층 건물을 허물지 않고 외벽을 그대로 보존한 채 전통과 혁신이 아름답게 어우러진 46층의 독특한 현대적 건물을 성공적으로 부활시켜냈고, 거장의 건축공학과 인문철학을 모두 반영한 허스트 타워는 유력한 건축상들을 수상했다.

미 서부로부터 사업의 새로운 본거지가 될 뉴욕으로 진출한 허스트 사#의 1920년대와 격동의 대공황 시기, 그리고 80년이 지난 후 약 300여 개의 정기 간행물과 케이블 방송 등으로 전 세계의 독자층을 확보하고 있는 미디어 재벌로 성장한 허스트그룹의 21세기가, 이 한 건축물에서 시대의 간극을 넘어 멋지게 랑데부하고 있다.

설립 초기 기업의 가치관을 표방하는 출판, 산업, 희극, 비극, 스포츠, 과학, 음악, 미술의 상징적 조각상은 황갈색 기존 석조 건물의 외벽에 여전히 살아 숨쉬며, 발전과 혁신은 전통이라는 든든한 기반 위에 세워졌을 때 더할 나위 없이 견고하다는 금과옥조를 힘차게 계몽해주고 있다.

여행에서 얻은 창의적 영감

노먼은 로마를 여행하고 있었다. 콜로세움Colosseum 탐사를 마친 후 고대 로마 제국의 심장부였던 포룸 로마눔(라틴어 Forum Romanum, 이탈리아어 Foro Romano)의 북서쪽 방향으로 아쉬운 발걸음을 서서히 옮기고 있었다. 콜로세움이라는 고대 최고 유명세의 이 불가사의한 건축물에 대하여 후대에 주로 회자되는, 구조물의 막대한 규모와 창의적인 건축 구조, 혹은 석회에 화산재를 섞은 세멘툼cementum 같은 당시의 혁신적 건축 재료 등은 더 이상 노먼의 호기심을 끄는 관심사는 아니었다.

살육과 격투의 잔인한 엔터테인먼트를 위하여 검투사와 동물들을 지하에서 끌어올리던 고대의 인력작동 승강장치 캡스턴Capstan이라든가 한낮의 따가운 햇빛을 가리기 위하여 경기장의 좌석 위 천장에 설치했던 초대형 수동식 접이식 벨라리움Velárĭum, 혹은 최대 8만여 명이나 되는 관중 전원이 불과 30분 만에 경기장을 완전히 입장하거나 퇴장 가능하도록 설계된 76개의 출입구 등의 창의적 실용성이 그의 탐구 대상이었다. 노먼은 콜로세움으로부터 새로운 건축설계의 실마리를 기대했지만, 이번 탐방여행에도 별 성과는 없었다.

역사적 유적이나 대가의 예술품 혹은 아름다운 자연 등으로부터 특별한 영감을 얻어낼 수 있는 빈도수는, 적어도 노먼에겐 이따금씩(from time to time)과 극히 드물게(once in a blue moon) 사이 정도에 있는 듯했다. 때로는 적용할 대상에 필요한 것을 눈여겨 찾아내기도 하고, 더러는 우연히 얻어낸 것을 밑천 삼아 장착할 대상을 애써 찾아 나서기도 하지만, 대개는 느낌, 소리, 풍경, 낌새, 잡힐 듯 말 듯한 희미한 데자뷔 등의 본능적이고 자연스러운 체감으로 편안하게 대상을 관조하고, 이에 동반되어 잔잔하게 솟아나는 유희에 자신의 감성을 쉽사리 내어주곤 했다.

노먼은 콜로세움을 뒤로하고 티투스 개선문Arch of Titus으로 천천히 다가섰다. AD 70년 유대를 멸망시킨 티투스 황제가 예루살렘성전에서 약탈해 온 전리품과 유대인 전쟁 노예의 노동력으로 콜로세움을 건축했다는 사실을 역설하는 조각이 개선문 아치의 내벽에 선명하게 조각되어 있다.

침략전쟁에 승리한 로마 제국 황제의 군사적 권위와 정치적 권력의 상징성을 고스란히 투영하고자 열망했던 나폴레옹의 파리 개선문Arc de

Triomphe Paris의 원조모델인 티투스 개선문의 오른쪽을 막 지나서자 앞이 탁 트인 로마의 심장부 포로 로마노 광장의 모습이 한눈에 들어왔다. 속주의 반란을 진압하거나 야만족의 침략을 격퇴하고 제국의 영토를 확장한 로마 황제와 장군의 성대한 개선식이 화려하게 펼쳐졌던 제국의 중심이자, 훗날 클레오파트라Cleopatra와 세기적 결합을 하게 될 마르쿠스 안토니우스Marcus Antonius가 공화주의자들에게 암살당한 율리우스 카이사르를 애도하며 분기탱천한 정치적 연설을 토해내던 제국의 정치, 경제, 사회, 문화의 1번지이다.

유난히 다혈질이었던 라틴족 로마 시민들의 환호와 열띤 토론 소리, 아우성 혹은 불만의 원성이 언제나 가득 찼던 로마의 광장은 그리스의 아고라 광장을 닮아 역시 열린 광장의 모습을 하고 있었고, 이탈리아어 포로 로마노의 뿌리가 되는 라틴어 포룸 로마눔의 포룸은, 훗날 공개 토론회를 의미하는 포럼Forum에 영감을 제공했다.

노먼에게는 대중을 위한 광장 역시 의미 있는 건축의 대상이었다. 1840년대 설계되었던 런던의 트라팔가 광장Trafalgar Square은 리모델링에 관한 오랜 고민과 적잖은 논란 끝에 결국 노먼(포스터 앤드 파트너스Foster and Partners)*의 마스터플랜으로 재단장된 후, 런던 시민들의 가장 사랑받는 공공장소로서 호평을 받고 있었다. 로마 판테온Pantheon의 돔Dome과 그 한 가운데 눈동자처럼 둥글게 열린 자연 채광 원형창문 오쿨루스Oculus는 독일 베를린의 역사적인 건축물인 독일제국국회의사당Reichstagsgebäude의 리

---

* 노먼 포스터가 창립한 영국의 건축설계 회사

노베이션에 녹아든 강력한 영감의 원천이 되었다. 오쿨루스를 닮은 유리 돔의 투명성으로 위정자들의 모든 정치 행위는 국민에게 숨김없이 공개되어야 한다는 통일독일의 민주주의를 상징함과 동시에 친환경적인 자연 채광을 실행할 수 있었다. 고대의 유산과 건축은 노먼에게 언제나 새로운 영감을 제공해주는 마르지 않는 샘물이었다.

찬란한 고대의 눈부신 장관을 이제는 오로지 비범한 상상력에만 허락하는 남루한 유적 사이로 자연스럽게 뻗은 제법 낯익은 길을 따라 포로 로마노 북서쪽 끝자락 카피톨리노 언덕이 지척에 보이는 널따란 공회당 광장에 다다른 순간, 카피톨리노 언덕 뒷면에 마치 하나의 건축물처럼 위아래로 연결되어 버텨선 타불라리움Tabularium과 세나토리오 궁전Palazzo Senatorio의 후면이 불현듯이 노먼의 시야에 들어왔다.

타불라리움은 BC 78년에 건축된 고대 로마의 공식문서 보관소로 지금은 거의 폐허가 되어버린 유적이었다. 전체 3개 층으로, 1층에는 크고 높은 벽으로 둘러싸여 요새화된 하나의 커다란 문서 보관실이 있었지만, 2,000년이 훌쩍 넘는 유구한 세월을 이기지 못한 채 형편없이 노후되어 외벽이 볼품없이 허물어져 있었다. 그러나 이 유적이 건설된 지 무려 1,200년이 지난 12세기 중반에서 13세기 사이, 바로 그 기반 위에 지금의 세나토리오 궁전이 세워졌다.

이후 시의회의 전당이었던 세나토리오 궁전은 서로마 제국의 멸망 이후 14세기 만에 이탈리아의 재통일이 완성되던 1870년부터는 로마의 시청사로 사용되기 시작했다. 본연의 기능을 상실한 지 이미 오랜 케케묵은 유적 타불라리움의 기초 위에 건설된 세나토리오 궁전 역시, 800여 년의 모진 세월을 견뎌내며 현대 로마의 시청사로 여전히 건재하고 있다는 대단히 상징적이자 이례적인 사실에 갑자기 노먼의 생각이 닿았다. 서사적이자 전통적이고, 혁신적이며 인상적이었다.

2,100년의 장구한 이야기가, 하나로 연결된 두 건축물을 꿰뚫고 관통한 순간, 노먼의 눈은 새벽 샛별처럼 번득였다. 해묵은 역사의 현장에서 온고지신溫故知新의 지혜를 찾아 구하던 건축예술가의 예민한 통찰력이, 전통을 유난히 숭상하는 영국인 특유의 본능에 전광석화처럼 불을 지폈다.

미켈란젤로가 설계한 것으로 유명한 카피톨리노 언덕 위의 캄피돌리오 광장Piazza del Campidoglio 정면에서는 전혀 볼 수가 없었던 세나토리오 궁전의 새삼스러운 뒷모습과 타불라리움의 관록의 기저基底로부터, 노먼은 고대와 중세와 현대, 그리고 미래까지의 연대기를 하나로 이어주는 두 건축물의 설명하기 어려운 불협화음의 조화를 미세하게 포착해냈다.

노먼은
굳이 빛바랜 과거를 애써 재건하거나 미화하지 않고도
그 위에,
있는 그대로의 현실과 견고한 미래를 성공적으로 쌓아 올릴 수 있다는 오래된 혁신에 대한,
조만간 뉴욕 허스트 타워의 리노베이션에 적용할,
건축의 창의적 영감이 뇌리에서 미처 희미해지기 전에 부지런히 비망노트에 옮겨 적었다. _ 아랑곳!

▲ 포로 로마노와 타불라리움(좌측 상단 건물) (ⓒ Delanie Weigand/ iStock.com)

▶ BC 78년경 건축된 고대 로마의 공식문서 보관소 타불라리움과 그 위에 건축된 현재 로마 시청사로 사용 중인 세나토리오 궁전 (ⓒ Sailko) (출처 _ 위키피디아)

개방과 양보

허스트 타워 상층부의 하이테크 신축 건축물과 기단부의 복고풍 기존 건축물의 조화는 까다롭고 대담한 건축공학적 과정을 거쳤지만, 완공의 열매는 쏟아지는 호평 덕에 달콤했다.

노먼 포스터는 기존 건축물의 외벽만 남긴 6층 높이의 내부 전체를 하나의 커다란 로비홀로 개방해서 방문자와 상주자의 공용공간으로 제공했고, 상층부 건물을 기단부보다 상당 부분 안쪽으로 후퇴시켜 사방으로 생성시킨 천창^{天窓}을 통하여 로비 전체를 넉넉하게 조명하는 대범한 자연 채광을 실현했다.

신^新과 구^舊가 조화를 이루는 데 요구된 핵심 공법은 기단부의 개방과 상층부의 양보였다. _ 아랑곳!

저층부의 넉넉한 공용 아트리움은, 허스트그룹의 공동체와 외부의 방문자를 하나로 연결해주는 광장으로 명성을 얻으며 도심의 명소가 되었고, 모던한 새로움과 클래식한 해묵음이 어울려 공존하는 이 조화로운 장소는 소유자와 향유자가 기꺼이 붙여준 기분 좋은 별명을 얻었다.

"The social heart of the Hearst community(허스트 커뮤니티의 사회적 심장)."

▲ 3층 높이의 허스트 타워 공용 아트리움(© Chuck Choi) (출처 _ Arcade Images/Alamy stock Photo)

뉴욕 공립 도서관

불현듯이 깨닫게 된 사랑의 심정을 고백하기 위하여 홀리를 찾아 뉴욕 시내를 헤매던 폴이 낙심한 채 뉴욕 공립 도서관New York Public Library, NYPL 으로 발걸음을 돌렸다가 도서관 열람실에서 책을 읽고 있는 그녀를 우연히 발견한다. 도시에서의 화려한 신분 상승을 꿈꾸는 홀리는 보석상점 티파니를 탐닉하다가도 이따금씩은 뉴욕 공립 도서관을 찾았다. 가난한 무명작가 폴이 자신의 저서 《9개의 삶》이 뉴욕 공립 도서관에 소장되어 있다는 사실을 자랑하기 위하여 홀리를 데리고 왔던 것이 그녀가 도서관에 새삼스러운 흥미를 가지게 된 계기였다.(영화 '티파니에서 아침을' 중, 영화 상영시간 01:10:20~01:12:24)

홀리는 한 번에 예닐곱 권의 책을 쌓아 놓고 탐독하곤 했는데, 그중에는 《부와 약속의 땅, 남아메리카South America, Land of Wealth and Promise》라는 흥미로운 인문지리 서적도 있었다. 핸섬하고 돈 많은 남미 출신 호세와 결혼하기 위한 문화적 배경지식을 얻으려는 실용적인 목적이었다.(영화 '티파니에서 아침을' 중, 영화 상영시간 01:22:17~01:25:15)

미국은 도서관의 나라이다. 워싱턴 D.C.에 소재한 미국 의회 도서관

Library of Congress은 세계 최대의 도서관이다. 미국에서 2번째로 규모가 큰 뉴욕 공립 도서관은 세계 5대 도서관으로 손꼽힌다. 미국이 세계 최대인 것이 비단 도서관만은 아니겠지만 특별히 이 분야의 기록이 두드러진 것은, 국가의 전폭적 지원과 효과적 행정, 그리고 앤드루 카네기 같은 부호들의 아낌없는 기부문화에 뿌리를 두고 있다.

규모보다 더욱 유의미한 측면은 모세혈관처럼 촘촘한 전국의 분포망이다. 〈미주중앙일보〉 이종호 논설위원의 칼럼에 따르면, 2011년 현재 미국 전체에 16,671개의 공공도서관이 있고, 미국 시민의 60퍼센트 이상이 도서관 카드를 소지한다. 미국의 대도시에는 도시 전체를 대표하는 중앙도서관이 있고, 산하에 지역마다 여러 개의 분관이 운영되고 있다.

뉴욕 공립 도서관은 뉴욕시 다섯 개의 보로borough 중에서 관할구역인 맨해튼, 브롱크스, 스테이튼 아일랜드 3개 지역에 무려 89개 분관을 관장하고 있다. 동네마다 어김없이 자리잡고 있는 미국의 공공도서관은 기본적인 도서 열람에서 전시·공연 등의 각종 문화행사는 물론이고 취업 정보, 세금 관련 보고, 선거 및 투표 이슈, 취약계층 유아들을 위한 교육 등, 지역주민에게 유익한 각종 온·오프 자료를 제공하는 문화 사랑방으로 실용적이고 실질적인 생활밀착형 기관이다.

뉴욕 태생의 소설가 허먼 멜빌이 1850년대 발표한 베스트셀러 소설 《모비 딕》의 집필 자료를 위해 도서관에서 고래에 관한 방대한 장서를 섭렵했던 이야기도 미국 공공도서관의 유용성을 잘 보여주는 예이다.

프레데릭 와이즈먼Frederick Wiseman 감독의 다큐멘터리 영화 '뉴욕 라이브러리에서Ex Libris : New York Public Library'(2017)는 이 도서관이 얼마나 많은 연구와 고민을 통해서 뉴욕 시민을 위한 다양한 프로그램을 진행하고 있는지를 두드러진 연출이나 각색 없이 담백하게 조명하고 있다.

"오늘의 나를 있게 한 것은 동네 공공도서관이다."

_ 마이크로소프트Microsoft 회장, 빌 게이츠Bill Gates

"미국의 힘은 동네 도서관에서 나온다."

_ 〈미주중앙일보〉 이종호 논설위원

뉴욕 공립 도서관은 북쪽의 록펠러센터, 서쪽의 타임스스퀘어, 동쪽의 그랜드 센트럴 터미널, 남쪽의 엠파이어스테이트 빌딩에 동서남북으로 둘러싸인 형세의 예사롭지 않은 좌표에 자리를 잡고 있다. 맨해튼 한복판 미드타운의 남쪽 끝자락이면서, 초호화 쇼핑의 거리 5번가에 연해 있다. 높은 파고처럼 일렁이는 주변의 빌딩숲 한가운데 하얀색 대리석 건물이 평화로운 분지처럼 중후하게 내려앉아 있다.

마치 도서관의 앞마당처럼 보이는 뉴욕의 도시공원 브라이언트파크Bryant Park와의 환상적인 조합을 배제한다면, 금융과 소비를 신봉하는 이 코즈모폴리턴 시티의 심장부에 존재하는 아카데믹한 도서관은, 기능으로 보나 위치로 보나 규모로 보나 희귀한 무료입장(세상의 모든 방문객)의 파격으로 보나 이단이다.

뉴욕 공립 도서관은 1895년에 뉴욕의 주지사이자 대통령 후보였던 새뮤얼 틸든Samuel J. Tilden이 쾌척한 거액의 기부금으로 시작됐다. 이후

▶ 뉴욕 공립 도서관 입구 (ⓒ ajay_
suresh) (출처 _ 위키피디아)
▼ 뉴욕 맨해튼 미드타운의 뉴욕 공립 도
서관과 도시공원 브라이언트파크 (ⓒ 365
Focus Photography / Shutterstock.
com)

1901년 앤드루 카네기의 통 큰 기부금은 뉴욕 공립 도서관의 부설도서관을 건립하는 데 소용所用되었다. 설립은 뜻있는 개인들의 몫이었지만 이후의 운영은 관官에, 혜택은 공공에게 부여된다.

천문학적인 장서를 블랙홀처럼 흡수, 분류, 소장, 열람하는 본질적 기능에 발맞추어 지역사회의 박물관, 각종 전시회, 주민을 위한 문화센터로 끊임없이 발전하며 규모와 역할까지 명실공히 전 세계 공공도서관을 대표하는 롤모델이 된다.

1930년대의 참담한 대공황 시기 실직자들을 보듬은 그늘막이자 취업을 위한 실력배양의 전당 역할을 톡톡히 했던 훈기 도는 공익의 전통이, 도서관 정문 계단 남과 북을 각각 지키는 두 마리 돌사자 상에 인내Patience와 불굴의 정신Fortitude이라는 꿋꿋한 이름으로 전승되어오고 있다.

도서관은 뉴욕시의 재정적 지원과 국제 허브도시로서의 프리미엄에 힘입어 매머드급 규모를 갖추어 나간다. 연간 예산 2억 5,000만 달러에 직원이 2,900명이 넘고, 연평균 방문객이 물경 1,800만 명에 육박한다. 방문자 통계는 1984년 도서관 지하서고에 출몰해 소동을 벌였던 호러 코미디 영화 '고스트버스터즈'의 열독熱讀 할머니 유령도 포함한다.

뉴욕 공립 도서관은 5,300만여 권의 어마어마한 장서에 금속활자로 만든 최초의 인쇄본《구텐베르크 42행성서Gutenberg 42 Line Bible》와 셰익스피어의 초판본과 토머스 제퍼슨Thomas Jefferson 대통령의 미국〈독립선언문Declaration of Independence〉 자필 초고, 콜럼버스가 아메리카대륙 발견을 알린 첫 번째 편지 등의 희귀본을 소장하고 있다. 서양은 일반적으로 100만 권 이상의 장서, 현재 전 세계에 40여 권밖에 남아 있지 않은 희귀본《구텐베르

크 42행성서》와 셰익스피어 작품 초
판본 등을 보유한 도서관을 소장 규
모를 갖춘 훌륭한 도서관으로 인정
한다.

구텐베르크의 42행성서

급격한 이상기후로 빙하기를 맞은
지구의 기후 재난 이야기를 다루
고 있는 롤랜드 에머리히 감독의 블
록버스터 영화 '투모로우 The Day After
Tomorrow'(2004)는 살인적 혹한의 재난
에 빠진 뉴욕을 배경으로 주인공들
이 극적으로 살아남는 생존의 유일
한 대피처로 뉴욕 공립 도서관을 설
정한다.

"도서관이 있다는 그 자체가 인류가
미래에 대한 희망을 품을 수 있다는
증거다."_ T.S. 엘리엇T.S Eliot

◀ 뉴욕 공립 도서관 정문의 돌사자 상 (© Simone
Pitrolo / Shutterstock.com)

인류생존의 마지막 거점이 도서관이라는 상징적이자 형이상학적 설정뿐 아니라 모든 것을 그대로 얼려버리는 맹추위로부터 살아남기 위한 궁여지책의 땔감으로 도서관의 책을 유용한다는 물리적인 장치도 인상적이다. 도서관의 기념비적 보물 공간인 3층 로즈 메인 열람실The Rose Main Reading Room의 발코니 책장에서 대피자 두 남녀가 난방 연료를 위한 책을 수레에 담는 과정에서 우연히 프리드리히 니체Friedrich Nietze의 철학서적을 발견한다. 문제의 책을 두고 두 사람은 전혀 다른 가치관으로 서로 첨예하게 대립하며 니체에 대한 흥미로운 논쟁을 주고받는다.

제레미 : "19세기의 위대한 철학자 니체의 책을 태울 순 없어!"
엘사 : "그는 여동생을 사랑한 변태였다고!"

카메라 앵글은 순간 아래쪽에서 땔감용 책을 모으고 있다가 두 사람의 논쟁이 답답하다는 듯 뜻밖의 대안을 제시하는 다른 인물을 조명한다.

"Excuse me? You guys? 여기들 보세요!
Yeah, There's a whole section on tax law down here that we can burn.
여기 아래쪽에 땔감으로 쓸 세법 관련 책자들이 잔뜩 있거든요!"
— 영화 '투모로우' 중에서(영화 상영시간 01 : 14 : 21 ~ 01 : 14 : 42) —

난방을 위하여 철학서적을 태울 것인가 말 것인가의 논쟁에 열을 올릴 바에는 차라리 지구가 멸망하면 어차피 하등의 쓸모가 없을 실용의 세법서적을 일단 먼저 태우는 것이 더 현명하지 않겠느냐는, 철학의 나라 독일 출신 감독다운 롤랜드 에머리히의 철학 옹호 철학이 엿보인다.

니체의 철학서적을 소각으로부터 지켜내려고 논쟁을 벌였던 제레미는, 이번에는 도서관의 귀중한 희귀본 《구텐베르크의 42행성서》를 대피자들이 벽난로의 연료로 태워 없애지 못하도록 자신의 무릎 위에 애지중지 다잡아 올려놓은 채, 신이 구원해줄 것이라고 믿느냐며 그 성경책을 왜 그렇게 소중히 붙잡고 있느냐는 엘사의 냉소 섞인 질문에 자신은 무신론자임을 밝히며 이렇게 항변한다.

"This Bible is the first book ever printed. 이 성경은 인류 최초의 인쇄본이야.

It represents the dawn of the Age of Reason. 이 책으로 이성의 시대가 열렸지.

As far as I'm concerned, the written word is mankind's greatest achievement. 인류 최대의 발명품은 바로 문자야!

You can laugh······, 날 비웃을 수도 있겠지만······,

but if Western Civilization is finished······, 만일 서양 문명이 모두 멸망한다 할지라도······,

I'm gonna' save at least one little piece of it. 난 이 책 하나만은 반드시 지킬 거야."

– 영화 '투모로우' 중에서 (영화 상영시간 01:24:08 ~ 01:25:02) –

본질적으로 기독교의 경전인《구텐베르크의 42행성서》를 신앙의 관점이 아니라 최초로 인쇄된 귀중한 인류 기록문명의 이성적 산물로 바라보는 극중 남자의 무신론관Atheism을 영화에서 웅변하는 것은 창작의 자유와 종교적 선택의 문제이겠지만, 물리적 인쇄물로서의《구텐베르크의 42행성서》를 굳이 꼭 집어서 서양 문명만의 최후의 보루로 동일시하는 감독의 세계관에는, 비록 영화적 설정이라 치더라도 전적으로 동의하지는 않는다. _ 아랑곳!

왜냐하면《구텐베르크의 42행성서》의 인쇄를 가능케 해준 핵심적인 원천재료인 종이 제조술은 이미 잘 알려진 바와 같이 중국의 발명품이고, 원천기술인 금속활자 인쇄술은 명백한 고려의 창작물이기 때문이다.

종이의 전파

지중해의 해상권을 그리스와 각축하고 있던 페니키아인들은 교역에 필수적인 기록을 위하여 알파벳의 원형이 되는 문자를 만들었고, 이 파급력 강한 문자를 나일 삼각주에서 생산되던 파피루스와 페르가몬의 특산물인 양피지에 기록했다.

동양에서는 기원전부터 얇게 켠 나무조각인 목간木簡이나 대나무 개비 죽간竹簡에 한자를 기록하고 있던 중국이 기원 전후를 즈음하여 종이라는 혁신적 기록매체를 발명했고, 8세기경 이 기술은 중국 황금기의 당나라로부터 중앙아시아와 중근동을 거쳐 이집트와 북아프리카로 전수되었으며, 다시 지브롤터 해협을 건너 당시 이슬람 지배하에 있던 지금의 스페인 안달루시아 지방에 전파되었다. 종이는 이렇게 종주국 중국을 떠나 이슬람 지배권을 따라 서쪽으로의 파란만장한 여정을 그리다가 마침내 유럽 땅 이베리아반도에까지 전해지며, 상대적으로 비효율적인 지중해권의 주 기록매체였던 파피루스와 양피지를 서서히 대체해 나갔다.

　이슬람의 이베리아반도 점령기에 역사적인 번영을 견인한 제지술製紙術은 여세를 몰아 서양 문화예술의 심장부 이탈리아에서 쏟아지는 콘텐츠와의 화학적 결합으로 꽃을 피운 후, 야만에서 지성과 실용으로 체질개선이 한창이던 늦깎이 문명국 독일로 확산되었다가, 매머드급 문학 번영으로의 기지개를 켜고 있던 극서의 영국까지 진출하며, 결국 뜻밖의 유럽 무대에서 인류 기록문명의 게임체인저가 된다.

인쇄술의 전파

세상은 종이를 서방세계에 전해준 문명국 당나라가 8세기 초엽 세계최초의 목판인쇄 기술을 발명했을 것으로 막연하게 추정하고 있었다. 1966년, 세계에서 가장 오래된 목판인쇄물인《무구정광대다라니경無垢淨光大陀羅尼經》이 불국사 석가탑 사리함 속에서 발견되면서 인쇄술의 중국 기원설은 심각한 타격을 입게 된다. 기존에 최고最古의 목판인쇄물로 알려져 있던 일본의《햐쿠만토다라니경百萬塔陀羅尼經》발행 시기는 770년, 중국의《금강반야바라밀경金剛般若波羅密經》은 868년이었고,《무구정광대다라니경》의 발행 시기는 706년이었다. 현존하는 가장 오래된 인쇄물은 통일신라시대 한반도에서 발행되었다.

　동아시아에서 발명되어 확산되고 발전해 나가던 목판인쇄술은, 목재가 가진 내구성의 한계를 극복하기 위하여 한반도의 고려에서 새로운 재질적, 기술적 변화를 맞는다. 1377년, 고려시대 청주목에 소재한 사찰 흥덕사興德寺에서 세계에서 가장 오래된 금속활자로 인쇄된 책《직지심체요절直指心體要節》을 발행한다. 유네스코 세계기록유산에 등재된 이 유명한 책은, 1455년 구텐베르크가 간행한 금속활자본《42행성서》보다 78년이나 앞선 것이다.

그러나《직지심체요절》은 현재까지 발견된 최초의 금속활자 인쇄 실물일 뿐이지, 금속활자로 인쇄된 최초의 인쇄물을 의미하는 것은 아니다. 금속활자 인쇄에 대한 최초의 기록은 따로 존재한다.

고려시대의 문장가 이규보李奎報가 집필한《동국이상국집東國李相國集》은 고려 인종 치세기인 1234년에 금속활자를 사용해서《상정예문詳定禮文》50권을 인쇄한 사실을 기록하고 있다. 실물이 소실되어 현존하지는 않지만, 이것은 세계에서 가장 오래된 금속활자 인쇄물이 존재했던 구체적 실재實在와 정확한 연대를 특정해주는 귀중한 기록이다.

1234년은 몽골의 고려 침략이 시작된 지 3년이 지난 해였다. 1231년부터 시작된 몽골의 침략이 이미 2차까지 휩쓸고 지나간 후로부터, 1235년 7월부터 시작될 지난한 3년 9개월간의 3차 침략이 있기 전의 시간 사이에 놓인, 향후 40년간 몽골의 집요한 침략과 약탈에 시달릴 뼈아픈 운명을 앞둔 폭풍전야 같은 불안한 평화의 시기였다. 몽골 제국 중 유일하게 온전한 국가를 유지한 **불굴의 고려**는 완전히 정복하기도 어려웠지만, 무능한 무신정권이 고려의 최정예군을 호위병으로 이끌고 왕실과 함께 강화도로 숨어들어 간 **무주공산의 고려는** 약탈하기에도 최적이었다.

팍스 몽골리카나

칭기즈칸이 건설한 몽골 제국은 28년 동안 9차례의 끈질긴 고려 침략을 통하여 마침내 극동의 고려와 서양의 유럽을 하나로 연결하며 유라시아를 망라하는 대규모 네트워크를 형성한다. 서쪽으로는 러시아에서 서아시아를 거쳐 중앙아시아와 중국 전역이 연결되었고, 동쪽으로는 압록강 건너 한반도 고려의 서경, 개경, 탐라까지를 연결하는 인류역사상 유래가 없는 초대형 단일제국이었다.

　방대한 제국은 원활한 통치를 위한 교통통신망의 인프라 스트럭처가 절실했고, 쿠빌라이칸 시대에 대대적으로 구축된 도로 네트워크 역참站站망은 제국의 정보와 물자를 초고속으로 유통시켰다. 역참은 군사정보, 외교문서 전달과 황실의 물자수송 임무를 맡은 전령들이 말을 갈아탈 수 있는 정거장으로, 오늘날의 기차역과 고속터미널의 기능과 같은 것이었다. 도시에서 초원으로까지 대대적으로 확산된 1,500여 개의 역참은 역사상 최초로 이루어진 동서양의 대교류에 지대한 영향을 미쳤다.

　참과 참 사이의 기본적 소요시간과 거리 개념은 '한참'이라는 단어로 우리 문화에 전승되었다. 마르코 폴로는 역참에 대하여 "제국의 요지마다 40킬로미터 간격으로 설치된 크고 멋진 숙사에는 300~400마리의 말들이 항시 대기하고 있었으며, 고급스러운 시설의 숙소가 훌륭하게 구비되어 있었다."는 상세한 기록을 《동방견문록》에 남겼다.

서양의 상인, 선교사, 모험가들에 의해 유라시아 동쪽 끝의 풍습과 문화가 소개되었고, 유럽은 비로소 탈^脫 지중해의 세계관에 눈을 뜨기 시작했다. 오늘날의 인터넷 광케이블망과 같은 역참 네트워크를 통하여 사람, 풍습, 제도, 사상, 재화, 정보 그리고 드물게는 최첨단 기술까지도 교차했다.

고려에서 징발한 최고급 인삼, 희귀 약재, 송골매 등이 베네치아 리알토 다리 중앙시장에서 인기리에 비싼 값으로 거래되었다. 몽골 제국은 잔인무도한 정복자이자 약탈자인 동시에, 상호간의 교류가 불가능했던 동떨어진 문명권을 점과 선으로 연결한 개방과 실용의 혁신적 플랫폼 제국이었다.

금속활자 인쇄술의 대장정

몽골 제국 시대에 고려를 떠나 대륙으로 여행하던 고려의 금속활자 인쇄 기술을 담은 보물상자는 중앙아시아 최대의 교역도시 사마르칸트에 안착한 후, 한참 동안 잊혔다가 티무르 제국의 수도로서 최전성기를 맞는 14세기 후반 독일 라인 강변의 도시 마인츠에서 찾아온 한 호기심 많은 상인의 손에 의하여 유럽으로의 여정을 마칠 수 있었다.

새로운 기술은 가치로 전환되기까지 숙성될 시간과 그것을 실현할 수 있는 제대로 된 임자를 필요로 했다. 문제의 상자는 다시 마인츠 조폐국의 금화 제조 기술자에게 제법 실한 값에 팔렸다. 금속으로 활자를 만들어 짧은 시간에 여러 권의 책을 만들어낼 수 있는 새로운 기술의 결정적 실마리를 담은 보물상자는, 상세한 그림과 함께 한자에서 위구르어를 거쳐 페르시아어로 번역이 되어 있었던 금속활자 제작 설명문과 실물 견본 금속활자를 고스란히 품고 있었다. 보물상자는 가격협상 때 상인에게 덤으로 얻은 중앙아시아 풍의 이국적인 전통 복장과 함께 새로운 기술에 남다른 관심을 보이는 될성부른 아들 구텐베르크에게 전수되었다.

몽골은 척박한 북방 초원국가에서 세계 대제국으로 도약, 경륜經綸, 소멸한 격동의 역사를 소유했지만, 서양과 고려는 공유했고, 마르코 폴로는 경험했으며, 구텐베르크는 쟁취했다.

사람 손으로 일일이 문자를 옮겨 적고 있었던, 성경 한 권을 필사하는 데 평균 2개월이 걸리던 서양의 필사의 시대는 이렇게 종말을 맞고 있었다.

인류역사상 가장 중요한 발명품의 원천기술이 동양에서 서양으로 넘어간 이 드라마틱한 역사의 이야기는, 누가 먼저 시작했는가의 원조 논쟁으로부터 누가 더 발전시켜 확대재생산에 성공했느냐의 실용 문제로 옮겨간다.

2014년 〈대구MBC〉 제작 다큐멘터리 '구텐베르크, 고려를 훔치다', 혹은 2017년 우광훈 감독의 다큐 영화 '직지코드Dancing with Jikji'에서 심층 고증

▲ 중앙아시아의 전통 복장을 입은 요하네스 구텐베르크 (ⓒ de Larmessin) (출처 _ 위키피디아)

한 움직일 수 없는 역사적 자료들을 접한다면, 굳이 애국심으로 단단하게 무장하지 않더라도 미국 〈라이프〉지가 선정한 인류역사를 바꾼 100대 사건 중 1위로 꼽힌 금속활자 발명의 원조가 구텐베르크의 독일이 아니라 한민족의 고려라는 사실을 의심할 여지가 없다.

"6개월 전 저는 스위스 바젤의 인쇄박물관에서 다음과 같은 연구를 접할 수 있었습니다. 구텐베르크가 인쇄기를 발명할 시기에 고려에서 막 돌아온 교황의 사절단과 이야기를 나눌 기회가 있었는데, 그 사제가 고려의 금속활자 인쇄의 설계도를 가지고 있었다는 겁니다."

– 제45대 미국 부통령 엘 고어Al Gore, 2005년 '서울 디지털 포럼' 기조연설 중에서 –

기술이 고려에서 어떤 경로로 독일의 구텐베르크에게까지 전달되었는지에 대한 퍼즐은 아직 완성되지 않았지만, 적어도 독일이 금속주형 주조법이라고 주장하는《구텐베르크 42행성서》의 인쇄방식이 사실은 고려의 주물사주조법과 동일한 방식으로 제조되었음을 밝힌 프랑스 스트라스부르대학교 올리비에 드로뇽Olivier Deloignon 박사의 연구자료만으로도 합리적 개연성은 충분하다. 인류 문명의 중심이 유럽이라 믿는 유로센트럴리즘Euro-centralism(유럽중심주의)을 기저에 깔고 있는 서양인 학자의 연구와 주장이기에 더욱 그렇다.

여기까지가《구텐베르크의 42행성서》가 서양 문명만의 독점적 산물이라는 주장에 전적으로 동의하지 않는 이유에 대한 담론이다.

구텐베르크는 전수받은 금속활자 기술을 바탕으로 꾸준한 개량과 개선을 해 나가며 다량 인쇄가 가능한 인쇄기를 만들었다. 당시 와인즙을 짜는 용도로 사용하고 있었던 와인 압착기Wine Press를 인쇄기에 적용했다. 20세기까지도 커다란 변화 없이 사용되었던 이 효과적인 방식은, 프레스Press라는 이름으로 신문을 찍어내는 인쇄방식으로 불렸고, 오늘날 언론을 일컫는 또 다른 이름이 되었다.

고려에서는 하루종일 한 판에서 찍을 수 있는 분량이 40장 정도였다면, 인쇄 기계로는 하루에도 몇백 장을 효율적으로 찍어낼 수 있었다.

구텐베르크는 기름으로 가공한 잉크와 인쇄에 적합한 종이도 개량해 냈다. 개량과 개선의 혁신만큼이나 중요한 또 다른 요소는 서적의 수요와 소비를 꾸준하고 넉넉하게 쏟아내줄 만한 시장이 형성되어 있는가의 문제와, 아울러 지식과 정보의 욕구를 충분히 자극하고 담아낼 만큼의 다양한 콘텐츠가 생산될 수 있느냐의 문제였다. 유럽은 이 시대에 용의주도한 구텐베르크만을 가지고 있었던 것이 아니라, 왕성한 시장과 풍성한 콘텐츠까지도 보유하고 있었다.

활자 인쇄는 구텐베르크의 인쇄기 보급이 본격화되는 1450년부터 1510년 사이에 전 유럽으로 거침없이 확산되었다. 1473년에는 스페인의 인쇄기가 처음으로 작동하면서 세르반테스M. de Cervantes의 낭만기사《돈키호테Don Quixote》의 등장을 기다린다. 1474년에는 런던에서 첫 인쇄가 시작되며 조만간 전 세계의 문학계를 뒤흔들 영문학자 셰익스피어를 맞을 채비를 갖춘다. 1482년에는 동화작가 안데르센Hans Christian Andersen의 고향인 덴마크의 오덴세에서, 1483년에는 노벨문학상 수여 국가 스웨덴의 스톡홀름에서 인쇄기가 첫 가동을 시작한다.

현대가 겪었던 인터넷 변혁에 필적하는 인쇄와 출판의 혁명은, 1517년 10월 31일, 마치 때를 기다렸다는 듯이 독일에서 촉발된 중대한 사건의 충격파를 전 유럽으로 무섭게 확산시킨다.

인쇄술은 구교 제도권 전체와 악전고투를 벌이고 있던 마틴 루터^{Martin Luther}의 《95개조 반박문^{Die 95 Thesen}》을 유럽 최고의 초특급 베스트셀러로 밀어 올리며, 승산이 거의 없어 보였던 종교개혁을 극적으로 성공시켰다. 반박문을 인쇄한 책은 불과 2주 만에 독일 전역에 퍼졌고, 1년 만에 16판까지 인쇄되며 날개 돋친 듯 전 유럽으로 파급되었다. 거론된 대도시들을 포함하여 갈등의 진앙지 로마는 물론이고 인쇄의 성지 프랑스 스트라스부르와 스위스 바젤 등 유럽 주요도시들의 인쇄 기계는 연일 경쟁적으로 인쇄물을 쏟아냈다. "인쇄술은 복음 전파를 위해 신이 내리신 최대의 선물"이라는 감사의 표시로 마틴 루터는 자신이 인쇄 기술의 최대 수혜자임을 인정했다.

동서의 중차대한 명운을 갈랐던 금속활자 인쇄 발명의 원조 논쟁과는 별도로, 개발하고 실용하여 확산시킨 주도권에 대한 담론은 어차피 구별되어 평가되어야 할 것이다.

그러나 고려의 금속활자 인쇄술이
조선시대를 관통하면서 더 이상 크게 개량되지 못한 기술적 한계를 인정하더라도,
독일, 아니 유럽중심주의의 기울어진 시각을 신봉하는 서양이 아전

인수의 발로에서 고려의 발명을 자신들의 공으로 돌려놓았다손 치더라도,

코리아Korea의 유래가 되었던 고려가 발명한 전 세계 최초의 금속활자 인쇄물을 적어도 대한민국의 국립박물관이 소장하고 있지 못한다는 현실은,

아무리 구한말의 무기력하고 어수선했던 시대 상황을 인정해보기도 하고 또 곱씹어보아도

스스로 받아들이기에 너무도 뼈아픈 비극이다.

아는 것이 힘이다

유럽을 넘어 식민지까지 확산되던 인쇄 기술은 마침내 대서양을 건너 1639년 미국에 들이닥쳤다. 영국의 메이플라워호가 보스턴 남쪽 플리머스항구에 처음으로 닻을 내린 지 불과 19년 만의 일이다.

"아는 것이 힘이다."

영국의 철학자 프랜시스 베이컨Francis Bacon이 던진 이 유명한 화두는 19세기 중반, 도시의 폭발적인 양적 성장을 받쳐줄 지적 역량이 절실했던 미국 뉴욕 사회를 뒤흔든 최고의 화두였다. 공공도서관 설립이 도시의 시급한 당면과제로 대두되었고, 뉴욕 주지사를 지낸 새뮤얼 틸든이 기부한 유산 240만 달러를 기반으로 뉴욕 시민 모두를 위한 무료도서관이 건립된다.

1911년 뉴욕 공립 도서관 개관 시 도서관의 입구를 지키는 두 마리의 대리석 사자 상의 원래 이름은 '레오 애스터Leo Astor'와 '레오 레녹스Leo Lenox' 였다. 각각 뉴욕 공립 도서관의 전신이었던 애스터 도서관과 레녹스 도서관의 설립에 거액의 유산을 기부했던 모피 무역상 존 제이콥 애스터John Jacob Astor와 부동산 재벌 제임스 레녹스James Lenox의 이름이 붙여진 것이었다.

대공황 시기 피오렐로 라과디아 뉴욕시장이 불황을 극복해낸 뉴욕 시민의 정신을 상징하는 의미를 담아 남쪽의 사자를 '인내', 북쪽의 사자를 '불굴의 정신'이라는 별칭으로 부르기 시작했다. 이후 이어진 전대미문의 번영과 파란만장한 부침까지도 묵묵히 지켜본 두 사자 상은, 뉴요커의 유별난 사랑을 받는 동고동락의 랜드마크가 되었다.

도서관의 이름은 2008년 뉴욕 공립 도서관 스티븐 슈워츠먼 빌딩New York Public Library Stephen A. Schwarzman Building으로 개칭되었다. 도서관 복원사업에 1억 달러를 기부한 세계 최대의 사모펀드 블랙스톤그룹의 CEO인 스티븐 슈워츠먼Stephen A. Schwarzman 회장의 이름을 도서관의 이름 뒤에, 물리적인 의미의 빌딩과 함께 덧붙였다.

도서관 입구를 들어서면 흰 대리석의 아름답고 스펙터클한 애스터 홀Astor Hall이 펼쳐진다. 우아한 아치형 구조들이 11미터 높이의 천장을 떠받들고 있는 아름다운 보자르Beaux Arts 양식의 메인 홀은, 마치 고대의 궁전과 신전을 합쳐 놓은 듯 압도적 장관을 연출한다. 도서관 최초 설립자 존 제이콥 애스터에 대한 확실한 경의의 표현이자 지식의 전당에 대한 확고한 헌사이다.

애스터 홀은 일반인에게 결혼식, 칵테일파티, 만찬 행사, 무도회, 영화 촬영, 사진 촬영 등의 이벤트를 위한 대관 서비스를 진행하는, 행사의 전당이기도 하다. 뉴욕의 성공한 패션 칼럼니스트 캐리 브래드쇼는 참고서적 열람을 위하여 종종 찾던 익숙한 뉴욕 공립 도서관 3층을 오르다가 불현듯 연인 빅과의 결혼식을 도서관에서 치르기로 결심한다.

"Big and I would be married in the classic New York landmark that housed all the great love stories. 빅과 나는 세상의 모든 위대한 러브스토리를 품고 있는 뉴욕의 이 고전적인 랜드마크에서 결혼할 것이다."

– 영화 '섹스 앤 더 시티'(2008) 중에서 (영화 상영시간 00:22:51~00:23:28) –

스타일리시한 커리어우먼으로 어버니즘urbanism을 상징하는 뉴요커 캐리가 떠올린 완벽한 결혼식 장소는 다름 아닌 클래식한 지식의 보고인 뉴욕 공립 도서관이었다. 〈뉴욕 웨딩New York Wedding〉 매거진은 2008년 뉴욕 최고의 결혼식 장소로 뉴욕 공립 도서관을 선정했다.

도서관의 3층 로즈 메인 리딩룸은 이 도서관의 중앙 열람실이다. 고매한 아이보리색의 대리석 벽으로 둘러싸인 너비 23미터, 길이 90미터의 웅장한 열람실은 남북으로 달리는 양옆 벽면에 열람자들을 위한 방대한 도서의 책장을 끌어안고 있다.

특이할 만한 것은 독특한 3단계(자연 채광＋상들리에＋스탠드 램프)의 실내조명 설계 방식이다. 아치형의 초대형 창들로부터 자연의 햇빛이 넉넉하게 열람실로 들이치고 있는가 하면, 고급스러운 샹들리에 들은 천장화와 목재조각과 금박으로 장식된 15.85미터 높이의 천장으로부터 길게 드리워져, 대리석 바닥 위에 도열하듯 배치되어 있는 열람실의 아카데믹한 데스크들을 우아하게 밝혀주고, 최종적으로 열람데스크 위에 놓인 정겨운 놋쇠 스탠드들이 각각의 열람자들을 위하여 독서의 불을 자상하게 비추어준다. 장서와 독서에 대한 이상적인 조명의 향연이다.

열람자만큼이나 방문객이 많은 탓에 도서관 측은 지정된 장소에 한정해서 촬영을 하도록 배려해 놓았다. 밀려드는 방문자와 관광객의 미세한 셔터 소리와 조심

▶ 뉴욕 공립 도서관의 3층 로즈 메인 리딩룸
(©meinzahn/123RF.COM)

성 없는 귓속말의 호들갑조차도 유명세 타는 도서관의 예사로운 풍경으로 자리잡았다.

로즈 메인 열람실은 뉴욕 공립 도서관의 빛나는 꽃이다. 로즈라는 이름은 1998년 프레데릭 피네아스 로즈Frederick Phineas Rose 부부가 기부한 1,500만 달러의 기부금으로 새로 단장된 열람실에 영예롭게 부여된 감사의 훈장이다. 샌드라 프리스트 로즈Sandra Priest Rose 부인은 결혼으로 대학 진학을 포기할 수밖에 없었지만, 자녀들이 모두 성장한 이후 못다 이룬 학업의 성취를 위하여 대학원에 진학했을 때 늦깎이 학생인 자신에게 학습할 수 있는 많은 도움을 준 뉴욕 공립 도서관에 대한 고마움을 기부금으로 표시한 것뿐이라는 장미꽃 같은 향기로운 기부 소감을 남겼다.

아랑곳은 고전적 그리스 – 로마 건축과 르네상스적 아이디어의 결합으로 탄생한 절충적 신고전주의Neo Classicism 건축이라는 정의의 보자르 양식을 채택한 로즈룸에서 민과 관이 협연하는 감동적인 오케스트레이션을 충분히 만끽하며, 도서관이 자랑삼는《구텐베르크 42행성서》및 희귀본들이 전시된 3층에서 한참을 서성였다.

방대한 지식의 축적과 공유,

끊임없이 이어지는 크고 작은 기부,

도서관을 책을 쌓아 놓는 아카이브archive뿐만이 아닌 교육과 토론, 소통, 정보를 아낌없이 제공하는,

도시공동체의 생명력 있는 허브로 만들어 나가고자 부단히 고민하는

실용적인 행정 역량,

소장 자료를 점진적으로 디지털화해 나가며 뉴욕 시민뿐 아니라 전 세계인들과도 기꺼이 공유하고자 하는,

혁신성, 개방성, 홍익성 등.

도서관이라는 콘서트홀이 들려줄 수 있는 최상의 매력적인 화음을 새삼 부러운 시선으로 헤아려가며 애스터 홀로 다시 내려섰을 때, 기념품 가게 앞의 입식 안내용 칠판에 손 글씨로 게시되어 있는 카프카^{Franz} ^{Kafka}의 독서에 대한 촌철일성^{寸鐵一聲}이 번뜩 눈에 들어왔다.

"A book must be the axe for the frozen sea within us.

책이란 우리의 마음속에 얼어붙은 바다를 깨는 도끼여야 한다."

_ 프란츠 카프카, NYPL

고대 로마의 빅마우스 키케로^{Cicero}의 고전적 격언이 큼지막하게 인쇄된 에코백 기념품까지 챙겨 들고 나서, 딱히 손에 잡히지 않는 모호한 아쉬움을 뒤로한 채 뉴욕 공립 도서관을 조용히 빠져나왔다.

"A room without books is like a body without a soul.

책 없는 방은 영혼 없는 육체와도 같다."

메트로폴리탄
미술관

맨해튼 어퍼이스트사이드Upper East Side 부잣집의 말썽꾸러기 사내아이를 돌보는 격무에 시달리던 애니는 이웃집의 매력적 훈남 하버드와의 데이트 약속에 형편없이 늦어버린다. 함께 저녁 식사를 약속한 식당이 이미 막 문을 닫고 있는 꽤 늦은 시간이었다. 일 때문에 본의 아니게 지체된 것에 대한 미안한 마음을 전하면서 다른 날을 기약하자고 돌아가려는 애니에게 하버드는 식당과 카페가 거의 문을 닫은 이 늦은 시간에 데이트할 수 있는 완벽한 장소를 제안하며 그녀를 돌이켜 세운다.

놓쳐버린 저녁 식사 대신 간단한 스낵을 챙겨 들고 두 사람이 찾은 늦은 밤의 오붓한 데이트 장소는, 수많은 관람객의 발길이 이미 끊어져버린 뒤 고풍스러운 파사드(건물의 출입구로 이용되는 정면 외벽 부분)의 우아한 간접 조명만이 두 연인의 정담을 고즈넉이 내리비추는 메트로폴리탄 미술관Metropolitan Museum of Art 입구의 높고도 드넓은 계단이었다.

〈뉴욕 타임스〉가 선정한 2002년 베스트셀러 소설《더 내니 다이어리The Nanny Diaries》를 영화화한 동명同名영화 속의 로맨틱한 데이트 장면이다.

'더 메트The Met'라는 애칭으로 불리는 미술관의 입구 계단은 밤늦은 시간에 갈 곳 마땅찮은 연인의 데이트 장소뿐 아니라 복잡한 도심 속에 살아가는 뉴요커들에게 부담 없는 망중한의 휴식 장소이자 서로 손쉽게 만날 수 있는 대중적인 약속 장소로도 특별한 인기를 얻는 곳이다.

1920년 3월 17일, 땅거미가 질 무렵 허버트 윈록Herbert Winlock은 이집트 카이로에서 726킬로미터 남쪽 나일 강변에 위치한 고대 이집트 신왕국 시대의 수도로 유명한 고도 룩소르(테베)의 고대 왕릉 부지에서 이집트의 유물을 발굴하고 있었다. 중왕국 이집트 제11왕조 파라오 멘투호테프 2세Mentuhotep II의 무덤이 발굴된 주변에서 새로운 유적을 끈질기게 찾고 있던 그는 모래사막의 바위틈 사이에서 예사롭지 않은 공간을 발견했다.

횃불을 든 채 좁은 바위틈 사이로 조심스럽게 몸을 낮추고 어두운 동굴 안으로 들어간 허버트에게 모습을 드러낸 것은 놀랍게도 약 4,000년 전에 제작된 여인의 목조상이었다. 〈머리에 봉헌물을 이고 걸어가고 있는 여인상Statue of an Offering Bearer〉은 아름다운 색채뿐 아니라 형태마저 온전하게 보존되어 있었다. 허버트는 멘투호테프 2세의 왕실 시종장이었던 메케트레Meketre의 부장품을 발견한 것이었다. 500명 규모의 대규모 발굴단이 퍼올리는 방대한 발굴토를 나르기 위해 기차까지 동원해 가며 수개월 동안 사막에서 악전고투한 후 찾아낸 귀중한 보물이었다.

당시 유럽의 유서 깊은 박물관에 비해 짧은 역사와 초라한 소장품의 열세를 극복하고, 강대국으로 도약 중인 미국의 위상에 걸맞은 세계적인 박물관을 꿈꾸고 있던 메트로폴리탄 미술관은, 큐레이터 허버트 윈록을 필두로 한 발굴단에 아낌없는 자금을 쏟아부으며 커다란 기대를 걸고 있었으나 성과는 더뎠다. 이집트 유적 발굴에 열을 올리던 영국과 프랑스의 탐욕스러운 각축 속에서 이렇다 할 성과를 내지 못하며 지지 부진하던 허버트 윈록 팀에게도 아득한 태고의 문명이 기꺼이 문을 열어준 이 사건은, 비로소 미국도 자신의 몫을 제대로 챙기게 된 기념비적인 개가였다.

고대 이집트 중왕국 시대 최고의 발굴 중 하나이자 메트로폴리탄 미술관의 발굴 역사상 가장 중대한 유물의 발견이 된 이집트 여인상과 크고 작은 부장품들은, 국제 고고학계에 커다란 화제가 되며 늦깎이 맹렬 수집가 미국의 성공적인 등판을 전 세계에 알렸다.

대서양을 건너 지중해의 동쪽 끝자락, 아프리카대륙 북서부에 위치한 고대 이집트 문명의 젖줄 나일강은 메트^{The Met}와 이집트 간의 또 다른 각별한 인연을 성사시킨다. 이집트는 고대부터 수천 년간 지속되던 나일강의 범람을 막고 관개 및 농경을 위한 전력발전의 목적으로 1960년대 초 대규모 토목공사인 아스완하이댐 건설을 추진했다. 하지만 댐 건설의 여파로 9만 명의 주민이 이주해야 했으며, 주위에 산재했던 고고학적 유물은 댐 공사로 야기되는 수몰을 피하기 위하여 다른 곳으로 옮겨져야 할 운명을 맞았다.

슈퍼 파라오 람세스 2세^{Ramses II}가 건축한 아부심벨^{Abu Simbel} 대신전 역시 이 댐 건설의 영향으로 수위가 60미터나 높아져 수몰될 운명에 처하게 되자, 미국이 주도한 유네스코의 헌신적인 지원으로 원래의 위치보다

65미터 높은 지대의 나일강 상류 지역으로 이전하는 대공사를 감행하였다. 천연의 사암층沙岩層을 깎아 만든 정면 높이 32미터, 너비 38미터, 안쪽 길이 63미터의 엄청난 규모에 더하여, 정면에 높이 22미터의 람세스 2세의 거상巨像 4개가 조각되어 있는 대신전을 무려 1만 6,000여 개 조각으로 분할, 이전 후 다시 본래의 상태로 재조립하는, 유적 보존의 역사상 유래가 없는 특급프로젝트에 미국은 막대한 자금과 인력, 최첨단 공학의 여러 측면에서 중추적 역할을 수행하였다. 이 헌신에 대한 감사의 표시로 이집트 정부는 역시 댐 건설 시 수몰될 위기에 처해 있었던 덴두르 신전Temple of Dendur을 미국에 기증하기로 결정한다.

로마의 초대 황제 아우구스투스 집권 시기인 기원전 10년경 이집트의 로마 총독 페트로니우스Petronius에 의해 아스완 남쪽 80킬로미터 지점의 나일강 서안에 지어진 덴두르 신전은, 8.8미터 높이와 3.6미터 폭의 게이트와 6.4미터 높이, 6.4미터 폭, 12.5미터 신전 본체로 구성되어 있었다.

신전은 661개의 상자로 포장되어 미국으로 운반된 후 1967년 메트에 수여되었고, 1978년 메인 중앙 로비의 이집트관으로부터 확장된 새클러 윙Sackler Wing에 설치되었다. 고대 로마의 태평성대 팍스 로마나 시기의 한 복판에 서양 문명의 슈퍼스타격인 이집트 제국의 젖줄 나일 강변에 세워진 이 신전이, 현대세계의 최전성기를 구가하던 미국의 팍스 아메리카나 시기에 메트에 고스란히 입성하며 박물관의 명소 중의 명소가 된 사연은, 2,000년의 시간과 9,500킬로미터 거리의 간극을 하나로 연결하며 미국이 서양 문명의 열렬한 계승자임을 충실하게 증언해주고 있다.

해리와 샐리는 단풍이 짙게 물든 센트럴파크를 거닐며 별 의미 없는 엉뚱한 꿈 이야기를 주고받는다. 두 사람은 공원의 동쪽 끝자락에 위치한 메트로폴리탄 미술관을 찾아 들어가 덴두르 신전 게이트와 신전 본체 사이의 카메라 앵글에 고정된 채 전시관의 거대한 유리 외벽을 배경으로 마주하고, 특유의 어색한 대화를 주고받는다.

해리는 저녁에 함께 영화 보러 가자는 어설픈 데이트 신청을 했다가, 사실은 다른 데이트 선약이 있다고 거절하는 야속한 샐리에게, 자신 말고 다른 데이트 상대가 있다면 자기로서는 대환영이라고 축하까지 해주며 통이 넓은 바지보다는 샐리에게 잘 어울리는 치마를 입고 데이트에 나가면 좋겠다는 엉뚱한 조언까지도 덧붙인다.

– 영화 '해리가 샐리를 만났을 때' 중에서 (영화 상영시간 00:39:22~00:41:53) –

뉴욕 토박이 로브 라이너^{Rob Reiner}감독은, 해묵은 친구 관계와 어정쩡한 연인 관계 사이를 맴도는 두 인물이 애매모호한 데이트를 하기에 제법 잘 어울리는 뉴욕의 로케이션 촬영장소로 메트로폴리탄 미술관의 덴두르 신전을 떠올렸다.

메트^{The Met}의 역사

뉴욕의 메트로폴리탄 미술관은 비교적 짧은 역사에도 불구하고 고대부터 현대까지 5,000년 역사에 걸쳐 폭넓은 문화권과 다양한 장르를 아우르는 무려 300만여 점의 막대한 소장품을 보유하며 파리의 루브르 미술관, 런던의 대영박물관에 필적하는 세계적인 박물관이자 미술관으로 성장했다. 메트는 1층, 2층, 지하의 3개 층, 총면적 2.2백만 평방피트, 축구장 30개를 합한 크기에 고대 이집트, 아시리아, 그리스와 로마, 유럽 회화와 조각, 미국관, 아메리카관, 아시아관, 아프리카관, 오세아니아관 등, 19개 분야 총 236개 전시실을 보유하는 예술과 유물의 초대형 보고寶庫로, 연간 평균 500만 명의 관람객을 맞아들이는 명실상부 미국을 대표하는 박물관이다.

하지만 메트의 시작은 초라했다. 1872년 변변한 문화자산이 없었던 뉴욕은 미술관 설립을 위하여 유럽에서 사들인 174점의 작품으로 5번가 미드타운에 조촐하게 미술관의 문을 열었다. 1880년 메트로폴리탄 미술관은 같은 5번가를 따라 북쪽으로 훌쩍 올라선 센트럴파크의 동쪽 가장자리인 지금의 위치로 자리를 옮겼다.

성공한 사업가이자 메트의 2대 관장인 헨리 G. 마퀀드Henry G. Marquand의 기증으로 유럽의 유명 화가 안토니 반 다이크Anthony van Dyck, 프라 필리포 리피Fra Filippo Lippi, 요하네스 베르메르Johannes Vermeer 등의 명작들이 합세하며 메트의 소장품은 상당히 풍성해졌다. 1902년에는 미술관의 대대적인 증개축이 이루어져 수많은 작품을 얼마든지 맞아들일 중요한 공간적인 채비를 갖추었고 오늘날의 훤칠한 파사드의 모습을 완성시켰다.

철도 재벌 콜리스 헌팅턴Collis Huntington, 백화점 사업가 벤저민 알트먼Benjamin Altman, 미국의 설탕왕 헨리 헤브마이어Henry Havemeyer, 출판사업가 월터 아넨버그Walter Annenberg, 독점적 석유사업가 찰스 라이츠먼Charles Wrightsman, 거물 은행가 J.P 모건 같은 굵직한 사업가들이 앞다투어 수천 점에 이르는 작품을 기증하면서 메트의 유럽회화관은 세계적인 미술관의 면모를 점진적으로 갖추어 나간다.

제2차 세계대전의 승전국이 된 미국은 전례 없는 경제적 호황을 향유하며, 전쟁의 상흔과 후유증으로 생존과 재건의 당면과제에 시달리던 유럽으로부터 수준 높은 예술작품들을 대거 사들일 수 있는 절호의 기회를 맞는다. 이 시기 미국은 무소불위의 자본에 예술적 소장을 통한 신분 상승의 야망과 투자가치가 있는 명작을 알아보는 혜안으로 무장한 공격적 수집가들을 미술시장에 등장시킨다. 대형 투자은행 리먼 브라더스의 3대 후임자 필립 리먼Philip Lehman은 누구보다 열정적인 미술 수집가였고, 그의 유별난 애호 열정과 가문의 수집 작품들은 아들 로버트 리먼Robert Lehman에게 고스란히 물려졌다.

로버트 리먼 역시 생전에 사업에 쏟아부은 열정만큼이나 열광적으로 수집했던 자신의 애장 작품을 포함한 가문 소유의 명작 3,000점을 1969년 메트로폴리탄 미술관에 아낌없이 기증했다.

넘치는 작품 기증의 보고가 된 메트의 위상은 놀랍도록 달라진다. 이제 메트로폴리탄 미술관은 그리 길지 않은 역사를 거치면서 미국의 경제도약으로 성공한 기업가들의 경쟁적 기증 열풍에 힘입어 소장품의 양은 물론이려니와 질적인 면에서도 손색없는 세계적인 미술관으로 발돋움하게 된다.

미약한 태동으로부터 세계 굴지의 미술관으로 성장하기까지 메트의 성공적 역정에 기여한 결정적 주류는 작품소장가들의 아낌없는 기증이었고, 이는 매머드급 미술관을 이끌어가는 가장 중요한 전통으로 계승되어오고 있다.

일반적으로 'shrewd(상황 판단이 빠른)'와 'aggressive(공격적인)'라는 대단히 세속적이고 전투적인 형용사로 수식되는 미국의 사업가들이 적자생존의 자본주의 시장에서 치열하게 벌어들인 자금으로 왕성하게 사들인 소중한 미술 작품들을 개인소장보다는 공공의 메트로폴리탄 미술관에 기꺼이 무상으로 기증했다는 뜻밖의 사실은, 때로는 피아彼我 구별과 선악善惡 구별이 혼란스러워 당황스러운 미국이라는 나라가 지닌 영욕榮辱이라는 미묘한 두 가지 얼굴의 비밀을 설명해주는 비교적 친절한 알레고리Allegory이다.

메트로폴리탄과 뉴욕현대미술관의 소장품 중 기증품의 비율은 80퍼센트를 상회한다. 구대륙 유럽의 내로라하는 미술관처럼 왕실과 귀족과 관官 주도가 아닌 순수한 민간 주도의 메트로폴리탄 미술관은, 헌신적 기증자와 기부자들에 대해 각각의 이름을 딴 전시관과 확장관Wing뿐 아니라 그레이트 홀에서 2층 유럽회화관으로 오르는 웅장한 계단 대리석 벽면에 '미술관의 후원자들BENEFACTORS OF THE MUSEUM'이라는 명목 아래 이름을 빼곡히 새겨 놓는 것으로 그들을 기념하고 있다.

메트가 사랑한 걸작들

이렇다 할 소장 작품이 일천했던 미술관 초창기, 독보적인 유럽 회화 명작으로 사랑을 독차지했던 요하네스 베르메르의 다섯 작품, 〈물병을 든 여인Woman with a Water Jug〉, 〈창가에서 류트를 연주하는 여인Woman with a Lute near a Window〉, 〈졸고 있는 하녀A Maid Asleep〉, 그의 트레이드마크인 평범한 여성의 질박한 일상과 소박한 아름다움과는 주제가 다른, 작가의 신학적 세계관을 반영하는 걸작 〈신앙의 알레고리The Allegory of Faith〉, 대표작 〈진주 목걸이를 한 소녀Girl With A Pearl Earring〉* 에 필적하는 수작 〈젊은 여인의 초상Study of a Young Woman〉 모두, 각각 전혀 다른 사업가들의 애장품을 기증받은 것들로, 메트가 대외적으로 자랑삼는 대표적 명작이다.

유복의 시절을 지나 결핍과 고난의 인생여정에 접어든 자신의 초췌한 모습조차 진솔하게 화폭에 담은 거장 렘브란트의 〈자화상〉, 노란 밀짚모자 아래 골몰한 눈빛과 덥수룩한 금발수염의 자화상을 특유의 굵은 붓터치로 그려낸 고흐의 〈밀짚모자를 쓴 자화상Self-Portrait with Straw Hat〉, 드가의 우아한 대표작 〈발레 시리즈〉, 앵그르Ingres의 강렬한 초상화 〈브롤리 공주Princesse de Broglie〉, 모네의 이국적 풍경화 〈생타드레스의 테라스Jardin à Sainte-Adresse〉, 독배를 마시는 그리스 철학자의 마지막 순간을 계몽적으로 그려낸 자크 루이 다비드Jacques-Louis David의 사실적 명작 〈소크라테스의 죽음La mort de Socrate〉 등, 메트로폴리탄 미술관에서 놓칠 수 없는 대표 회화들을 호사스럽게 감상하다가 덜컥 잭슨 폴락Jackson Pollock의 대형 추상화와 마주섰다.

미국의 추상표현주의 화가 잭슨 폴락은, 고향 중서부를 떠나 뉴욕에

---

* 네덜란드 헤이그 마우리츠하위스(Mauritshuis) 왕립 미술관 소장

정착한 1930년대부터 작풍을 완전한 추상화로 선회하며 작가로서의 중대한 변곡점을 맞는다. 작업실 바닥에 펼쳐 놓은 캔버스 위에 막대기나 캔버스 나이프에 묻힌 페인트를 흩뿌리는 방식의, 일명 드리핑Dripping 기법으로 그려낸 액션페인팅Action Painting 작품으로, 〈뉴욕 타임스〉의 따가운 혹평과 동시에 일단의 평론가들로부터는 극찬을 받으며 폭발적인 유명세를 얻었다.

잭슨 폴락이 교통사고로 사망한 이듬해인 1957년 메트는, 그의 대표작 〈가을의 리듬 : 넘버 30Autumn Rhythm : Number 30〉을 파격적 고가에 구입한다. 그는 주목받지 못했던 미국의 미술을 세계적인 지위로 끌어올렸다는 평가를 받으며 미국을 대표하는 화가로 우뚝 섰고, 뒤이어 등장하게 될 앤디 워홀의 팝아트 같은, 미국이 주도하게 될 미술 사조의 발전에 지대한 영향을 끼쳤다.

어느 날 우연히 자신의 작업실에 걸려 있는 낯선 그림으로부터 예술적 황홀경에 빠져들었는데, 자세히 보니 거꾸로 놓인 자신의 그림이었고, 이 특별한 체험이, 굳이 묘사체의 형태가 없는 선과 색의 화합만으로도 눈에 보이지 않는 작가의 회화적 영감을 전달하는 새로운 개념의 그림을 탄생시킨 계기가 되었다는 칸딘스키Kandinsky의 유명한 추상미술 탄생 일화가 퍼뜩 떠올랐다. 하지만 평범한 아랑곳의 눈에 비친 잭슨 폴락의 대표작 〈가을의 리듬〉은 위를 아래로 거꾸로 돌려 본다 하더라도 작품이 주는 감흥과 느낌이 반감되거나 배가(倍加) 될 것 같지도, 왜곡되거나 향상될 것 같지도 않았다.

추상 작품이 감상자에게 의도하는 태생적 본질이 작가가 녹여낸 예술적 영감의 전달이 맞다면 중요한 것은 작품의 의미보다는 감상일 텐데, 감상자가 추상 작품에게 요구하는 첫 번째 질문이 감상보다는 의미라는 사실은 틀림없는 역설이다.

'도대체 저 그림은 무엇을 의미하는 것일까?'라는 유명한 질문에 빠진 아랑곳에게 〈가을의 리듬〉이라고 붙여진 작품의 제목은 그 누구보다도 친절한 도슨트Docent(박물관이나 미술관 등에서 관람객들에게 전시물을 설명하는 안내인)였다. 그리고 보니 흰색, 검은색, 밝은 갈색 등의 절제된 색상들이 얽히고설킨 듯 복잡미묘하게 어우러져 깊어진 가을의 정취를 지극히 추상적으로 표현해주고 있는 듯하다.

▲ 잭슨 폴락의 대표작 〈가을의 리듬 : 넘버 30〉을 관람하는 사람들 (© bumbledee / 123RF.COM)

미술의 역사는 눈에 보이는 것을 가장 정확하게 그려내는 '재현미술'에서 시작하여, 작가의 인상과 느낌을 작품에 담아내는 '표현미술'로 발전하여, 눈에 보이지 않는 작가의 내면의식 세계의 표출, 혹은 완성된 작품 자체보다 창작의 아이디어나 과정 자체까지도 예술의 영역으로 포함하는 '개념미술'이라는, 그래도 조금은 낯설고 외딴 지점까지 다다라 있다.

평론가들의 알 듯 모를 듯한 현학적 분석보다는 심미적 감상을 기다리는 오귀스트 르누아르Auguste Renoir의 〈피아노 치는 소녀들Jeunes filles au piano〉은 직관적, 본능적, 감각적 관람자들의 발길을 한참 동안 붙잡아 놓는 다정한 수작이다. 메트에서 가장 인기 있는 유럽회화관의 대표적 걸작들은 단연 인상주의 화가들의 작품이다.

한 손으로는 악보를 막 넘긴 듯, 다른 한 손은 피아노 건반을 치며 다복한 표정을 짓고 앉아 있는 금발의 이본느와, 피아노에 한 손을 의지한 채 선율을 담은 악보를 주시하고 서 있는 언니 크리스틴 두 자매가 자아내는 정겨운 풍경, 두 자매의 시선을 한 방향으로 견인해주는 아담한 목조 피아노의 안정적 구도, 그 위로 놓인 한 권의 책과 현란한 원색의 화병 정물, 전반의 초록 위로 스민 노란색의 배합이 어우르는 파스텔톤 커튼의 배경까지, 어느 것 하나 할 것 없이 화폭의 면면은 오히려 현장 만큼이나 생생한 추억의 교향交響으로 가득하다.

친구 앙리 르롤Henry Lerolle의 집에 방문하여 단란한 저녁 식사를 마친 후 거실에서 정다운 담소를 나누던 중 앙리의 사랑스러운 두 딸이 바그너를 좋아하는 아빠의 화가 친구 르누아르를 위하여 특별히 피아노 연주를 선물해준 훈훈한 일상은, 르누아르의 기억에 깊이 녹아들어 파스텔화 1점과 유화 6점으로 창작되었다.

이 아름다운 포착의 인상주의 걸작은, 1892년 그렇게 동일한 주제로 완성되어 파리 오르세 미술관이 소장 중인 작품과 구별이 어려울 정도로 유사한 구도 때문에, 두 작품을 나란히 놓고 감상해야만 각각의 형과 색의 차이점을 찾아낼 수 있는, 같고 또 다른 복수창작 작[#]으로 관람자들에게 종종 행복한 혼선을 주는 일란성 쌍둥이 걸작이다.

프랑스 화가 니콜라 푸생Nicolas Poussin은 〈사비니 여인의 유괴L'Enlèvement des Sabines〉라는 동일한 제목으로 2점의 고대 로마 역사화를 후대에 남겼다. 1637년에서 1638년 사이에 완성한 작품은 루브르 박물관에, 그보다 앞서 1634년에서 1635년 사이에 그린 첫 작품은 메트로폴리탄 미술관에 소장되었다. 고전주의적 회화는 역사적 전투 장면, 영웅적 행위, 심오한 종교적 담론 등 거대한 주제의 장엄한 내러티브를 통하여 완성된다고 믿었던 니콜라 푸생의 작가 철학이 녹아든 대표작이다.

기원전 753년 로마의 7개 언덕에 자리를 잡은 라틴족들은 심각한 인구 결핍 문제와 성별 불균형 문제에 봉착해 있었다. 테베레 강변에서 늑대 젖을 먹고 자란 쌍둥이 형 로물루스가 동생 레무스를 죽이고 초대 왕으로 정권을 잡기는 했으나, 절대 주민수가 부족했던 라틴 부족은 궁여지책으로 인근 부족에서 추방된 자, 빚지고 도주한 자, 각종 범죄자, 도

▲ 뉴욕 메트의 '피아노 치는 소녀들' (출처 _
metmuseum.com)
▶ 파리 오르세 미술관의 '피아노 치는 소녀들'
(출처 _ 위키피디아)

망친 노예 등을 가리지 않고 받아들이는 적극적 이민수용 정책을 폈다. 그러나 대부분 가족 없이 홀로 떠돌던 이들에게는 아내가 절실하게 필요했다.

로마의 생존과도 직결된 중대한 인구문제를 해결하기 위하여 로물루스는 자신들이 주최하는 축제를 빌미로 이웃 원주민 부족 사비니의 여자들을 유인하여 납치하려는 비열한 간계를 획책한다. 로물루스의 사악한 계략에 기만당한 사비니족은 로마 병사들로부터 무자비한 공격을 받았고, 우호의 초대로 여겼던 축제에서 허를 찔린 사비니족 남자들은 완전한 비무장의 미처 저항조차 할 수 없는 상태에서 자신들의 누이와 아내들이 무참하게 겁탈과 납치를 당하는 참상을 무기력하게 지켜보며, 노약자들만을 가까스로 수습하여 사비니로 달아날 수밖에 없었다.

이후 분기탱천 와신상담의 사비니족은 망사지죄罔赦之罪 불구대천의 로마와 수차례의 보복전쟁을 벌였다. 하지만 강제적으로 로마인들의 아내가 되어 이미 동화되어버릴 수밖에 없었던 자신들의 기구한 혈육인 사비니 여인들의 간곡하고 처절한 중재를 받아들여, 결국 상황은 수습되고 양측 간의 화합으로 봉합되었다.

서양 문명의 근간을 이룬 로마의 건국 시기에 벌어진 이 악명 높은 사건은 니콜라 푸생 외에도 프랑스 화가 자크 루이 다비드와 플랑드르 조각가 잠볼로냐Giambologna 같은 탁월한 서양 예술가들에게 창작의 영감을 제공했다. 니콜라 푸생은 플루타르코스Ploútarkhos《영웅전Bíoi parállèloi》의 기술에 충실하게, 궁전으로 보이는 건물 위에서 왕을 상징하는 자주색 옷

▲ 메트에 소장된 니콜라 푸생의 〈사비니 여인의 유괴〉 (출처 _ metmuseum.org)

을 입은 로물루스가 외투를 폈다가 다시 접는 것을 신호로 시작된 납치와 강탈의 아비규환을 적나라하게 묘사했다. 로물루스의 아내가 될 운명의 사비니족 타티우스 왕의 딸 헤르실리아는 구도 좌측 하단에 푸른 옷을 입고 필사적으로 발버둥 치는 모습으로 두드러지게 그려져 있고, 울며 바닥에 나뒹구는 유아들, 아연실색한 모습의 사비니 여인을 납치하기 위하여 칼을 치켜든 로마 병사를 부여잡은 채 맨주먹으로라도 제지해보려는 듯, 필시 희생자의 부친으로 보이는 노인의 절박한 몸동작이 처절하고 역동적이며 생생하다.

이렇게 시작한 로마가 훗날 살육의 전쟁으로 점철되고 탐욕의 정복으로 일관될 피의 역사로 치닫게 될 것이라는 예고와, 그렇게 답습한 서양이 더 훗날 서세동점의 식민 약탈과 끔찍한 양차대전을 촉발시키는 장본인이 되고야 말 것이라는 전조前兆가 화폭을 압도한다.

야수의 젖과 형제 척살의 신화로 시작하여 상처받고 소외되고 죄지은 자들을 시민으로 거침없이 받아들인 후, 야만적 음모로 원주민을 지배 및 동화시켜 다문화 기반의 종족 변성 기틀을 다진 뒤, 타고난 전쟁 본능으로 지중해 세계를 제패하고 극심하게 박해하던 기독교를 전격 제국의 국교로 표방한 다음, 마침내 서양 문명의 토대를 구축한 로마 제국의 원초적 자화상이,
스스로 파생시킨 문명의 종착점에 서 있는 미국 뉴욕의,
번성과 팽창의 도시를 의미하는 라틴어 메트로폴리타누스Metropolitanus를 차용한 메트로폴리탄 미술관에 웅변적으로 걸려 있는 것은 개연이고 타당하다.

더 메트 클로이스터스

맨해튼 북서쪽 끝자락 포트트라이언 공원Fort Tryon Park의 울창한 녹지로 둘러싸인 82미터 높이의 편평한 언덕 위에 메트로폴리탄 미술관의 분관 더 메트 클로이스터스The Met Cloisters가 고즈넉이 자리하고 있다. 1930년대 건축가 찰스 콜린스Charles Collins의 설계로 프랑스와 스페인의 수도원을 재현하여 건축한 중세유럽미술관으로, 11세기에서 15세기의 로마네스크

양식과 고딕 양식의 예술작품 5,000여 점을 소장하고 있다.

　12~15세기 스페인과 프랑스 남부 수도원 건축물들의 유적과 독일 교회의 스테인드글라스 등을 고스란히 공수해 1927년부터 약 10여 년 간의 공들인 공사를 거쳐 1938년 완성된 수도원은, 중세풍의 정원, 성당 하나, 다섯 개의 회랑과 예배당과 그리고 여러 개의 전시관으로 구성되어 있다.

　1929년 터져 나온 대공황의 맞바람을 정면으로 맞고 있던 불황의 한복판에 유럽의 수도원을 통째로 뉴욕으로 옮기는 난제 프로젝트에 아낌없는 재정과 열심을 쏟아부은 주인공은 존 D. 록펠러 주니어였다.

　1911년 반독점법Anti-trust Law 위반 판결의 책임을 지고 스탠더드 오일Standard Oil Co.의 경영일선에서 물러난 부친 존 D. 록펠러의 막대한 재산과 회사 경영권을 물려받은 그는, 1914년 4월 20일, 록펠러 사 소유의 콜로라도 러들로 탄광촌에서 터진 노조 탄압 학살사건의 피할 수 없는 책임자이자 수습자로서 감내해야만 할 엄청난 사회적 비난 속에서 견디기 힘든 시간을 보내고 있었다. 무자비한 시장지배를 위하여 적대적 기업 인수, 주가조작, 뇌물, 매수 등 온갖 불법을 자행한 록펠러 스탠더드 오일의 독과점(미국 전체 석유 공급량의 95퍼센트)에 대한 연방대법원의 유죄 판결로 34개의 군소기업으로 분사券된 충격파에, 열악한 노동환경과 저임금에 항의하는 수십 명의 노동자와 가족의 목숨을 앗아간 미국 역사상 최악의 노조 탄압의 악재로, 기업의 평판과 가문의 명예가 형편없이 실추된 상황 속에서 그는 무거운 사회적 부채감과 사업적 중압감에 짓눌려

힘겨운 불면증에 시달렸다. 자신이 떠맡은 록펠러재단의 천문학적 자선사업으로 가업의 악행과 오명은 어느 정도 상쇄시킬 수는 있었는지 몰라도, 그것만으로 마음속 깊은 곳에서 아우성치고 있는 인간적 죄책감까지 모조리 덮을 수는 없었다.

그는 대공황이 뉴욕 증시의 첫 번째 문을 두드리기 위하여 호황의 낙관이라는 골목의 끝 모퉁이를 막 돌아설 즈음, 유럽산 중세 수도원 유적의 대륙 간 이식을 감행한 후 그 자리에 자신만의 신성한 중세 미술관을 세우겠다는, 부르주아적이자 신학적이며, 예술적이자 참회적인 안식처의 구상을 실현에 옮기기 시작했다.

록펠러 주니어는 센트럴파크 설계자를 고용하여 수도원을 건축할 자리에 공원을 조성했고, 신축 건설과는 비교도 되지 않을 만큼 정교한 공정과 커다란 비용이 소요되는 수도원 재조립 공사를 마친 후, 조지 버나드George Bernard 같은 열정적 중세 조각미술 전문수집가로부터 일괄로 매입한 방대한 컬렉션과 유럽에서 직접 구입한 중세의 회화, 조각, 태피스트리Tapestry, 장식미술들로 수도원 미술관에 생명을 불어넣었다.

이따금 지적에 고독의 은둔지가 필요했으며, 풍부한 예술적 심미안과 수도자적 영성을 통한 속죄와 평안의 위로를 갈구했던 거대재벌의 2세 경영인은, 이 모든 추구를 담아낼 수 있는 완벽한 장소를 탄생시킨 뒤, 부친이 천착穿鑿했던 사업에의 탐욕적 편집과 달리 독점하지 않았다. 공원은 뉴욕시에, 수도원 미술관 건축물과 공들여 수집한 컬렉션 전부는 메트로폴리탄 미술관 측에 공공의 목적으로 기증했다. 게다가 그는 건축물의 보수비용뿐 아니라 향후 100년에 걸쳐 새로운 작품 구입에 소요될 비용까지도 별도로 기증했다.

그는 값비싼 미술품을 오로지 기증을 위해서만 구입했다. 덕분에 메트로폴리탄 본관에는 본향의 문명권을 벗어난 거대한 아시리아 유적과 그리스 신화의 여전사를 형상화한 로마시대의 조각상 〈상처 입은 아마존Wounded Amazon〉 등, 록펠러 주니어가 기증한 고가의 인류유산들이 빛을 발하고 있었다.

82세의 록펠러 주니어는 고풍스러운 아치형 기둥의 회랑으로 둘러싸인 평화로운 수도원의 정원 사이를 천천히 거닐었다. 고즈넉한 중정정원에는 보라색의 아이리스Iris, 서양민들레 단델리온Dandelion, 향기로운 노란 앵초 카우슬립Cowslip이 조화롭게 어우러져 수백 년 전 프랑스 남부에 실재했을 수도원에 대한 아스라한 노스텔지어를 불러일으켜주었다.

자신의 최애장품 태피스트리 〈유니콘의 사냥The Hunt of the Unicorn〉 시리즈에 묘사되어 있는 중세풍의 둥근 석재 분수를 똑 닮은 분수, 중세시대의 문서와 미술작품에 기초하여 식수植樹한 유럽 원산종 허브들, 그리고 태피스트리 직물공예 천을 엮는 색실의 염색을 위하여 필수적인 덩굴식물 천초川椒, 꼭두서니의 무성한 덤불까지도, 그의 세심한 의도대로 정원의 풍경을 두루두루 스케치하고 있었다.

특별히 도드라진 색깔 없이 흔해 빠진 꼭두서니 덩굴은 천연의 붉은 색 염료에 필요한 원료를 그 뿌리에 가지고 있다는 사실을 알기 전에는 어디로 보나 염색식물로서의 쓰임새를 알아채기가 어려운 지극히 범상한 식물이다. 록펠러 주니어는 이 수도원 미술관이 땅속에 겸손히 감추어진 천초 뿌리의 쓰임새처럼 세상 사람들에게 그렇게 비추어지기를 내심 바랐다.

대공황의 불황을 정면으로 돌파했던 록펠러센터의 건설 프로젝트도 전 세계 역사상 유래가 없는 도심의 복합건물 개발이라는 선명한 사업적 열매뿐 아니라 실업 구제를 위한 2만 7,000명의 고용 창출 효과와 시민 모두가 마음껏 공유할 수 있는 공공적 열린 공간의 제공이라는 기저의 뿌리를 염두에 둔 결정이었다.

1931년 록펠러센터 건설 초기, 록펠러 직원들의 아이디어로 시작된 록펠러광장의 크리스마스트리 점등식은 이후로 뉴욕을 대표하는 성탄절 행사의 전통이 되었고, 록펠러센터를 홍보하기 위한 목적이기도 했지만 1936년 성탄절에 처음 문을 연 아이스링크는 뉴욕시의 가장 인기 있는 겨울 명소로 사랑받으며 전 세계 도심 광장 아이스링크의 모델이 되어오다가, 2004년에는 대한민국 수도 서울시청 앞 서울광장 아이스링크로 계보를 이었다.

록펠러센터의 대대적인 건설이 이루어지던 1930년대는 메트 클로이스터스 수도원 미술관의 건축과 정확하게 맞물리는 시기였으며, 록펠러 주니어에게 사업적 속俗과 종교적 성聖과 탐미적 예藝가 공존했던 이상 실현의 시기였다. 록펠러 주니어의 아내 애비게일 올드리치 록펠러까지도 1929년 11월 7일, 수도원 건축과 겹치는 시기에 뉴욕현대미술관을 개관했다.

그는 또, 제2차 세계대전 직후 뉴욕 유엔세계본부 설립을 위한 부지 구입 비용으로 당시 850만 달러의 거액을 기증했으며, 자연환경 보존에 비상한 관심을 가지고 그랜드 테이튼, 요세미티, 셰넌도어, 아카디아, 그레이트스모키산맥 국립공원 등 여러 개의 미국 국립공원 부지를 위한 광대한 토지를 매입하여 정부에 기증한 것으로도 유명하다. 특히 서부 캘리포니아주의 훔볼트 레드우드 주립공원에는 자신의 이름을 딴 록펠러 숲까지 조성되어 있었지만, 조용한 성품의 록펠러 주니어는 자신이 직접 구상한 수도원 미술관의 중세 회랑에 평화롭게 둘러싸인 오밀조밀한 정원에 더 각별한 애정을 품고 있었다.

정원의 풍경이 빤히 한눈에 들어오는 회랑 한쪽에 여간해서 자리를 뜨기 아쉬워하는 관람객들을 위하여 아담하게 열어 놓은 수도원 카페에 앉아 향기로운 허브차를 음미하고 있던 아랑곳은, 안식의 정원 순례를 조곤조곤 마친 후, 최근 들어 깊이 심취해 있는 특별한 작품 감상 차 걸음을 찬찬히 옮겨 수도원 내부로 향하는 그의 뒤를 따라 메로데 룸^{Mérode}^{Room} 안으로 조용히 들어섰다.

록펠러 가문이 메트로폴리탄 미술관에 기여한 기증과 후원의 성대한 유산 중에서도, 미국의 미술품 수집 역사상 최고의 사건 중 하나로 평가되는 명작이 노령老齡의 경건한 순례자를 정중히 맞았다. 작품의 어마어마한 가치와 유명세에 비한다면 믿기 어려울 정도로 간결하고 단아한 방 전체의 분위기가 오히려 작품의 독보성獨步性을 더해주고 있었다.

82세의 고령인 그가 6개월 전 그 어떤 작품보다도 기대에 찬 마음으로 구입하여 손에 넣은 이 작품은, 15세기 초 플랑드르 최초의 거장 화가 로베르 캉팽Robert Campin(지금의 네덜란드 국적)과 그의 문하생들이 완성한 세 폭의 제단화祭壇畵로, 가브리엘 천사가 마리아에게 예수의 잉태를 알리는 신비스러운 성경 주제로 그려진 〈수태고지Annunciation Triptych〉였다.

동일한 주제로 그려져 명성을 떨치게 될 레오나르도 다빈치의 걸작이 탄생하기 약 50년 전에 또 다른 천재 화가의 신학과 미학을 담아 세상에 선보인 걸출한 명작이다. 제단화라고는 하지만 교회나 성당의 장식을 위한 목적이 아니라 당시 상업과 교역의 활황이 기지개를 켜던 플랑드르 지방의 유력한 중산층의 후원과 주문을 받아 개인소장의 목적으로 그려진 성화聖畵 작품이다. 작품의 초창기 소유주였던 벨기에의 유력한 메로데 가문의 이름을 빌어 메로데 제단화Mérode Altarpiece로 이름지어졌고, 작품을 전시한 수도원의 방에도 동일한 이름이 붙여졌다.

작품은《신약성경》에 기술된 2,000년 전의 사건을, 15세기 초 플랑드르 중산층 주택의 실내 배경 안으로 옮겨 놓은 것으로 유명하다. 제단화의 중앙 패널에는 화사한 붉은 옷을 입은 성모마리아가 벽난로 옆의 의자에 기대어 앉아서 날개를 단 대천사 가브리엘이 예수의 잉태를 알리러 온 줄도 모른 채 독서에 열중하고 있는데, 마리아의 순결을 상징하는 흰색의 천이 책을 감싸고 있어 어떤 책인지는 알 길이 없다.

하지만 화면의 중앙에 놓인 둥근 탁자 위에 백합꽃을 담은 피렌체산産 마졸리카 화병과 초를 꽂아 놓은 촛대와 함께 펼쳐진 성경책이 올려져 있는 것으로 보아《성경》은 아닌 것으로 조심스럽게 유추할 수 있다.

가브리엘 천사의 현현으로 일으켜진 신비한 바람의 여파로, 수태고지受胎告知를 기록한 신약의 '누가복음' 1장으로 추정되는《성경》의 책장이 그림 밖으로까지 소리를 내는 듯 넘어가고 있는 중이고, 그 바람에 이제 막 꺼진 촛불의 심지가 연기를 피워 올리며 예수님의 성육신聖肉身과 십자가 사건을 예견하고 있다.

좌측 상단의 둥근 창문으로는 십자가를 등에 멘 작은 아기천사가 햇살을 타고 방안으로 날아들며 임박한 예수의 탄생과 십자가의 구원을 암시하고, 방 뒤쪽 벽 위에 걸린 놋쇠 주전자는 구세주의 강림이 세상의 모든 죄를 깨끗이 씻어줄 것이라는 기독교의 대속代贖을 상징하고 있다.

매사에 세심한 록펠러 주니어는 그림 속의 방 구조를 그대로 모방하여 같은 모양의 창문이 난 구조로 메로데 룸을 꾸며 놓았고, 성모 우측의 벽난로 상단에 그려진 돌출된 촛대를 메로데 룸의 벽에 똑같이 설치하는가 하면, 그림 속의 주전자와 동일한 소품을 전시실 내부의 창 사이 협탁 위의 현실 공간에 배치해 놓았다.

오른쪽 패널에는 마리아의 신랑 성 요셉St. Joseph 역시 바로 옆방에서 일어나고 있는 천사의 기적을 조금도 알아채지 못한 채 목수의 솜씨를 한껏 살려 쥐덫 만드는 일에 열중이다. 요셉의 작업대 위와 가운데 창밖에 이미 완성되어 놓여 있는 2개의 쥐덫은 사탄의 괴계怪計를 예고 없이 일망타진 옭아맬 십자가의 응징을 의미하며, 창밖으로 보이는 중세도시의 풍경은 그림이 그려진 1420년대의 플랑드르를 생생하게 사생하고 있다.

왼쪽 패널에는 신앙적 헌신을 위해 로베르 캉팽의 작품 제작을 후원했던 엥겔브레히트Engelbrecht 부부가 이제 막 기적이 일어나고 있는 마리아의 방문 앞에서 경건한 모습으로 무릎을 꿇고 있다.

종교심이 깊었던 록펠러 주니어는 신앙적 헌신과 기적에의 경외를 품은 페터 엥겔브레히트Peter Engelbrecht의 모습과 자신을 종종 동일시했고, 성경의 신비를 주제로 성인聖人 신분의 평범화, 시대의 재배치 연출, 정물을 통한 계시의 암시화, 3단 구도의 입체화, 동일 사건에 대한 인물과 장면의 다각화 등 작가 특유의 회화적 내러티브로 독특하게 해석해낸 이 아름다운 제단화를 유난히 아꼈다.

스테인드글라스를 통하여 잔잔하게 스며드는 늦은 오후의 불그스레한 사선의 햇빛을, 격동의 세월 속에서 볼품없이 움츠러들어버린 노구의 등선 위로 미동조차 없이 받으며, 그림 앞에 경건히 두 무릎을 꿇은 채 두 손 역시 가지런히 붙여 모으고 소리 없이 기도 속으로 빠져든 록펠러 주니어를 혹여라도 방해할까 싶어, 아랑곳은 조심스러운 까치발로 메로데 룸을 나왔다.

미국 침례교회 교단에 소속된 북장로교회의 열렬한 신자였던 부친과 청교도의 후손인 모친 로라 스펠만Laura Spelman 사이의 엄격한 기독교 집안에서 성장한 록펠러 주니어 역시 평생 신실한 크리스천의 삶을 살고자 노력했고, 이 제단화를 구입하여 미술관에 기증한 지 4년 만인 1960년,

▲ 로베르 캉팽의 메로데 제단화 〈수태고지〉 (출처 _ metmuseum.com)

수도원 미술관 정원의 꽃들이 가장 아름답게 피어오른 5월 11일, 향년
86세로 재벌2세 사업가이자 예술애호가이자 자선가이자 경건한 시간여
행자이자 청지기정신을 평생 가슴에 품고자 분투했던 기독교인의 생을
조용히 마쳤다.

　수도원을 오롯이 품은 워싱턴하이츠 언덕 위에서 허드슨강의 도도한
흐름이 한눈에 들어온다. 원주민의 오랜 정착 이후로 이 강이 불쑥 받
아들인 최초의 이방인은 다름 아닌 유럽인이었다. 네덜란드의 후원을
받은 영국 탐험가 헨리 허드슨^{Henry Hudson}을 기념하여 이름도 그렇게 지어

졌다.

아랑곳은, 상업과 금융업으로 축적한 자본력으로 강력한 정치적 지배력을 유지하며 로만가톨릭의 기독교적 세계관 속에서 예술 애호와 후원의 문화적 영향력을 확대해서 르네상스라는 불세출의 시대를 견인했던 피렌체 메디치Medici 가문의 그 유명한 역사가, 마치 현대의 뉴욕으로 고스란히 옮겨진 듯한 록펠러 가문의 영榮과 욕辱이 복잡하게 뒤얽힌 이야기를 뒤로하고, 허드슨강의 기슭을 되짚어 메트로폴리탄 미술관 본관으로 귀환했다.

▲ 메트 분관 클로이스터스 (ⓒ Christopher Down) (출처 _ 위키피디아)

"곧 닮게 될 것이다."

메트로폴리탄 미술관은 뉴욕현대미술관이 자랑하는 〈아비뇽의 처녀들〉 만큼이나 주목받는 피카소의 작품을 소장하고 있다. 스페인 남부 지중해변에 위치한 말라가 출신의 무명 작가 피카소가, 유럽미술의 중심지 파리에 진출하여 기라성 같은 유명 화가들과의 치열한 각축 속에서 마침내 현대미술의 거장으로 우뚝 설 수 있게 해준 독창지향적 작가관을 설명해주는 문제작이다.

미국의 뛰어난 시인, 소설가이자 극작가이며 누구보다 탁월한 예술 후원자이자 미술품 수집가였던 거트루드 스타인Gertrude Stein의 초상화 이야기이다.

파리 센 강 좌안Rive Gauche(강의 남쪽) 몽파르나스 지역 뤽상부르공원 근방 플뢰뤼스 27번지27 Rue de Fleurus에 위치한 거트루드 스타인의 토요살롱 Stein Salon은 언제나 수많은 문화예술계 인사들로 들끓었다. F. 스콧 피츠제럴드, 어니스트 헤밍웨이 등 미국 작가, 르네 크레벨Rene Crevel, 엘리자베스 드 그라몽Élisabeth de Gramont 같은 프랑스 문인, 시인 겸 미술평론가인 기욤 아폴리네르Guillaume Apollinaire, 화가 앙리 마티스Henri Matisse와 조르주 브라크Georges Braque, 이제 막 무명의 그늘을 벗어난 파블로 피카소까지, 당대보다는 훗날 더 유명세를 떨칠 인물들을 망라했다.

그녀는 독일계 유대인으로 미국 동부의 부유한 집안에서 태어나 수준 높은 교육을 받았고, 1903년 29세가 되던 해에 오빠 레오와 함께 파리로 이주해 정착한 후 작가와 예술수집가로서의 인생을 살아가며 파리

역사상 가장 매력적인 시대를 풍미하고 있었다.

벨에포크^{Belle Époque} 시대* 한복판의 파리에서 뛰어난 식견과 왕성한 사교성으로 다양한 분야의 예술가들과 격의 없이 교류하고, 부모에게 물려받은 넉넉한 유산으로 아낌없이 후원하며, 호방하고 거침없는 성정으로 이들의 멘토이자 구심점 역할을 해 나갔다. 상남자로 유명했던 헤밍웨이는 그녀를 여전사이자 여황제 같다고 회고했다. 그들은 그녀의 살롱에서 유기적으로 교류하고 열띠게 토론하며 장르를 넘어선 교학상장^{敎學相長}을 통하여 예술적 영감을 풍성하게 주고받을 수 있었다.

그러나 스타인살롱 최고의 이슈는 재정적 후원이었다. 생활이 넉넉지 않았던 앙리 마티스는 명성을 얻기 전 무명 시절부터 거트루드 스타인의 진정 어린 후원을 받고 있었다. 아직은 화단의 비난 세례를 받고 있었지만, 조만간 야수파의 색채혁명으로 기념될 마티스의 화제작 〈모자를 쓴 여인^{La Femme au chapeau}〉이, 역시 무명 시절의 세잔으로부터 구입한 그의 풍경화와 함께 나란히 그녀의 거실 벽에 걸려 있었다.

거트루드 스타인은 유망한 무명 작가를 세심하게 알아보고 미술시장에서 미처 인정받지 못하는 작품이거나 혹은 호된 혹평의 먹잇감이 되는 비^非인기작조차도, 우정 어린 후원과 저평가 작 선투자라는 두 가지 목적으로 구입해서 소장하는 것으로 유명했다. 작품을 구입해주는 방식으로, 재정 형편이 녹록지 않았던 피카소에게 안정적인 작품 활동의 여건을 제공해준 것도 수집가 거트루드였다.

---

* '좋은 시대'라는 의미로, 프랑스의 정치적 격동기가 끝난 후부터 제1차 세계대전 전까지의 기간을 일컫는 용어이다.

1905년 11월, 피카소는 그녀의 초상화를 그리기 시작했다. 영향력 있는 후원 컬렉터를 위한 회심작을 작심했다. 그는 초상화를 위하여 1년 동안 무려 90번이나 포즈를 취해준 그녀에게조차 단 한 번도 미완성작을 보여주지 않으며 작품의 최종 공개 효과에 공을 들였다. 서로 유난히 견제했던 선의의 라이벌 앙리 마티스에게 자신의 진정한 실력을 제대로 보여주고야 말겠다는 불타는 경쟁심과 기존의 화풍에서 벗어난 전혀 새로운 방식의 초상화로 신선한 예술적 충격을 선사하고자 했던 장르 개척형 화가 피카소의 장인의식적 발로였다. 마침내 초상화가 공개되자 화평이 쏟아졌다.

"표현은 단순하고 다소 거칠었지만, 인물의 표정은 대범하고도 어딘지 모르게 힘이 있었다. 구도는 원근법과 균형을 의도적으로 무시했지만 풍겨 나오는 느낌은 입체적이고도 강렬했다."_ 아랑곳!

"강렬해서 마음에 든다!"_ 거트루드 스타인

시인 겸 미술평론가인 기욤 아폴리네르가 그림에 필요한 3요소인 통일감, 순수함, 진실함이 잘 배합되어 있다고 거들었다. 거트루드의 오빠 레오 스타인Leo Stein은 동생이 마치 마스크를 쓰고 있는 것 같다며, 피카소와 절친한 기욤의 후한 화평에 이유 있는 문제를 제기했다.

"가면? 맞네! 우리는 누구나 가면을 쓰고 살지! 사랑의 가면? 아니

▲ 거트루드 스타인이 자신의 파리 살롱에서 소파에 앉아 있는 모습. 우측 상단 그림이 피카소가 그린 그녀의 초상화이다. (©Wide World Photos, Inc.) (출처 _ Library of Congress Prints and Photographs Division)

우정의 가면! 하하하……."

기욤이 너스레를 떨며 총총한 눈빛의 피카소를 변호하는 동안, 덥수룩한 턱수염에 파이프를 입에 문 넉넉한 풍채의 앙리 마티스가 조르주 브라크와 가벼운 눈인사를 주고받으며 왁자지껄한 거트루드의 살롱으로 들이닥쳤다.

"우리의 위대하신 앙리가 납시었네." 거트루드가 반색하며 마티스를 맞았다. 그녀가 이미 파리 화단에서 유명해져 있었던 마티스를 지칭하는 방식은 그런 식이었고, 아직은 무명과 유명 사이에 있는 당신의 피카소에게 붙여준 애칭은 '작은 투우사'였다. 안경 너머로 번뜩이는 자신감에 가득 찬 눈빛과 자신을 알아보는 사람들의 다소 경외에 찬 시선과 관심을 한껏 즐기는 표정에서, 약간 앞으로 들려진 턱과 동일한 포물선을 형성하고 있는 풍만한 배를 조금도 여미지 않은 느긋한 걸음걸이까지, 무명 시절의 긴장감과 추스름이라고는 조금도 찾아볼 수 없는 앙리의 기름진 태도에서 그가 어느새 시대가 인정하는 거물로 성장하는 중이라는 것을 쉽사리 알아차릴 수 있었다.

앙리는 아내를 모델로 그린 자신의 역작 〈모자를 쓴 여인〉과 피카소가 막 공개한 거트루드의 초상화를 번갈아 바라보며 둔중한 목소리로 대뜸 이렇게 평했다.

"색이 단조로우면 감흥도 반감되지!"

"색엔 관심 없어요! 당신은 색을 쓰셔도 상관없지만 내겐 불필요한 조미료죠!"

열두 살 아래의 피카소가, 자신은 색이 아닌 형태로 새 시대를 열겠다는 야심 찬 의지를 담아 날카롭게 응수했다.

이때 누군가 이렇게 빈정거렸다.

"하지만 거트루드와 닮지도 않았잖아요!"

피카소는 조금도 개의치 않는 단호한 표정으로, 그 뒤로도 세상 사람들에게 수없이 회자될 충격적인 선언을 쏟아냈다.

"곧 닮게 될 것입니다."

살롱 한쪽에 앉아 시간여행 삼매경에 빠져 있던 아랑곳이 이렇게 외쳤다.

예술은 열심히 하는 것이 아니라 별나게 하는 것이다!
자신감 없는 국가, 사회, 조직, 개인에게 창의력은 없다! _ 아랑곳!

피카소의 입체주의는 이렇게 태동했다. 다음 해에 발표될 화제작 〈아비뇽의 처녀들〉 직전의 전초적 충격파였다. 대서양을 건너 파리에 정착한 예술계 큰손 거트루드의 특별한 초상화는, 야심 차게 피레네산맥을 넘어 프랑스로 온 천재 화가 피카소의 손에 의하여 그렇게 완성된 후, 다시 대서양을 건너 뉴욕 메트로폴리탄 미술관에 둥지를 틀었다.

메트 갈라

미술관은 영화 촬영으로 온통 시끌벅적하다. 샌드라 블록^{Sandra Block}, 앤 해

316

서웨이Anne Hathaway 같은 할리우드 톱스타 여배우들이 화려하기 그지없는 드레스 의상을 입고 촬영으로 분주하다. 뉴욕에서 종종 맞닥뜨리는 이런 식의 대대적인 영화 촬영 장면은 어지간한 영화보다 흥미진진하다.

특히 여배우를 중심으로 한 초호화 캐스팅의 이 범죄 코미디 영화는 하이스트 영화Heist film *의 대명사 격인 '오션스Ocean's' 시리즈의 스핀오프 속편 '오션스 8Ocean's 8'(2018)으로, 전작들과는 달리 여성들을 주인공으로 내세운 전형적인 오락영화이다. 메트의 의상연구소Costume Institute가 개최하는 메트 갈라Met Gala 초호화 패션 자선파티를 무대로 여주인공들이 천문학적 가격의 다이아몬드 목걸이를 창의적인 범죄 수법으로 훔친다는 내용이 영화의 설정이다.

메트 갈라는 1948년 메트 산하 의상연구소의 기금조성을 위하여 유명 연예인, 예술가, 사업가들이 참석하는 자선파티의 일환으로 시작되었고, 1999년부터 미국 유명 패션잡지 〈보그Vogue〉의 편집장 안나 윈투어 Anna Wintour가 행사의 총괄을 맡으며 국제적인 명성을 얻었다.

영화 '악마는 프라다를 입는다The Devil Wears Prada'(2006)의 주인공 미란다 역의 실제인물 안나 윈투어가 보유한 패션계, 영화계, 정계, 재계를 망라한 글로벌 사교계의 광폭 마당발 인맥의 영향력 외에도, 이 호사스러운 파티가 전 세계 유명인들이 참석하고 싶어 하는 유별난 행사가 된 비

---

* 하이스트(Heist)는 '강도, 강탈'이라는 의미로, 각각의 전문성을 갖춘 범인들이 주도면밀한 계획으로 삼엄한 보안을 뚫고 절도나 강도 행위를 하는 모습과 과정을 상세히 보여주는 범죄영화의 장르를 뜻한다.

결은, 제아무리 명사라 하더라도 반드시 주최 측의 초청을 받아야만 참석할 수 있다는 '인비테이션 온리Invitation Only' 조건과 초대받은 게스트들은 모두 1인당 3만 달러의 티켓을 구매해야만 한다는 '공짜 파티는 없다No Free Party' 원칙을 고수하고 있기 때문이다.

마치 오스카 시상식을 방불케 하는 화려한 의상의 스타 및 유명인들이 연출하는 미술관 입구 계단 레드카펫 세리머니에다가 입장티켓 외에도 테이블 예약을 위하여 27만 5,000달러라는 초고가의 별도 비용을 지출해야만 하는 지극히 배타적 조건 덕분에, 올해의 파티, 동부의 오스카 시상식, 혹은 '메트로폴리탄 뮤지엄을 위한 ATM'이라는 짓궂은 별칭까지 얻었다. 초청의 기준은 재력이 아니라 업적과 인기가 우선인 것으로 알려져 있는데, 실상 업적과 인기가 있더라도 하룻밤 파티에 이 정도의 비용을 지출할 의지나 여유가 없으면 참석의 엄두를 낼 수 없다는 것은 아이러니다.

초청된 유명인들은 레드카펫을 지나서 연구소의 화려한 의상 발표 전시물들을 일제히 감상한 후 칵테일파티와 공연을 곁들인 만찬에 참석하게 되는데, 파티장 내부에서 벌어지는 행사 일정 관련 언론보도나 촬영은 물론 개인적인 소셜미디어에 게시하는 것조차 금지되어 있어, 호사가들로부터 '가장 대중적인 인사들의 가장 폐쇄적인 잔치'라는 희화의 대상이 되기도 한다.

휴대폰 하나로도 실시간 생중계가 가능하고, 연예인의 신변잡기 일거수일투족이 방송프로그램의 인기 있는 장르를 구성하고 있는 21세기 대명천지에, 뉴욕 최고의 명소 미술관에 세상이 다 알아주는 인기와 영향력 있는 유명인사 수백 명을 모아놓고 기금모금을 위해 개최하는 초호화 파티의 메인이벤트가 절대 비밀이라니, 혀를 내두를 고도의 펀드레이징Fund-Rasing 사교마케팅 전략이다.

목적한 바에 따라 파티의 막대한 수익금은 모두 메트의 의상연구소로 귀속된다. 지극히 미국다운 실용적 발상이다. 예술과 역사의 전당에서 초호화 모금파티를 하는가 하면, 지식의 전당인 공공도서관에서 결혼식을 위한 대관을 해주기도 하는 뉴욕은, 지독하리만치 상업적이지만 철저하게 문화적이고 넉넉하게 공익적이다.

화사한 5월의 첫째 주 월요일의 오늘 밤은 이집트전시관 새클러 윙 전체가 대규모 파티장이 되어 있다. 이집트 덴두르 신전이 전시된 미술관 최고의 명소이자 해리와 샐리가 늦은 가을날 어쭙잖은 데이트를 했던 장소이기도 하다.

세계 굴지이자 미국 최대의 미술관에서 1년에 단 한 번 열리는 초호화 패션파티의 풍경은 그야말로 별천지 속 요지경이다. 간접 조명을 받아 신비롭고 고색창연한 자태를 연출하는 고대 신전을 배경으로 줄지어 고급스럽게 세팅되어 있는 식탁 테이블마다 빈자리 없이 자리를 채운 게스트들은, 저마다 특급파티가 제공하는 특유의 들뜸과 비할 데 없이 성대한 만찬을 만끽하고 있다.

유럽 귀족의 과장된 흰색 가발Powdered Wig과 기이한 분칠 화장에 바로크 시대 궁정 풍의 코스튬으로 치장한 스탭들이, 2,000년 전 나일 강변 태생의 신전 주위를 일정 간격으로 도열하고 있는 등, 마치 유럽의 고대 궁전에서 열리는 황제의 으리으리한 만찬 축제에 초대받은 듯한 판타지 시간여행의 데자뷔를 불러일으키는 세심한 연출 또한 압권이다.

호스트 자격의 미남 배우 조지 클루니^{George Clooney}가 매력적인 미소를 머금은 채 한 손으로 멀쩡한 나비넥타이를 익살맞게 고쳐 만지며 중후한 미성을 마이크로폰에 실어 오늘의 축하공연 연주자인 성악계의 신데렐라 박혜상 소프라노를 장중에 소개하자 환영의 환호성과 함께 파티의 분위기는 점입가경으로 달아올랐다. 테너 플라시도 도밍고^{Placido Domingo}로부터 신성한 연주자라는 극찬을 받은 바 있는 소프라노 박혜상은 콜로라투라, 리릭, 레쩨로*의 세 음역과 음색을 바람처럼 넘나들며 무려 30분 동안 쏟아부은 오페라 아리아의 전율로 파티를 무차별 융단폭격했다.

오페라 〈피가로의 결혼^{Le nozze di Figaro}〉 중 수잔나의 아리아 '지체 말고 오세요. 내 사랑^{Deh vieni, non tardar}'이 홀 전체를 뒤흔드는 동안, 거부사업가 도널드 트럼프^{Donald Trump}가 매력적인 블랙펄 광택의 롱 드레스를 멋지게 차려입은 연인 멜라니아^{Melania}에게 깜짝 청혼 이벤트를 펼치며, 가수 마돈나^{Madonna}, 디자이너 도나텔라 베르사체^{Donatella Versace}, 배우 스칼렛 요한슨^{Scarlett Johansson}과 특히 '섹스 앤 더 시티' 시리즈의 캐리 브래드쇼 역으로 뉴욕의 어버니즘을 대변하는 배우 사라 제시카 파커^{Sarah Jessica Parker}의 진심 어린 축하를 받았다. _ 아랑곳!

---

* 소프라노의 음색에 따라, 제일 고음역대에 기교가 화려한 콜로라투라 소프라노, 가볍고 예쁜 목소리의 레쩨로 소프라노, 부드럽고 풍부한 리릭 소프라노, 극적이고 강한 드라마티코 소프라노, 그리고 아주 세고 찌르는 듯한 스핀토 소프라노로 나뉜다.

아랑곳은 같은 장소에서 벌어진 14년 간극의 별도 사건을 마블 영화식 상상력으로 조합해보며, 역시 유연한 상상력이 요구되는 영화 촬영의 에피소드에 촉각을 곤두세웠다.

힐다 슈나이더라는 가명으로 파티에 불청객으로 잠입해 들어온 우아한 사기전과자 데비 오션(샌드라 블록 분)이 동료 전과자들과 공조하여 톱스타 다프네 크루거(앤 해서웨이 분)가 목에 걸고 있는 1,500억 원에 달하는 초고가 다이아몬드 목걸이 투생(Toussaint)을 탈취하는 대소동으로 안전요원들이 파티 참가자 전원을 미술관 내부에 봉쇄하기 직전에 아직도 열기로 가득 찬 새클러 윙을 벗어나 미술관을 빠져나왔다.

엔딩 크레딧

미술관은 1970년대 덴두르 사원을 포함한 수천 점의 이집트 유물을 위한 증축에 거액을 기부한 새클러 가문Sackler House의 이름을 새로운 7개의 전시관에 부여했다. 거대한 유리창 외벽과 나일강을 상징하는 인공호수가 설치된 명소 새클러 윙의 이름은 그렇게 붙여져 기념되어왔고, 도시 한복판에서 고대 이집트를 조우하는 판타지를 선물하며 관람자들의 꾸준한 사랑을 받아왔다.

그러나 결이 전혀 다른 사건이 세상에 드러나며 예술 후원으로 명성을 얻은 가문의 이름은 오명汚名으로 전락한다. 20년 넘게 마약성 진통제 오피오이드Opioid를 생산, 유통, 남용시켜 수십만 명을 숨지게 한 퍼듀 제약Purdue Pharma의 소유주인 새클러 가문의 비인간적인 축재 행태에 사회적 비난과 강력한 처벌 요구가 쏟아졌고, 마침내 법원이 45억 달러의 천문학적인 보상금과 가문의 회사 소유권 포기를 명령하는 유죄를 확정하자, 뉴욕 메트로폴리탄 박물관은 미국 현지시간으로 2021년 12월 9일부로 모든 전시 공간에서 새클러라는 이름을 삭제하는 동시에 중요한 후원 파트너로서의 관계로부터 완전한 결별을 선언했다.

재벌 금융가 J.P. 모건은 예술애호가이자 후원가 집안의 아멜리아 스터지스^Amelia Sturges 와 불과 결혼 넉 달 만에 사별한 후, 안타깝게 요절한 아내에 대한 애틋한 그리움을 예술품 수집에의 열정으로 승화시켰다. 그는 1913년 세상을 떠나면서 J.P. 모건 2세에게 미술품을 유산으로 남겼고, 아들은 1917년 아버지의 컬렉션 중 대거 7,000여 점을 선정, '모건 컬렉션'이라는 이름으로 메트로폴리탄 미술관에 기증했다.

록펠러 가문, J.P. 모건 가문, 리먼 브라더스 가문, 새클러 가문 모두 예술만큼이나 기증에 애착했다. 작품 구입에 지불된 돈이 땀에 배었든, 피가 묻었든, 눈물에 젖었든, 아니면 고급 와인에 물들었든, 다행스럽게도 예술이라는 문화의 가치로 우아하게 치환되어버린 수많은 기증 작품의 진정한 최종 수혜자는, 기증자의 사회적 명성과 예술 조예를 섭섭지 않게 빛내주고 고급스럽게 격상시켜주는 심미審美의 빅브라더 메트로폴리탄 미술관이었다.

예술품과 유적에 대한 비상한 관심과 수집에의 집착, 분류와 보존, 후원과 기념에의 천착穿鑿으로 특정되는 서양인 특유의 숭예崇藝 본능을 여지없이 답습한 미국의 본색을 다각적으로 보여주는 메트로폴리탄 미술관의 최초 역사는, 뜻밖에도 구대륙 프랑스 파리의 한 레스토랑에서 시작되었다. 1866년 7월 4일 미국의 독립 90주년 기념일, 파리에 주재駐在 중인 미국인 기업가들의 기념 회합에서 외교관 존 제이John Jay가 "조국에도 변변한 미술관이 절실하다."는 충정 어린 주창을 한 것이 계기가 되어 설립 운동으로 구체화되었고, 메트는 1872년 뉴욕 맨해튼 5번가 681번지의 오래된 무용실 자리를 임대하여 조촐한 보금자리를 틀었다.

이후 메트는 150여 년의 파란곡절, 호사다마, 다사다난한 미지의 서사를 꿋꿋이 이어왔고,
태동기의 거칠고 막연한 꿈에 강력한 동기를 불어넣었을 언감생심의 루브르 박물관에,
이제는 어엿하게 견줄 만큼이나 괄목상대한 성장을 이루어냈다.
미술관 정면의 웅장하고 압도적인 파사드 만큼이나 견고하고 당당하게.

성장은
추구라는 배를 항적航跡이 없는 큰 바다에 띄우는 것으로 시작해서,
의지라는 노와 돛을 거친 손에 부여잡고 부단히 항해하다가,
험난한 파도라는 복병의 시련과 악전고투의 씨름을 하던 중,
행운 혹은 우연으로 가장한 반전이라 불리는 필연의 바람을 만나,
실망의 무산과 만족의 달성을 훌쩍 넘어서,
언제 어떻게 모습을 드러낼지 모를 뜻밖의 성취라는 달콤한 목적지를 향해 면면히 달려가는, 모험의 항해이다. _ 아랑곳!

아랑곳은 미술관 입구의 커다란 계단에 한동안 걸터앉아 부러움인지 아쉬움인지 모를 이런저런 생각 언저리를 서성거리다가, 밝은 표정의 애니와 하버드가 저녁 대용의 단출한 간편식을 챙겨 들고 늦은 밤의 미술관 계단을 다정하게 오르는 것을 보고서야 자리를 떴다.

▶ 뉴욕 메트로폴리탄 미술관 입구 (ⓒ Maurizio De Mattei / Shutterstock. com)

뉴욕 스테이트
오브 마인드

드보르자크의 〈신세계로부터〉

1892년 9월 29일 드보르자크는 뉴요커들의 열렬한 환영을 받으며 뉴욕 항에 도착한다. 인생의 불행이 절대 외로이 혼자 오지 않듯이, 삶의 행운 역시 심심찮게 떼로 몰려다니곤 한다.

　뉴욕 입성 한 해 전인 1891년, 드보르자크는 고국 프라하 음악원의 작곡과 교수에 임명되는 경사를 맞은 지 얼마 지나지도 않아, 미국으로부터 일생일대의 파격적 제안을 받는다. 선택의 기로에 섰으니 겹경사는 아니었다. 초대의 조건은 조국에 대한 애착을 극복하기에 충분할 만큼 매력적이었다. 19세기 말의 1만 5,000달러라는 거액의 연봉과 아울러, 창작활동과 휴식에 충분한 연 4개월의 휴가에 더하여, 한 해 10회의 연주회 지휘까지도 보장해주겠다는, 음악가의 자긍심을 한껏 존중해준 뉴욕 측의 특급 제안은 결코 뿌리칠 수 없는 결정적 예우였다.

　그러나 드보르자크를 움직인 것은 그것이 전부는 아니었다. 종종 뜻밖의 요소가 인생의 결정적 선택을 좌우하기도 한다. 프라하역의 열차 시간표를 모두 외웠을 정도로 기차에 흠뻑 빠져 있던 유별난 기차애호가 드보르자크에게, 신대륙 미국의 드넓은 대지에 거침없이 뻗어나가고 있던 철도 시스템은 마치 산속에서 길을 잃은 헨젤과 그레텔에게 모습을 드러낼 동화 속의 초콜릿 집과도 같은 것이었다.

드보르자크가 미국에 머물렀던 1892년 9월에서 1895년 4월까지의 이 다복했던 전성기 시절은, 자신의 3대 걸작으로 평가받는 교향곡 9번 마단조 〈신세계로부터From the New World〉, 〈첼로협주곡 B단조〉, 현악사중주 F장조 〈아메리카America〉 등, 대작들을 쏟아낸 예술적 풍요의 시기였다. 그가 미국의 광활한 대자연과 생동감 넘치는 대도시에서 받은 강력한 인상과 영감은 '신세계 교향곡'으로 이름지어졌고, 1893년 12월 15일 카네기 홀에서 초연되어 생애 최고의 성공을 거두었다.

드보르자크는 쏟아지는 찬사에 대하여, "미국을 보지 않았다면 결코 이 곡을 작곡할 수 없었을 것이다."라는 말로, 나이아가라 폭포가 만들어내는 무시무시한 굉음 소리, 옐로스톤의 화산처럼 솟구치는 간헐천 소리, 서부 사막 깡마른 대지의 여호수와 나무Joshua Tree 위에 떨어지는 전광석화의 낙뢰 소리, 콜로라도강이 그랜드캐니언을 숨가쁘게 휘감아 도는 물줄기 소리 등, 대자연의 장엄한 소리로부터 차용한 저작권을 인정하며 창작의 공을 미국에 돌렸다.

콜럼버스가 아메리카 신대륙에 첫발을 내디딘 지 만 400년이 된 1892년 9월에 미국에 입국한 드보르자크를 맞이한 뉴욕 언론의 환영 기사 타이틀은, '2개의 신세계 – 400년 전 콜럼버스가 발견한 신세계에 음악의 신세계가 도착하다!'였고, 성대하고 따뜻한 환대를 아끼지 않는 미국에 그가 첫 번째로 선사한 〈신세계 교향곡〉은 자신의 음악을 신세계로 치켜세운 열망의 신세계에 대한 더할 나위 없는 예술적 화답이었다.

예술가에게 최고의 생산조건인 재정적 안정, 그리고 뜨거운 찬사와 대중의 왕성한 소비에 더하여, 예술가의 감성을 자극할 환경의 긍정적 변화라는 환상적 라인업이 망라된 드보르자크의 미국시기에 창작된 희망찬 멜로디와 경쾌한 리듬의 〈신세계 교향곡〉은, 역동하는 미국을 대변하는 유명한 주제음악이 되었다.

열렬한 음악애호가 자넷 서버^{Jeanette Thurber}는, 척박했던 미국 클래식 음악교육의 저변을 확대하고자 뉴욕에 음악원을 설립한 이후, 역량 있는 음악원장 초빙을 위하여 음악의 본고장 유럽의 드보르자크에게 결코 거절할 수 없는 최고의 조건으로 기대에 찬 러브콜을 보냈고, 이에 차고 넘치게 부응한 드보르자크의 예술적 창작력과 성실한 노력의 결과는 양측 모두에게 대성공이었다. 언론인 헨리 크레빌^{Henry Krehbiel}은 "드보르자크가 미국 음악계에 머물렀던 1892년부터 1895년까지의 기간은 우리 미국인들이 스스로도 모르는 사이 천사와 함께 동거한 세월이었다."라는 극찬의 평론을 남겼다.

만약 자신이 기관차를 발명할 수 있었다면 작곡한 교향곡 전부를 포기할 수도 있다고 했을 정도로 기차에 관심을 가졌던 드보르자크는, 수많은 부품과 기계장치의 조합으로 작동되는 기차를 심포니 오케스트라의 합주와 동일시하며 유별난 애정을 품었다. 작곡자가 알아주는 기차 마니아였다는 잘 알려진 사실과 심포니^{Symphony}가 '함께 울린다'는 뜻의 그리스어 '신포니아Sinfonia'에서 유래했다는 사실을 떠올린다면, 〈신세계 교향곡〉의 마지막 4악장, '알레그로 콘 포코Allegro Con Fuoco(빠르고 정열적으로)'의 유명한 도입부 저음현의 둔중한 서주가, 신흥 슈퍼파워 미국의 다양함에서 뿜어져 나오는 역동성을 마치 이제 막 기차역을 출발하는 증기기관차의 힘차게 울리는 포효처럼 드라마틱하게 묘사하고 있다는 개연성 있는 연상에 기꺼이 동의할 만하다.

하지만 2008년 2월 26일, 뉴욕 필하모닉이 로린 마젤의 지휘로 평양의 동평양대극장에서 역사적인 연주회를 열었을 당시의 〈신세계 교향곡〉 4악장의 똑같은 도입부는, 왠지 '비극적'이라는 부제가 붙어 있는 구스타프 말러의 〈교향곡 6번〉 1악장 도입부의 시시각각 가중되는 음습한 불안의 무거운 행렬처럼 불길하게 다가왔다. 앙코르곡 '아리랑'이 단절된 한민족 역사의 필연적 해피엔딩에 대한 감상적 응답이라면, 교향곡 '신세계'는 지구상에 마지막 남은 민족분단의 참담한 비극에 대한 관현음의 애절한 다그침이었다.

프라하 외곽, 인구 약 500명 남짓의 넬라호제베스라는 작은 마을에서 여관과 정육점을 운영하는 소박한 집안에서 태어난 드보르자크가 프라하의 음악학교에 입학하며 북쪽의 파리라고 불렸던 프라하라는 대도시를 본격적으로 접한 나이는 열여섯 살 때이다. 드보르자크는 프라하역으로 매일 달려가 열차번호와 열차의 모양, 열차시간표 등을 기록하며 역무원들에게 궁금한 것들을 일일이 묻곤 했다.

고도古都 프라하를 떠나 메트로폴리탄 뉴욕에 도착한 드보르자크의 나이는 51세였다. 제아무리 세월인들 그의 유별난 기차애호 열성을 잠재우지 못했다. 드보르자크는 현재의 뉴욕 그랜드 센트럴 터미널의 건축물이 완성되기 직전의 구舊 역사驛舍 그랜드 센트럴 스테이션Grand Central Station 에 짬만 나면 찾아갔다. 역사를 들고나는 열차의 종류와 번호, 시간표를 꼼꼼하게 기록하는 일은 프라하역에서보다 수월찮은 시간이 소요되었지만, 그는 이 수고를 지휘와 작곡만큼이나 즐겼다. 종종 유럽에서 온 특급지휘자를 알아보고 깍듯이 대해주는 역무원들 혹은 기름이 잔뜩 묻은 작업복 차림의 열차정비원들과 틈틈이 담소할 기회를 만들어내며, 기차에 대한 크고 작은 정보들을 요목조목 얻어냈다.

대합실과 플랫폼을 가득 메운 각양각색 사람들의 행색, 표정, 마중과 배웅의 와자지껄함과 힘찬 기차 경적 소리와 역무원의 시끌벅적한 발차 안내 외침, 역사에서 벌어지고 연출되는 어느 것 하나 드보르자크의 관심을 끌지 않는 것은 없었다. 눈앞에 펼쳐지는 모든 것이 작곡의 소재는 아니었지만, 악상에 아무런 영향을 주지 않는 것도 없었다.

역에서 집까지 걸어가는 도로에는 마차가 넘쳐났고, 별의별 상점들은 언제나 사람들로 붐볐다. 호기심 많은 드보르자크는 마차보다는 그러한 거리를 활기차게 걷는 것을 좋아했다. 이곳저곳을 기웃거리기도 하고, 가끔 자신을 알아보는 사람들에게 모자를 살짝 벗어 가벼운 미소의 목례로 인사를 나누기도 하며, 종종 집으로 가는 지름길을 일부러 벗어나 두 블록을 돌아 들어 참새방앗간 같은 단골 정육점에 들르곤 했다. 도축업자였던 부친의 가업을 잇기 위하여 일찍이 도축업 자격증을 취득

했던 그에게 정육점은 또 하나의 관심사였다. 기차와 도축에 조예가 깊은 체코의 음악가는 전문가답게 실한 고깃감을 부위별로 꼼꼼하게 고르면서도 우크라이나에서 이민 온 사람 좋은 정육점 주인장에게 자기 고향 프라하 자랑을 늘어놓는 것을 잊지 않는다.

갓 구운 빵, 사소한 잡동사니 생필품과 넉넉한 고깃덩이를 담은 큼직한 종이봉투를 손에 챙겨 들고, 막 떠오른 악상을 흥겹게 허밍하며 사랑하는 가족이 기다리는 집으로 잰걸음을 옮기는 드보르자크의 뒷모습을 바라보며, 세상 모든 예술가들이 모두 다 이 시기의 드보르자크처럼 유복했으면 참 좋겠다 생각했다. _ 아랑곳!

드보르자크의 뉴욕은 덜컹거리는 도시의 전차 소리, 극장 앞 호객꾼의 목쉰 고성, 정육점 주인장과 주고받는 시시콜콜한 대화의 사소함까지도 넉넉하게 품으며 서서히 저물고 있었다.

조지 거슈윈의 〈랩소디 인 블루〉

31년 후, 도시의 혼잡스러움과 부산스러움(Hustle and Bustle of the City)과 철로 위를 질주하는 기차 소리는, 실험정신이 넘치는 뉴욕의 토박이 음악가에게도 예술적 영감의 실마리를 제공했다.

조지 거슈윈은 뉴욕발 보스턴행 기차 안에서 불과 5주 후로 임박한 뉴욕의 연주회에 발표할 재즈협주곡이라는 실험적인 곡의 작곡에 골몰하고 있었다. 순간, 열차 바퀴와 선로 이음새가 부딪히며 간헐적으로 만

들어내는 덜컹거리는 소음으로부터 그는 기막힌 악상을 떠올렸다. 그건 마치 미국을 묘사하는 음악적 만화경이자 거대한 용광로와 같은, 다른 데서는 찾아볼 수 없는 미국적인 기운 같은 것, 블루스 음악을 닮은 도시의 광기 같은 것이었다고 그는 회고했다.

두 대의 피아노를 위하여 씌어진 곡의 본래 이름은 '아메리칸 랩소디'였다. 1924년 2월 12일, 뉴욕 에올리언 홀에서 '현대음악의 실험An Experiment in Modern Music'이란 주제의 콘서트에서 초연된 이 곡은 〈랩소디 인 블루〉로 세상에 알려졌다. 조지 거슈윈의 형 아이라 거슈윈Ira Gershwin의 제안으로 붙여진 '블루Blue'가 아이라의 회고대로 미국의 화가 제임스 맥닐 휘슬러 James McNeill Whistler의 〈검은색과 금색의 녹턴Nocturne in Black and Gold〉 등의 작품에서 영감을 얻은 주제라면, 그림의 제목으로 보나 분위기로 보나 푸른빛이 도는 우울한 도시의 밤을 음악의 느낌과 연결시킨 것이 맞을 성싶다.

달리는 기차의 바퀴 소리에 착안해 작곡된 청각과 촉각의 음률에 감성과 컬러의 중의적 제목인 '블루'라는 다각多角의 스펙트럼을 동일한 악보 상에 자유분방하게 풀어놓은 듯, 곡조는 때때로 도시의 작업 현장에서 분주하게 일하는 노동자의 청색 작업복을 연상시키기도 하고, 여간해서 한 가지 색으로 규정 짓기 난감한 다채로운 음악의 풍은 푸름의 본색인 청명함까지도 아우르고 있는 듯 유쾌하기도 하다.

길거리 음악으로 인식되었던 자유분방한 재즈음악과 유럽의 정형화된 클래식 음악의 성공적인 화학적 결합은 마침내 조지 거슈윈의 손끝에서 정식으로 틀을 갖춘, 대* 편성 오케스트레이션으로 완성되었다. 레너드 번스타인은 이 곡을 호평과 혹평 사이에서 애매모호하게 평했다.

"하나의 작품이라기보다는 서로 다른 각각의 악절을 붙여서 묶은 것에 가깝다. 그러나 주제 선율은 훌륭하다."

문화와 인종의 용광로(Melting Pot)로 녹아들었든, 샐러드 보울(Salad Bowl)의 다양성으로 따로 또 같이 개별 공존하든 간에, 결국에는 전체적으로 명확한 주제 선율을 가지고 있는 미국의 민족적, 서사적 광시곡狂詩曲에 대한 자유로운 형식의 절묘한 소견이다.

조지 거슈윈은 도입부의 클라리넷 선율을 음에서 음으로 미끄러지듯이 글리산도Glissando로 연주하도록 표기했다. 능청맞은 해학으로 시작한 후 이어지는 예사롭지 않은 곡의 전개는, 희망과 변화, 환희와 열정으로 마치 롤러코스터처럼 부침을 거듭하다가 마침내 장엄과 격정의 클라이맥스로 막을 내린다. 본고장 유럽산의 귀에 익은 교향곡과는 사뭇 다른 느낌의 변종임에 틀림없다. 드보르자크의 〈신세계 교향곡〉이 정통 클래식 음악으로 신대륙의 문을 격조 있게 두드린다면, 조지 거슈윈의 〈랩소디 인 블루〉는 미국산 재즈교향곡으로 북아메리카 본토의 중정中庭을 거침없이 휘젓고 다닌다.

뉴욕 양키스 야구 모자를 눌러 쓰고, 킹사이즈 치즈버거를 한입 베어 문 채, 도무지 의미를 알 수 없는 문신이 선명한 팔을 흔들어대며, 뉴욕

택시 옐로캡을 성마르게 불러 세우는 뉴요커의 헤드셋에서 흘러나오면 딱 어울릴 만한, 랩Rap과 힙합Hip Hop이 태동하기 이미 50~60년 전 시대의 미국다운 음악적 도발이다.

빌리 조엘의 '뉴욕 스테이트 오브 마인드'

주로 도시의 애환과 문명사회의 고독을 노래하는 싱어송라이터 '음유시인' 빌리 조엘Billy Joel의 또 다른 별명은 '도시의 방랑자'이다. 뉴욕시의 브롱크스에서 태어나 롱아일랜드에서 자란 뉴욕 토박이 뮤지션에게 잘 어울리는 별명이다.

빌리는 1972년 로스앤젤레스로 이주해 6개월 동안 바Bar에서 피아노를 연주했다. 이때의 경험을 자신의 히트곡 '피아노 맨Piano Man'으로 녹여낸다. 이후 로스앤젤레스의 이스트코스트에서 3년의 타향살이를 마치고 뉴욕으로 귀향하던 1976년 그해, 고향 뉴욕에 대한 애정을 듬뿍 담은 '뉴욕 스테이트 오브 마인드New York State of Mind'를 발표한다.

사람들은 떠나고 싶어 하지.
혼자만의 휴가를 즐기기 위해
마이애미 해변이나 할리우드로 가는 비행기에 탑승하지만
나는 허드슨강 라인을 운행하는 그레이하운드 버스를 타려네.
내 마음은 언제나 뉴욕에 있으니까(I'm in a New York State of mind)

수많은 유명 영화배우들도 보았지.(LA 할리우드에서)

자신들의 멋진 차와 리무진에 타고 있는

로키산 정상에도 가봤고 상록수 나무 아래 자연의 품에 안겨 보기도

했지.

하지만 이제 내게 필요한 것이 진정 무엇인지 알 것 같아.

더 이상은 시간을 낭비하고 싶지 않아,

내 마음은 언제나 뉴욕에 있으니까(I'm in a New York State of mind)

하루하루 그럭저럭 사는 것은 그리 어려운 일은 아니었어.

R&B를 잊고 산 지도 꽤 되었고

하지만 이젠 뉴욕의 일상으로 돌아가고 싶어.

〈뉴욕 타임스〉와 〈데일리 뉴스〉를 읽는 그런 일상으로

진정한 현실의 삶으로 돌아가려네.

나는 괜찮아. 언제나 그래 왔으니까

내가 살 곳이 차이나타운이든 강변이든 상관없어.

특별한 이유가 있는 건 아니네.

떠나올 때 모든 것을 두고 왔기에 내겐 그리 선택의 폭이 넓지 않기

때문이지.

내 마음은 언제나 뉴욕에 있으니까(I'm in a New York State of mind)

대도시 뉴욕에 대한 애착을 '마음의 상태(state of mind)'와 '뉴욕주
(New York state)'라는 중의重義로 흥미롭게 함축해내는 팝뮤직의 음유시인

다운 언어의 유희와 위트가 돋보인다.

피아니스트의 전설

영화 '시네마 천국Cinema Paradiso'(1988)의 감독 주세페 토르나토레Giuseppe
Tornatore의 걸작 영화 '피아니스트의 전설The Legend of 1900'(1998) 첫 장면은 버
지니아호에 승선한 트럼펫 연주자 맥스의 독백으로 시작한다. 유럽에
서 출항하여 대서양을 횡단하는 긴 항해를 마치고 마침내 미국 뉴욕항
에 입성하기 위해 자유의 여신상이 세워진 리버티 아일랜드를 향해 다
가서는 대형 여객선 버지니아호의 갑판 풍경을 영화의 화자 맥스는 이
렇게 묘사한다.

"늘 그랬다. 누군가 고개를 들어 그녀를 올려다보곤 했다. 이해하기
는 어렵지만, 내가 말하고 싶은 것은……, 그 배 위에는 미국 여행을
위해 승선한 부자들, 신대륙의 새로운 기회를 찾아 유럽을 떠난 수많
은 이민자들, 그리고 평범치 않은 사람들과 우리까지를 포함하여 다
양한 모습의 수많은 유럽인들이 승선하고 있었는데, 그중에서 언제
나 한 사람, 단 한 사람이 우연히 가장 먼저 멀리서 서서히 눈에 들어
오는 그녀를 발견하곤 했었다.
그리고는 그대로 그 자리에 얼어붙어 설레는 심장을 억누른 채, 정말
맹세컨대 언제나, 그녀를 발견할 때마다 예외 없이 언제나 (버지니아호
의 재즈 연주단에서 트럼펫 연주를 하고 있던 화자 맥스에게 반복적으로 축적
된 경험의 표현) 배 쪽의 우리 모두에게 몸을 돌려 놀라움을 금치 못한

목소리로 소리치곤 했다. 손가락으로 그녀가 있는 곳을 가리키며……,
아메리카!"

이 순간 아메리칸드림의 상징인 거대한 자유의 여신상이 해무海霧 사
이로 서서히 모습을 드러내는 동시에, 갑판 위의 모든 사람들이 일제히
손을 흔들며 새로운 꿈의 관문 뉴욕항에 마침내 도착한 감동에 열렬히
환호한다. 곧이어 뉴욕 맨해튼이 연출하는 마천루 도시 문명의 웅대한
자태가, 신대륙의 꿈같은 관문에 도착한 이민자, 여행자 모두의 시선을
압도한다. 군데군데를 기워 때운 남루한 외투에 큼직한 모자를 푹 눌러
씌운 어린 아들을 팔 위에 감아 안은 채, 국적을 알 수 없는 한 이민자가
손가락으로 맨해튼을 쪽을 가리키며 가족이 살아갈 새로운 삶의 터전
을 조용히, 그러나 벅차게 불러본다. "뉴욕!"
　도시는 중독성이 있다. 대도시는 수많은 이유로 사람을 결집시킨다.
사업과 취업의 기회를 통한 경제적 안정과 풍요, 품질 높은 의료 서비
스, 품질이 높은 것으로 인식된 교육, 다양하고 풍부한 문화의 향유, 소
비의 편의성, 새로운 경향에의 발 빠른 반영, 다양한 계층의 사람들과의
풍성한 만남의 관계에서부터 때로는 프라이버시라는 이름의 익명성까
지. 하지만 빼놓을 수 없는 대도시의 가장 큰 매료는 세상적 기준의 높
아 보이는 성공 가능성이다.

　프랭크 시나트라의 빅 히트곡 '뉴욕, 뉴욕'의 가사는 이렇게 끝난다.

"If you can make it there, you can make it anywhere. It's up to you, New York, New York. 만일 당신이 뉴욕에서 성공한다면 세상 어디에서나 성공할 수 있다. 그리고 그 성공 여부는 당신 하기에 달려 있다. 뉴욕, 뉴욕."

하지만 《누가 버지니아 울프를 두려워하랴?Who's Afraid of Virginia Woolf?》의 미국 극작가 에드워드 올비Edward Albee의 부조리극 《아메리칸드림The American Dream》의 당혹스러운 이야기를 빌자면, 극 속의 가정은 과도한 물질주의와 기회주의 그리고 영적인 공허 상태로 타락해버린 미국 사회의 자화상을 적나라하게 대변하고 있다.

도시인에게 도시는 애증의 관계이다. 유명한 단골 팝가사, '드림 메이커(Dream maker)' & '하트 브레이커(Heart breaker)'와도 딱 맞아떨어진다.

Noise is always loud 주위엔 소음이 가득하고

There are sirens all around 사이렌 소리가 사방에 울리고

And the streets are mean 그리고 거리는 지저분해도

I got a pocketful of dreams 나에게는 그래도 알량한 한 줌의 꿈이 있어요.

Concreat jungle where dreams are made of 비록 콘크리트 정글 속에서 싹튼 꿈이지만요.

These streets will make you feel brand new 이 대도시의 눈부신 거리가 당신의 기분을 새롭게 해줄 거예요.

Big lights will inspire you 그리고 현란한 대형 불빛들은 당신에게 삶의 욕망을 불러일으켜줄 거예요.

- 팝송 'Empire state of mind(엠파이어 스테이트 오브 마인드)' 중에서 -

그렇게 도시인은 때로는 산만, 소음, 공해, 허무 그리고 냉소로부터 벗어나고자 전원, 자연, 시골, 오지를 갈망하지만, 결국은 도시 문명의 긴요함과 편리함, 안락함을 쉽사리 떨쳐버리지 못하고 낯익고 익숙한 도시의 견고한 성벽 안에 다시금 안주한다.

It comes down to reality 이제 나는 다시 진정한 현실의 삶으로 돌아가려네
I'm in a New York state of mind 왜냐하면 내 마음은 언제나 뉴욕에 있으니까

그럼에도 불구하고 자연과 안식의 태생적 본향에 대한 인간의 끊임없는 목마름 속에는 영원히 변이되지 않을 원초적 유전자가 뼛속 깊이 잠재해 있다!

신은 자연을 만들었고 인간은 도시를 건설했다.

굿바이
뉴욕

|

만일 누군가 일생 동안 오로지 단 하루 만의 여행 기회밖에 없다는 가정으로, 그 한 번의 여행을 어디로 가면 좋겠느냐고 물어온다면 아랑곳은 조금도 망설이지 않고 뉴욕을 권할 것이다.

세상을 역동시키는 현대 산업자본주의 문명의 살아 있는 전시장이자 수백여 개의 언어를 가진 거의 전 세계의 인종들이 한데 어우러져 살며, 그들의 다양한 문화가 마법처럼 공존하는,
세상 어느 곳에도 존재하지 않는 인류문화의 초고밀도 축소판이기 때문이다.

《구약성경》의 대홍수 이후 노아의 세 아들 함, 셈, 야벳의 후손들이 바벨탑 사건을 거쳐 장구한 세월 속에 현재의 수많은 인종과 언어로 분

화$_{化化}$되었다면, 그들이 또다시 뉴욕에서 하나로 총화$_{總和}$된 형국이다.

"The cynosure of all things civilized∼ The New York! 세상의 문명이
모두 결집된 곳∼ 뉴욕!"

여행은 이국적 색다름을 찾아 떠나는 순례길이라는 데 기꺼이 동의
한다면 뉴욕은 여행자의 천국이다. 뉴욕의 문화적, 인종적, 경제적, 심
지어 윤리적 다양성은 지루할 틈 없는 반전의 흥미로움을 풍성하게 공
급해주는 원천적 에너지이자 거대한 발전기이다.

미국을 대표하고 뉴욕 맨해튼에 본사를 둔 CBS 방송국의 저명한 앵
커 월터 크롱카이트의 트레이드마크 "That's the way it is!(사람 사는 게
다 그런 거죠!)"가 이 도시의 천태만상을 모호하게 특정하고 적확하게
함축한다.

리틀이탈리아와 차이나타운이 길 하나를 두고 다정하게 마주하고 있
으며
맘만 먹으면 세상 모든 문화권의 음식을 두루두루 맛볼 수 있는 미식
가들의 천국이라 불리는 곳.
역사의 흔적을 고스란히 담은 고풍스러운 건물이 최신 경향의 현대
적인 카페를 품고 있는 곳.
세상에서 가장 비싼 물가와 전 세계에서 가장 드넓게 조성된 공공 시
민공원을 보유하고 있는 곳.

억만장자들의 초호화 콘도미니엄 출입구 회전문 앞에서 동냥의 손을 내미는 홈리스를 맞닥뜨릴 수 있는 곳.

최첨단의 시설을 갖춘 공연장에서 펼쳐지는 굴지의 오케스트라 공연과 버스커의 길거리 연주가,

세계에서 가장 비싼 미술작품과 건물 벽에 아무렇게나 칠해진 스프레이 그래피티가 공존하는 곳.

예배를 알리는 고딕 양식 교회의 종소리와

담배 연기 자욱한 재즈카페에서 흘러나오는 브라스밴드 연주 소리를 동시에 들을 수 있는 곳.

세계에서 가장 규모가 큰 도서관 앞 공원 한 모퉁이에서 마약 밀거래를 하는 대학생을 목격할 수 있는 곳.

해외 호화생활의 자금출처를 의심받는 재벌 2세가 끌고 나온 고가의 슈퍼카와

버거운 학비 조달을 위해 페달을 구르는 뉴욕 바이크 메신저의 배달 자전거가 나란히 도로를 질주하는 곳.

구세군의 자선냄비 모금 종소리와 캐럴이 울려 퍼지는 연말 크리스마스 시즌이 한창인 중에도

범죄자를 추적하는 뉴욕 경찰 순찰차의 귀를 찢는 사이렌 소리와 험악한 총격전 소리를 들을 수 있는 곳.

세상에서 가장 분주하고 복잡한 거리 한 블럭을 통째로 봉쇄한 채 할리우드의 액션영화를 촬영하는 진풍경을 심심찮게 구경할 수 있는 곳.

도시 한복판 초고층 빌딩 앞의 야외 스케이트링크에서

스스럼없이 영화의 한 장면 같은 낭만적인 프러포즈를 하며 낯선 사람들에게 진심 어린 축하의 박수를 받을 수 있는 곳.

가수 프랭크 시나트라의 노랫말처럼,

딱히 정해진 일정 없이 그저 발길 닿는 대로 도심 구석구석을 이리저리 돌아보는 것만으로도 시간의 흐름을 망각할 만큼 설명할 수 없는 뜻밖의 매력을 가진 곳.

"These vagabond shoes are longing to stray right through the very heart of it, New York, New York."

마라토너에게 러너스 하이Runners' High라는 경지가 있다면, 여행자에게는 트래블러스 하이Travelers' High라는 횡재가 있다. 견문을 통해서 얻어지는 창의적 영감이거나 혹은 불현듯 마주치는 '세렌디피티Serendifity'이다. 익숙한 궤도 밖에서 여행자가 획득하는 값진 보상이다. 뉴욕이 아랑곳에게 불러일으켜준 세렌디피티, 즉 '의도치 않게, 우연히 얻은 (좋은)경험이나 성과'는 '포용성包容性'이다.

대양을 향해 활짝 열려 있는 항구로서의 태생적 개방성을 인정한다 하더라도, 애덤 스미스Adam Smith를 곡해한 황금만능Money talks의 냉정한 자본주의 논리가 철저하게 지배하는 이 깐깐한 대도시가 온 세상으로부터 모여든 별별 문화와 인종을 풍푼히 포옹하는 너그러움의 겸양을 지니고 있다는 것은 뜻밖의 반가움이다.

뉴욕에는 이방인이라는 카테고리가 모호하다. 실력에 대한 인정은 선명하게 존재하되 출신과 부류에 대한 차별은 비교적 찾아보기 어렵다. 다양성은 배타성과 반의어이자 포용성과 개방성의 동의어이다. 뉴욕은 숙명적으로 그렇게 태동했고 자발적으로 그렇게 무성하게 자라왔다.

맨해튼 배터리파크에 서서 낙조로 아름답게 물든 남쪽 뉴욕만을 바라다보면, 멀리 리버티 아일랜드 위로 우뚝 솟은 자유의 여신상의 거대한 실루엣이 선명하게 눈에 들어온다. 여신상은 머리에 7개의 대륙을 상징하는 뿔이 달린 왕관을 쓰고, 오른손은 황금색 횃불을 치켜든 채 왼손으로는 미국의 독립선언서를 안아 들고 있다. 아메리칸드림을 상징하는 자유의 여신상의 정식 명칭은, '세계를 밝히는 자유Liberty Enlightening the World'이다.

여신상을 받쳐주는 기단부에는, 뉴욕 태생 여류시인 엠마 라저러스

▲ 자유의 여신상 기단 부분에 부조되어 있는 엠마 라저러스의 〈새로운 거상〉 (출처 _ 위키피디아)

Emma Lazarus의 〈새로운 거상 The New Colossus〉(1883) 시문이 새겨져 있다.

건설 초기에 여신상에 헌정된 아름다운 영시 소네타Soneta는, 세상을 향해 창을 연 뉴욕의 웅대한 세계관을 장엄하고 유려하게 노래하고 있다.

- 엠마 라저리스 -

Not like the brazen giant of Greek fame,

With conquering limbs astride from land to land;

Here at our sea - washed, sunset gates shall stand

A mighty woman with a torch, whose flame

Is the imprisoned lightning, and her name

MOTHER OF EXILES. From her beacon - hand

Glows world - wide welcome; her mild eyes command

The air - bridged harbor that twin cities frame.

"Keep, ancient lands, your storied pomp!"

cries she

With silent lips. "Give me your tired, your poor,

Your huddled masses yearning to breathe free,

The wretched refuse of your teeming shore.

Send these, the homeless, tempest - tost to me,

I lift my lamp beside the golden door!"

대지에서 대지로 사지를 펼쳐 정복하고 군림하는

저 그리스의 거대한 청동 거상과는 달리

여기, 우리의 바닷물에 씻긴 일몰의 관문에는

햇불을 높이 치켜든 강대한 여인이 서리니,

그 불꽃은 번개를 가둔 것이요, 그 이름은 **이민자들의 어머니라.**

햇불을 든 손은 온 세상을 따뜻한 환영의 빛으로 밝히고

온화한 눈길은 상상의 다리로 이어진 두 쌍둥이 도시를 향해 명한

다.(다리가 건설되기 전의 맨해튼과 브루클린을 묘사)

"오랜 대지여, 너의 유서 깊은 장엄함을 간직하라!"

그리고 고요한 입술로 외친다.

"너의 지치고 가난한,

자유롭게 숨쉬기를 열망하는 곤고한 이민자의 무리들,

너의 비옥한 해변에서 내쳐진 가련한 이들을 내게 보내라.

거친 풍파에 시달려 의지할 곳 없는 자들을 내게 보내라.

황금의 문 곁에서 나의 등불을 높이 들리니!"

시는 고대 7대 불가사의 중 하나였던 그리스 로도스섬의 청동 거상 〈콜로서스Colossus〉에서 영감을 얻어 제작된 자유의 여신상을, 침략과 정복이 아닌 포용과 위로의 상징으로 은유하고 있다. 로도스의 승전기념물이었던 콜로서스를 신대륙 미국의 자유정신에 대비했고, 로도스의 수호신이자 그리스 태양의 신 헬리오스의 신화의 햇불을 토머스 에디슨에 의하여 이제 막 발명된, 프로메테우스 불 이후 인류에게 주어진 두 번째 불인 전구電球에 비유해, '가두어진 번개 불꽃을 불태우는 햇불(a torch, whose flame is the imprisoned lightning)'로 표현했다.

시는 그렇게 여신상 스스로 헬레니즘의 계승자이자 자유민주주의의

수호자이고 산업혁명의 주도자임을 웅변하는 것으로 시작해서, 구대륙 유럽을 포함한 여타 대륙으로부터 종교적, 경제적, 신분적 자유와 자생을 목마르게 갈망하며, 기회의 땅 신대륙 미국을 필사적으로 찾아드는 소외되고 차별받고 결핍된 이민자들에 대한 조건 없는 환영을 천명하는 숭고한 '피에타Pieta'로 끝을 맺는다.

석양이 대양의 수평선 아래로 붉디붉은 자취를 감추고 나자 여신상의 오른손에 들려진 횃불이 검푸른 밤하늘에 유난히 영롱하게 타오른다. 이미 역사가 되어버린 격랑의 시대에는 그저 막연한 꿈으로 가득했던 이민선의 입항 길을 밝게 비춰주었을 희망과 포용과 자유와 긍휼의 횃불이 지금도 변함없이 황금의 문 곁에 우뚝 선 자유의 여신상의 오른손에 드높이 들려, 이제는 더 큰 성공과 번영과 확신의 꿈으로 초대되어 온 세계인들을 따뜻한 환영의 빛으로 밝혀주고 있다.

셰익스피어의 희비극《템페스트The Tempest》3막 2장이 열리면, 반인반어半人半漁의 괴물 캐릭터 '칼리반Caliban'의 유명한 모놀로그가 낭랑하게 무대 전체에 울려 퍼진다.
불의와 배반, 마법과 복수, 사랑과 관용, 용서와 화해의 반전드라마가 펼쳐지는 극의 중심배경이자,
자기 삶의 근거지로서의 마법의 섬The Enchanted Isle을 창조자 셰익스피어 특유의 화법을 빌어 몽환적으로 기묘하게 묘사하는 장면으로,
악의로 얽힌 매듭의 프롤로그로 시작해서

적개敵愾로 저질러진 마법과
소동의 전개로 치닫다가
필경 회복과 희망의 대단원
을 꿈꾸도록 설계된 작가의
멋들어진 복선이다.

"Be not afeard.
The isle is full of noises,
sounds, and sweet airs that
give delight and hurt not.

두려워 마세요!
이 섬은 소음과 소리 그리고
달콤한 공기로 가득합니다.
그러나 그것들은 즐거움을
주는 것일 뿐 조금도 해롭지
않습니다."

▶ 뉴욕만 리버티 아일랜드의 자유의 여신상 (ⓒ
Nagasima / Shutterstock.com)

《천사여 고향을 보라^{Look Homeward, Angel}》(1929)의 천재 작가 토머스 울프^{Thomas Wolfe}는, 셰익스피어의 거대한 문학적 상상력과 철학적 세계관이 결집된 《템페스트》의 '마법의 섬'을, 자신의 작가적 성공을 가능케 해준 '마법의 도시^{The Enchanted City} 뉴욕 맨해튼'에 빗대어 표현했다.

Be not afeard.

The Manhattan is full of noises, sounds, and sweet airs that give delight and hurt not.

Sometimes a thousand twangling instruments will hum about mine ears, and sometime voices that, if I then had waked after long sleep, will make me sleep again.

And then, in dreaming, The clouds methought would open and show riches

ready to drop upon me, that when I waked I cried to dream again.

두려워 마세요!

맨해튼섬은 소음과 소리 그리고 달콤한 공기로 가득합니다. 그러나 그것들은 즐거움을 주는 것일 뿐 조금도 해롭지 않습니다.

때로는 무수히 울리는 악기들의 쟁쟁거리는 소리들이 내 귓전을 맴돌고, 때로는 그 소리들이 평화로운 목소리의 속삭임으로 들리기도 해서, 내가 긴 잠에서 깨어나더라도, 다시 나를 잠들게 합니다.

그렇게 꿈을 꾸다 보면 하늘의 구름이 열리고, 빛나는 보화들이 막

머리 위로 떨어지려는 순간 잠을 깨고는 나는 다시 꿈을 꾸고 싶어 소리쳐 절규합니다.

아랑곳은 이제,
400년 전, 이 수많은 이야기의 시작을 알릴 한 척의 유명한 범선을 야심 차게 출항시켰던
미국의 종갓집이자
신학과 신화, 모험과 약탈, 번영과 타락의 영욕으로 가득 찬 서양 문명의 모범적 계승자를 찾아
파란만장의 검은 바다 대서양을 건넌다.

굿바이 뉴욕!

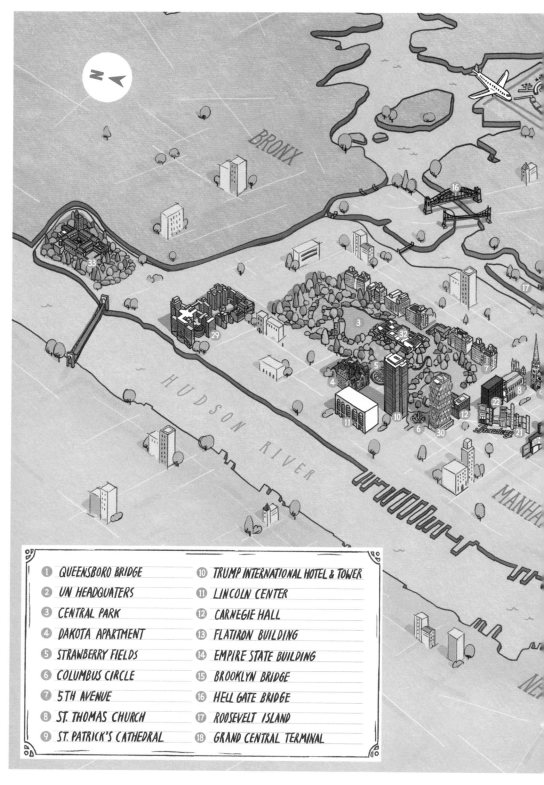

1. QUEENSBORO BRIDGE
2. UN HEADQUATERS
3. CENTRAL PARK
4. DAKOTA APARTMENT
5. STRAWBERRY FIELDS
6. COLUMBUS CIRCLE
7. 5TH AVENUE
8. ST. THOMAS CHURCH
9. ST. PATRICK'S CATHEDRAL
10. TRUMP INTERNATIONAL HOTEL & TOWER
11. LINCOLN CENTER
12. CARNEGIE HALL
13. FLATIRON BUILDING
14. EMPIRE STATE BUILDING
15. BROOKLYN BRIDGE
16. HELL GATE BRIDGE
17. ROOSEVELT ISLAND
18. GRAND CENTRAL TERMINAL

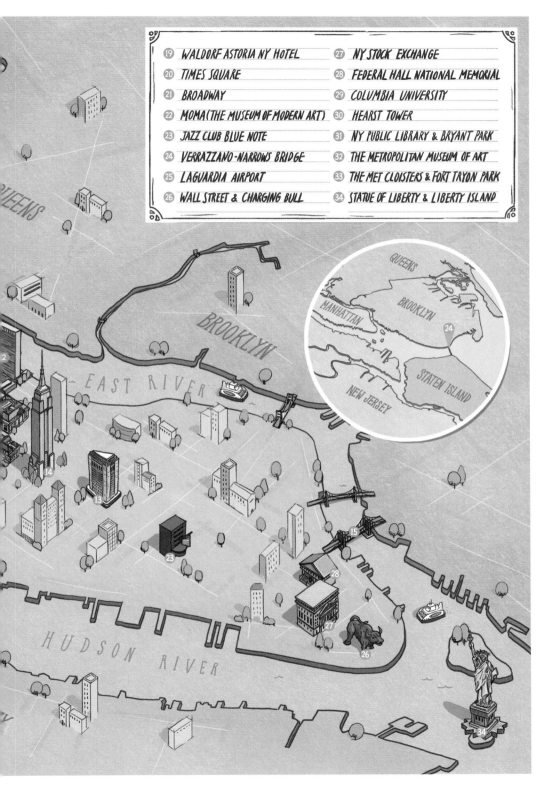

19 WALDORF ASTORIA NY HOTEL
20 TIMES SQUARE
21 BROADWAY
22 MOMA (THE MUSEUM OF MODERN ART)
23 JAZZ CLUB BLUE NOTE
24 VERRAZZANO-NARROWS BRIDGE
25 LAGUARDIA AIRPORT
26 WALL STREET & CHARGING BULL

27 NY STOCK EXCHANGE
28 FEDERAL HALL NATIONAL MEMORIAL
29 COLUMBIA UNIVERSITY
30 HEARST TOWER
31 NY PUBLIC LIBRARY & BRYANT PARK
32 THE METROPOLITAN MUSEUM OF ART
33 THE MET CLOISTERS & FORT TRYON PARK
34 STATUE OF LIBERTY & LIBERTY ISLAND